Harald Klauhs
Dame wider Willen

Harald Klauhs

Dame wider Willen

Die sieben Leben der Lotte Tobisch

Residenz Verlag

MIX
Papier aus verantwortungsvollen Quellen
FSC® C014496

Bibliografische Information der Deutschen Nationalbibliothek
Die Deutsche Nationalbibliothek verzeichnet diese Publikation in der Deutschen Nationalbibliografie; detaillierte bibliografische Daten sind im Internet über http://dnb.dnb.de abrufbar.

www.residenzverlag.com

Umschlaggestaltung: BoutiqueBrutal.com
Grafische Gestaltung / Satz: Lanz, Wien
Lektorat: Maria-Christine Leitgeb
Gesamtherstellung: GGP Media GmbH, Pößneck

ISBN 978 3 7017 3562 4

Für Evelyne

Vorwort

Die sieben Leben der Lotte T.

Noblesse oblige. Kaum jemand hauchte diesem geflügelten Wort mehr Leben ein als Lotte Tobisch von Labotýn. Der Adel, dem sie sich verpflichtet fühlte, hat aber kaum etwas mit blauem Blut zu tun. Unter ihren Vorfahren befanden sich keine Grafen oder Herzöge oder gar Könige. Ihre Vornehmheit hat mit einer Art Herzensbildung zu tun. Die bekommt man nicht vererbt, die muss man sich erarbeiten. Ebendas hat Lotte Tobisch getan. Bis ins hohe Alter blieb sie lernwillig und aufgeschlossen.

In die Wiege gelegt war ihr das nicht. Die Familien ihrer Eltern gehörten dem niederen Adel an. Sie entstammte somit einer Gesellschaftsschicht, in der konservative Werte wie bestimmte Umgangsformen zum guten Ton gehören, nicht aber Hilfsbereitschaft. Lotte Tobischs Leben ist jedoch bei aller Haltung davon gekennzeichnet, auf Menschen zuzugehen. Sie wollte keinesfalls – wie in diesen Kreisen üblich – *entre nous* bleiben, sondern suchte den Kontakt zu Menschen jeglicher Herkunft. Standesdünkel kannte sie nicht. Ihre Beliebtheit bei der Bevölkerung hatte sie nicht ihren Manieren zu verdanken, sondern ihrer durch Taten beglaubigten Absicht, ihre Talente für andere einzusetzen. Es war ihre Form der Rebellion gegen die Welt, aus der sie kam, die sie zur österreichischen Königin der Herzen werden ließ.

Doch selbstverständlich war die Erziehung zur »höheren Tochter« für sie prägend gewesen. Die Salondame, die Lotte Tobisch oft am Theater verkörpert hatte, beherrschte sie perfekt. Wie eine Fürstin wusste sie stets, *Distance* zu wahren. Als Paraderolle ihrer Schauspielkarriere kann die Kaiserin Maria Theresia gelten, die sie 1956 im Alter von dreißig im

Stück *Der junge Baron Neuhaus* von Stefan Kamare am Volkstheater gab. Unter Gustav Mankers Regie konnte sie in der Rolle der strengen, aber gerechten Landesherrin restlos überzeugen. Sie vermochte es, allem Menschlichen, auch dem allzu Menschlichen, Würde zu verleihen. Direktor des Theaters war damals übrigens Leon Epp. Dessen Ehefrau Elisabeth sollte ihr viele Jahre später zu der für sie vielleicht wichtigsten Rolle im wirklichen Leben verhelfen.

Angefangen hat das »Lotterl«, wie ihre Mutter sie nannte, aber keineswegs damenhaft. Als Kind war sie mehr das, was man in ihren Kreisen als Wildfang bezeichnet. Im Gespräch mit Michaela Spiegel[1] sagte sie: »Ich war ein kleinerer Albtraum für meine Mutter.« Das lag zum einen daran, dass Nora Tobisch selbst noch ein Mädchen war, als sie Lotte am 28. März 1926 zur Welt brachte, zum anderen daran, dass ihre Mutter zeitlebens in den Konventionen der Welt um 1900 verfangen blieb. Die kleine Lotte fühlte sich in einem goldenen Käfig, aus dem sie von Kindesbeinen an entfliehen wollte. Sie war ein lebhaftes und waches Kind, das den Widerstreit zwischen der *Welt von Gestern*, der ihre Familie verhaftet war, und der Moderne, die sich in ihrer Lebenszeit Bahn brach, witterte. Nach dem Tod des Liebespartners ihres Lebens wurden die »Roaring Sixties« für Lotte Tobisch zu einer Zeit, in der sie durch Freundschaften mit großen Gelehrten Anschluss an die neue Zeit fand.

Den Mann, von dem sie sagte, dass er das Glück ihres Lebens gewesen sei, hätte ihr Vater sein können. Der um 37 Jahre ältere Erhard Buschbeck war Dramaturg am Burgtheater, als sie ihn als Teenager zu Kriegsende kennenlernte. Sie war damals Schauspielschülerin. Die knapp 13 Jahre, die sie dann mit der grauen Eminenz des Burgtheaters verbrachte, stellten für sie jenes Kapital dar, das sie mit Fröhlichkeit durchs Leben trug. Doch wie die Liebesbeziehung zwischen Romeo und Julia, mit der Kammerschauspieler Fred Hennings jene von Lotte und Erhard verglich, endete auch diese tragisch. Als Erhard Buschbeck im September 1960 im Alter von 71 verstarb, war sie untröstlich. Sie kehrte danach ans Burgtheater zurück, das sie 1948 wegen der Liebesbeziehung verlassen hatte, doch die Schauspielerei hatte für sie nun nicht mehr dieselbe Bedeutung wie zuvor. Ins Leben zurückzufinden half ihr dann Dagobert, ein Boxerrüde, den sie geschenkt bekam. In der gesellschaftlichen Aufbruchszeit der Sechzigerjahre spielte sie am Theater dann oft die Salondame. Mit diesem Rollenfach einher geht gemeinhin eine gewisse Unnahbarkeit – jedenfalls in erotischer Hinsicht.

In ihrer großen Trauer hätte sich Lotte Tobisch kaum vorstellen können, sich nochmals auf einen Mann einzulassen. Doch dann lernte sie in ihrer Eigenschaft als Betriebsrätin des Burgtheaters den israelischen Botschafter in Wien, Michael Simon, kennen. Wieder wurde die Liebesbeziehung zur Skandalgeschichte, denn wie Erhard Buschbeck war auch Michael Simon nicht nur deutlich älter als sie, sondern verheiratet und hatte Kinder. Ihre Mutter und die übrige Familie fanden es erneut mehr als unziemlich, dass sie ihren Gefühlen folgte und nicht einmal Wert darauf legte, dass sich die Männer scheiden ließen, um sie zu heiraten. Im Gegensatz zu dem Milieu, dem sie entstammte, war Lotte Tobisch die Legitimität ihrer Liaison nicht wichtig. Dazu war sie längst zu selbstbewusst und unkonventionell.

In reiferen Jahren hat Lotte Tobisch stets betont, bereits emanzipiert gewesen zu sein, als von »Emanzen« noch keine Rede war. Daraus den Schluss zu ziehen, dass Männer in ihrem Leben eine untergeordnete Rolle gespielt hätten, wäre allerdings verfehlt. Die Liebe hielt sie für das Wichtigste in ihrem Leben. Und da sie nicht nur eine belesene, sondern auch attraktive Frau war, gab es eine Menge Männer, die sich um sie bemühten. Dazu zählten so bedeutende Intellektuelle des 20. Jahrhunderts wie Theodor W. Adorno, Elias Canetti oder Gershom Scholem. Doch von ihren beiden Lebensgefährten abgesehen, wusste sie Männer stets auf freundschaftliche Distanz zu halten.

Die Lady musste sie nicht spielen, die war sie. Auf der Bühne hatte das den Nachteil, dass Theaterdirektoren und Regisseure nicht so recht an ihre Wandlungsfähigkeit glaubten. Das Rollenfach der jungen Naiven oder der Intrigantin trauten sie ihr kaum zu. Lotte Tobisch war klug genug, die Grenzen ihrer Schauspielkunst zu kennen. Sie wusste, dass sie keine große Tragödin war. Als man sie deshalb mit der Organisation des Opernballs betraute, fiel es ihr nicht sonderlich schwer, die Bühnenkostüme an den Nagel zu hängen und in die Ballrobe zu schlüpfen.

Beworben hat sie sich für jene Tätigkeit, mit der sie internationale Berühmtheit erlangte, allerdings nicht. In vielen Interviews betonte sie, als »Opernball-Lady« eigentlich eine Fehlbesetzung zu sein, da sie weder tanze noch Alkohol trinke noch gern an Massenveranstaltungen teilnehme. Vielleicht aber war sie gerade deshalb in dieser Funktion eine Idealbesetzung. Die »Ballmutter« spielte sie mit großem Engagement, mit strenger Disziplin, zugleich aber mit Selbstironie. Sie konnte in dieser Stellung ihr Organisationstalent ausleben, ihre Grandezza zur Geltung bringen, ihre soziale Kompetenz unter Beweis stellen, mit ihrer Schlagfertigkeit punkten und nicht zuletzt ihren Humor entfalten. Sie nahm, wie sie immer wieder betonte, die Aufgabe ernst, nicht jedoch das Bundesfaschingsfest an sich. Ihr Freund Günther Anders bezeichnete sie einmal als »immer strahlend« und fragte erstaunt: »Wie macht sie das? Sie ist doch eine intelligente Person!« Dieses Aperçu beschreibt gut, wie Lotte Tobisch 15 Jahre lang den Opernball (1981 bis 1995) leitete: mit Respekt vor den Erwartungen der Menschen, aber ohne Rücksichtnahme auf persönliche Befindlichkeiten.

Ihr Lebensweg ist geprägt davon, Welten in sich zu versöhnen. Sie pflegte Traditionen, hing aber nicht an Konventionen, wie der ehemalige Burgtheater-Direktor Achim Benning sie charakterisierte. Als Opernballorganisatorin bestand sie etwa auf dem Frackzwang, führte aber bereits im ersten Jahr ihrer Leitung eine Disco ein. Sie selbst hatte mit *Sex and Drugs and Rock 'n' Roll* nicht viel am Hut, aber sie nahm keinerlei Anstoß an einer Jugend, deren Lebensgefühl das war. Als sie in fortgeschrittenem Alter noch mit Vergnügen am Life Ball teilnahm, gab sie nicht die Dragqueen, sondern erschien dort in einem im Vergleich zu den anderen Gästen damenhaften Rock. Eine Ausnahme machte sie nur insofern, als sie statt der für sie typischen Aufsteckfrisur das Haar offen trug. Als nach dem Auftritt beim Life Ball aus ihrer Familie der Ruf »Lotte for President« erschallte, war das eine späte Genugtuung für sie und eine Art Versöhnung mit ihrer Verwandtschaft. Wäre sie damals noch etwas jünger gewesen, hätte sie sich vielleicht sogar überreden lassen zu kandidieren.

Vermutlich aber war das Amt, zu dem ihr Elisabeth Epp verholfen hatte und das sie im letzten Vierteljahrhundert ihres Lebens (1995 bis 2019) souverän und erfolgreich ausübte, ihre eigentliche Berufung: Als Präsidentin des Vereins »Künstler helfen Künstlern«, der das Hilde-Wagener-Heim in Baden bei Wien betreibt, konnte sie ihre integrative Persönlichkeit voll entfalten. In dieser Funktion konnte sie sowohl ihrem Bedürfnis frönen, im Rampenlicht zu stehen, als auch jenem, für Menschen da zu sein. Die Kombination von Gesellschaftsdame und Sozialhelferin verkörperte sie in unnachahmlicher Weise. Mit Charme und Charisma gelang es ihr, für das Künstlerheim so viel Spendengelder aufzutreiben, dass es renoviert werden konnte und heute ein beliebter Alterssitz von Künstlerinnen und Künstlern diverser Sparten ist.

Es scheint, als hätte Lotte Tobischs Spagat zwischen der Aufgeschlossenheit allem Neuen gegenüber und dem anerzogenen Traditionsbewusstsein ihre Faszination ausgemacht – nicht nur bei Gelehrten, sondern auch bei einem nicht geringen Teil der Bevölkerung. Ihr »hoffnungsloser Radikalismus der Mitte« (© Ernst Krenek) zieht sich durch die sieben Leben der Lotte Tobisch (die – notabene – mehr Hunde- als Katzenfreundin war).

1. Kapitel

Lotte Tobisch – Ein Kind des Fin de Siècle

Ohrfeige eins

In Österreich setzte sich die Moderne mittels einer Ohrfeige durch. 1905 – 21 Jahre vor Lotte Tobischs Geburt – hat Albert Einstein mit der *Speziellen Relativitätstheorie* die herkömmlichen Vorstellungen von Raum und Zeit gründlich infrage gestellt. In gewisser Weise hat er wissenschaftlich nachgewiesen, was in der Kunst der Jahrhundertwende bereits erkennbar war: dass ein neues Weltbild im Entstehen war. Der rückwärtsgewandte Historismus, der die zweite Hälfte des 19. Jahrhunderts dominierte, wurde abgelöst von Kunstrichtungen, die sich dem Fortschritt und dem Experiment verschrieben. Um 1900 war das Alte noch nicht überwunden, das Neue noch nicht greifbar.

Am Beginn des letzten Dezenniums des alten Jahrhunderts trafen sich in Wiener Caféhäusern Autoren, die später unter dem Namen *Jung-Wien* firmierten. Zu dieser losen Vereinigung gehörten unter anderen Peter Altenberg, Raoul Auernheimer, Richard Beer-Hofmann, Hugo von Hofmannsthal, Felix Salten, Arthur Schnitzler und anfänglich auch Karl Kraus. Ihr Wortführer war Hermann Bahr, der das Zentralorgan der *Jung-Wiener*, die Wochenschrift *Die Zeit*, mitbegründete und prägte. Nach der Jahrhundertwende zersplitterte die Gruppe, weil sich ihre Mitglieder literarisch auseinanderentwickelt und zum Teil auch persönlich zerstritten hatten. 1904 wurde *Die Zeit* eingestellt. In dem Jahrzehnt aber, in dem die Literaten über neue Kunstformen diskutierten, wurden Grundsteine der literarischen Moderne im deutschen

Sprachraum gelegt und zahlreiche Kontakte geknüpft. Hermann Bahrs Pläne für ein eigenes Theater konnten zwar nicht verwirklicht werden, aber immerhin gelang es dem Theaterkritiker des *Neuen Wiener Tagblatts* 1906 und 1907 bei Max Reinhardt am Deutschen Theater in Berlin zu inszenieren.

Damals wurde der kunstbegeisterte Schüler Erhard Buschbeck, Lotte Tobischs Lebensmensch, auf den literarischen Hansdampf Hermann Bahr aufmerksam. »Das Burgtheater lernte ich durch Hermann Bahr kennen. Zuerst einmal aus der Ferne, als Salzburger Gymnasiast, den es begierig nach den Kunst- und Theaterereignissen der Welt zog«[2], so Buschbeck rückblickend. Da sich Bahr des Öfteren in Salzburg aufhielt, lernten sie einander kennen und freundeten sich an. Seit der Volksschulzeit gekannt hat Buschbeck auch den um zwei Jahre älteren Georg Trakl. Die beiden hatten miteinander am Religionsunterricht im evangelischen Pfarrhaus am Salzachkai teilgenommen und bildeten in der Stadt der Fürsterzbischöfe schon dadurch eine Außenseitergemeinschaft. Buschbeck hat die literarische Begabung des Freundes früh erkannt und war bemüht, dem stets gefährdeten Dichter einen Eintritt in die Literaturszene zu verschaffen. Dabei kam ihm der Kontakt zu Bahr zugute. Als Buschbeck nach der Matura nach Wien ging, um zuerst Jus, dann Kunstgeschichte und Archäologie zu studieren, öffnete ihm Bahr das Tor zur Literatengeneration des *Jung-Wien*, die sich in der literarischen Öffentlichkeit bereits etabliert hatte. Im Herbst 1908 übersiedelte Trakl in die damalige Zwei-Millionen-Metropole der Donaumonarchie, um Pharmazie zu studieren. Der Trubel in der »Dreckstadt«[3] war ein Schock für den »von Schwermut verpesteten Körper«[4], wie er seinem späteren Förderer Ludwig von Ficker schreiben wird. Ein Jahr nach ihm trifft seine Schwester Grete ein, um sich an der Akademie für Musik und darstellende Kunst zur Pianistin ausbilden zu lassen. Daraus entwickelte sich mit der Zeit eine Art Ménage-à-trois.

Im Sommer davor hatte sich Hermann Bahr, der in Salzburg maturiert hatte, von seiner ersten Frau scheiden lassen und heiratete in der Mozartstadt nun Anna von Mildenburg, eine gefeierte Wagner-Interpretin und einstige Geliebte Gustav Mahlers. An der Trauung am 22. August 1909 nahmen nur das Paar und die beiden Trauzeugen teil. Einer davon: Erhard Buschbeck, der einem Schulfreund danach berichtete: »Nachher opulentes Diner im Hotel Europa, abends sind wir vier ins St. Peter gegangen, wo es sehr lustig geworden ist.«[5] Die Vertrautheit mit dem rührigen Kulturpublizisten Bahr nutzte Buschbeck und schickte ihm im Herbst ein paar Gedichte seines Freundes Trakl. Der erwartete sich von Bahr, wie er an Buschbeck schrieb, »dass seine geklärte und selbstsichere Art meine ununterbrochen schwankende und an allem verzweifelnde Natur um etliches festigt und klärt«.[6] Tatsächlich las man dann am Sonntag, dem 17. Oktober 1909, im *Neuen Wiener Journal* Folgendes: »Unser Kollege Hermann Bahr macht uns auf die schöne Begabung eines jungen Salzburger Dichters namens Georg Trakl aufmerksam und stellt uns drei Gedichte seines Schützlings zur Verfügung.«[7] Der Abdruck der Gedichte *Einer Vorübergehenden*, *Vollendung* und *Andacht* war die erste Veröffentlichung Trakls, die nicht in einem Salzburger Medium erschien.

Wien ist für die drei aus Salzburg aber nicht nur ein Moloch, sondern auch der Ort, an dem sie unmittelbar mit moderner Kunst in Berührung kommen. Nach dem Besuch der Wiener Kunstschau schwärmte Trakl etwa: »O Größe O ewiger Kokoschka!«[8] Am 6. Jänner 1910 wird Erhard Buschbeck 21 Jahre alt. Er gehört dem illustren Jahrgang 1889 an. Nach ihm kamen in diesem Jahr unter anderen Charlie Chaplin, Jean Cocteau, Martin Heidegger, Adolf Hitler und Ludwig Wittgenstein zur Welt. Wenige Tage nach seinem Geburtstag schlendert er mit Trakl über den Karlsplatz, dann hören sich die Freunde die *Kindertotenlieder* von Arnold Schönberg an.[9] »Das ist die unmittelbarste Musik, die ich kenne«, berichtet Buschbeck euphorisiert nach Salzburg.[10] Ein paar Wintertage später feiert die kleine Nora Krassl von Traissenegg, Lotte Tobischs Mutter, gerade einmal ihren vierten Geburtstag und ahnt natürlich nicht, dass sie dereinst mit Mann und Kind am Karlsplatz wohnen wird.

Im Sommer dieses Jahres schloss Trakl sein Studium mit der Sponsion ab und kehrte nach Salzburg zurück. Buschbeck schreibt sich beim *Akademischen Verband für Literatur und Musik* mit Sitz in der Reichsratsstraße 7 ein. Die Event-Agentur, wie man den Verein heute vielleicht nennen würde, wollte »avantgardistischen Strömungen verschiedener Kunstbereiche ein Forum«[11] bieten. Paragraf zwei der Statuten lautete: »Der Zweck ist Pflege der Literatur, Musik und Schauspielkunst. Diesem Zwecke dienen Veranstaltungen in zwangloser Aufeinanderfolge.« Am Programm der Veranstaltung vom 8. November 1910 lässt sich ablesen, wie sehr das Alte und das Neue im Widerstreit lagen. Da wurden *Wahre Geschichten* des ehemaligen Burgtheater-Direktors (1890 bis 1898) Max Burckhard zum Besten gegeben sowie *Lateinische Geschichten* von Max Mell. Daneben las Hansi Niese aus *Rose Bernd*, Gerhart Hauptmanns im schlesischen Dialekt geschriebenes, vielleicht feministischstes Stück, und Emil Lucka trug aus eigenen Werken vor.

1911 wird Erhard Buschbeck Obmann des Akademischen Verbands, dem unter anderen Robert Müller, Emil Alphons Rheinhardt, Paul Stefan und Ludwig Ullmann angehören. Gemeinsam geben sie die Zeitschrift *Der Ruf* heraus, in der auch Gedichte Trakls erscheinen. Ab dieser Zeit verantwortet Buschbeck das literarische Programm des Akademischen Verbands. Am 15. März 1912 liest zum Beispiel Hermann Hesse in der Wiener Universität, im Monat danach bittet Karl Kraus den Obmann Buschbeck, Else Lasker-Schüler die Reisespesen zu ersetzen, weil es ihr schlecht gehe. Im Herbst dieses Jahres plant man die Uraufführung einer Schönberg-Oper im Sophiensaal.[12] Für das Wiener Publikum mit seinem konservativen Kunstgeschmack eine Herausforderung.

Schon in den Jahren davor gab es in Wien ein paar Skandale: Die Ausstellung von Gustav Klimts *Fakultätsbildern* hatte öffentliche Erregung erzeugt und den Maler zum Rückkauf veranlasst, Arthur Schnitzlers Novelle *Leutnant Gustl* führte zur Aberkennung des Offiziersrangs seines Autors, und Adolf Loos' *Haus ohne Augenbrauen* am Michaelerplatz missfiel nicht nur dem Kaiser. Als der Akademische Verband unter Federführung Buschbecks am 31. März 1913 im Musikvereinssaal einen Abend mit Arnold Schönberg veranstaltete, in dem sich der Komponist als Dirigent vorstellen wollte, befanden sich auch Arthur Schnitzler und Adolf Loos im Publikum. Bereits bei der Aufführung von Anton Weberns *Sechs Stücke für Orchester* hörte man Gelächter und Pfiffe aus dem Publikum. Dasselbe ereignete sich beim Erklingen von Schönbergs Eigenkomposition *Kammersymphonie op. 9*. Zu tumultartigen Szenen mit Handgemengen zwischen Gegnern und Anhängern kam es dann, als Alban Bergs *Orchesterlieder nach Ansichtskartentexten von Peter Altenberg* ertönten. Danach forderte Schönberg das Publikum vergebens auf, Ruhe zu bewahren.

Als Vertreter des Veranstalters trat vor dem letzten Programmpunkt Erhard Buschbeck auf die Bühne und ermahnte das Publikum, doch wenigstens die *Kindertotenlieder* des 1911 verstorbenen Gustav Mahler mit gebührender Pietät anzuhören. Das wiederum provozierte den Arzt und Operettenkomponisten Viktor Albert dermaßen, dass er Buschbeck einen Lausbuben nannte, »worauf dieser vom Podium sprang und Albert in der ersten Sitzreihe eine so kräftige Ohrfeige verpasste, dass dessen Zwicker zu Boden fiel«.[13] Von einem »ungeheuren Skandal« war dann in Schnitzlers Tagebuch die Rede und von einer darauffolgenden Rauferei.[14] Das Konzert musste abgebrochen werden. Die »Ohrfeigenaffäre« fand nicht nur ein großes mediales Echo, sondern hatte auch ein gerichtliches Nachspiel: Die Kontrahenten wurden beide zu jeweils 100 Kronen (ca. 625 Euro) Geldbuße verurteilt. Aus Innsbruck kamen dagegen andere Töne: »Zu der Ohrfeige, die Du ausgeteilt, beglückwünsche ich Dich von Herzen«[15], schrieb Trakl am 5. April seinem Freund Buschbeck. Dem Dichter der neuen Generation war wohl bewusst, dass dieser Schlag ins Gesicht auch einer aufs Haupt der konservativen Kunstkreise in Wien war. Damals war die Welt zwischen den Freunden noch in Ordnung. Das sollte sich ändern, als Buschbeck eine Affäre mit Trakls geliebter Schwester Grete begann.

Ohrfeige zwei

Was das alles mit Lotte Tobisch zu tun hat? Nun, bei der zweiten »Wiener Ohrfeige« war sie zwar auch nicht live dabei, aber indirekt damit befasst. Diesmal war es der Wiener Theaterkritiker Hans Weigel, der sie verpasst bekam. Kurz davor hatte Lotte Tobisch gerade ihren dreißigsten Geburtstag gefeiert. Zum Zeitpunkt der Tätlichkeit war sie zwar – vorübergehend – nicht am Burgtheater engagiert, aber mit dem damaligen Burgtheater-Dramaturgen Erhard Buschbeck liiert – und mit dem Ensemble vertraut. Nach der Burgtheater-Premiere von Christopher Frys Stück *Das Dunkel ist Licht genug* erschien am 13. April 1956 im *Bild-Telegraf* eine Rezension, in der unter anderem zu lesen war:

> Auf der Bühne gastierte Käthe Dorsch. Sie zelebrierte ihre Rolle mit unvergleichlich gepflegter Sprachkunst, aber es war, als sänge eine bedeutende und gefeierte Sängerin Arien im Konzertsaal; alles, was da gestaltet, erlebt sein sollte, blieb Ansatz, Andeutung – wie Stars oft auf Verständigungsproben sind oder bei der dreihundertsten Vorstellung.[16]

Dass Käthe Dorsch impulsiv war, wusste man. Zweimal war sie bereits Kritikern gegenüber handgreiflich geworden. Nach der Lektüre von Hans Weigels Rezension verließ sie an diesem Freitagmittag erzürnt ihre Wohnung, um den Verfasser in seinem Stammlokal, dem Café Raimund, abzupassen. Nach einer gewissen Wartezeit kam ihr vom Justizpalast her ein Mann entgegen. Sie fragte ihn, ob er Herr Weigel sei. »Als er bejahte, schlug sie ihm mindestens zwei Mal – es könnten auch drei Ohrfeigen gewesen sein – kräftig ins Gesicht mit den Worten: ›Ich finde es an der Zeit, dass Sie etwas auf Ihr (ungewaschenes oder Drecks-)Maul bekommen.‹«[17] Wieder ging Glas zu Bruch, diesmal Weigels Brille. Bevor sie einen bühnenreifen Abgang hinlegte, schickte Käthe Dorsch noch ein paar Schimpfworte hinterher, die Diskussionsstoff im nachfolgenden Ehrenbeleidigungsprozess waren. Den strengte Hans Weigel an, vertreten von seinem Anwalt Christian Broda, dem späteren Justizminister unter Bundeskanzler Bruno Kreisky.

Wie sich Lotte Tobisch zu der Sache geäußert hat, ist nicht überliefert. Als sicher kann gelten, dass sie diese »Watschenaffäre« mit ihrem Lebensgefährten Erhard Buschbeck ausgiebig besprochen hat. Im Zuge dessen wird er ihr ausführlich von »seiner« Ohrfeige fast ein halbes Jahrhundert davor erzählt haben. Überhaupt war Buschbeck ein wandelndes Lexikon des Aufbruchs der Moderne in Wien. Bei ihm holte Lotte Tobisch jene Bildung nach, die sie in der Schule versäumt hatte. In einem Interview formulierte sie viel später, dass Buschbeck »die zentrale Figur in meinem Leben war. Er hat mir überhaupt den Zugang zu dieser Welt erschlossen – der Welt der Moderne von 1905 bis 1930.«[18] Immer wieder betonte Lotte Tobisch, dass die Zeit mit Erhard Buschbeck der absolute Glücksfall einer Liebesbeziehung war, von der sie intellektuell wie emotional den Rest ihres Lebens zehrte.

Buschbeck war als graue Eminenz des Burgtheaters indirekt in die Ohrfeigen-Affäre involviert, hatten sich doch prominente Mitglieder des Ensembles hinter Käthe Dorsch gestellt. Sogar das Hamburger Politmagazin *Der Spiegel* berichtete vom zweiten, turbulenten Verhandlungstag: »Burgschauspieler Raoul Aslan schrieb: ›Mir erscheint die Dorsch wie eine wiedererstandene Jungfrau von Orléans.‹ Annemarie Düringer telegrafierte: ›Ich umarme Sie für die Weigel-Ohrfeige.‹ Ein Telegramm von Hilde Krahl lautete: ›Sie schlugen mir aus der Seele‹.«[19] Diese und noch ein paar Ensemblemitglieder hatten sich nach einer Vollversammlung im Burgtheater dazu hinreißen lassen, von Unterrichtsminister Heinrich Drimmel zu verlangen, sie »gegen den Missbrauch der Kritik durch Herrn Weigel zu schützen«.[20] Aslan forderte sogar Weigels Ausweisung aus Österreich, mit der Begründung, dass das Wiener Burgtheater, die Oper, die Universität und der Stephansdom Institutionen seien, die nicht angegriffen werden dürfen. Mag sein, dass Kaiserin Maria Theresia, die Lotte Tobisch zu dieser Zeit im vis-à-vis des Locus Delicti gelegenen Volkstheater spielte, diese Einschätzung geteilt hätte. Aslans Auslassungen sagen vielleicht nicht viel über den tatsächlichen Stellenwert des Burgtheaters in der Zweiten Republik aus, umso mehr aber über das Selbstverständnis des Ensembles sowie über den Nimbus des ehemaligen k. k. Hoftheaters nächst der Burg. Doch darüber war die Zeit hinweggegangen – auch wenn Claus Peymann Jahrzehnte später immer noch meinte, dagegen ankämpfen zu müssen.

Ungewiss muss bleiben, ob Buschbeck seiner Lebensgefährtin im Zuge dieser Affäre auch jene mit Trakls Schwester Grete gestanden hat. Bevor er Gedichte veröffentlichte, hat sich der junge Trakl als Dramatiker versucht und ein Stück mit dem Titel *Totentag* geschrieben, das sogar im Salzburger Stadttheater aufgeführt worden war. Den Text hat der Autor später vernichtet, aber eine Inhaltsangabe ist überliefert. »Ein erblindeter Jüngling ist Trakls Hauptheld, er liebt ein Mädchen namens Grete (sic). Aber diese lässt sich auf den Studenten Fritz ein, was den blinden romantischen Helden auf der Stelle wahnsinnig werden lässt.«[21] Man kann das als Prophetie dessen lesen, was sich zwischen dem Dichter, seiner Schwester und seinem Freund abgespielt hat. »Die tragische Beziehung Trakls zu seiner Schwester – die Selbstvernichtung in Beziehung zum eigenen Blut – ist aus seinen Dichtungen herauszulesen«, schrieb Ludwig von Ficker in den Dreißigerjahren einem Trakl-Dissertanten, und in einem weiteren Brief, dass Grete sich ihm gegenüber diesbezüglich einmal anvertraut habe.[22] Aufgegriffen hat das Otto Basil, der ehemalige Dramaturg am Volkstheater und Herausgeber der avantgardistischen Literaturzeitschrift *Plan*, als er Mitte der Sechzigerjahre eine Biografie über den Dichter verfasste.[23]

In Abrede gestellt hat ein solches inzestuöses Verhältnis hingegen Erhard Buschbeck. Das hat aber möglicherweise mit einem schlechten Gewissen wegen seiner eigenen Affäre mit Grete zu tun. Trakl hatte ihm deswegen nicht allzu lange vor seinem tragischen Tod in Krakau am 3. November 1914 die Freundschaft gekündigt. Trotzdem stimmt, was Lotte Tobisch 1964 zum fünfzigsten Todestag Trakls schreiben wird:

> Das Gefühl der Schuld war das ursprünglichste, das stärkste Gefühl Trakls ... Die Gedichte Georg Trakls sind Gleichnisse, die sich an die Bereiche in uns wenden, die in archetypischen Tiefen liegen, wo die Geschehnisse versunken ruhen ... In diesen Jahren, in denen sich Georg Trakl so sehr verloren fühlte, wie kaum jemals zuvor, wurde ihm Erhard Buschbeck ein Freund, der nicht nur jederzeit zu helfen bereit war, sondern der vor allem unbeirrbar an ihn glaubte, an seinen Genius, an sein Werk.[24]

Im Frühjahr vor Erscheinen dieses Artikels war Lotte Tobisch im Übrigen wieder einmal in einer passenden Rolle im Burgtheater zu sehen, in dessen Ensemble sie nach Buschbecks Tod zurückgekehrt war. Unter der Regie von Leopold Lindtberg stand sie im Mai in Shakespeares *König Heinrich V.* als Königin von Frankreich auf der Bühne. Gespielt wurde der ganze Königsdramen-Zyklus. Auf der Besetzungsliste finden sich – aus heutiger Sicht – so erlauchte Namen wie Wolfgang Gasser, Boy Gobert, Hugo Gottschlich, Attila Hörbiger, Josef Meinrad, Heinz Moog sowie der spätere Direktor des Hauses, Achim Benning.

Als Lotte Tobischs das Andenken an Trakl und Buschbeck bewahrender Essay erschien, war Käthe Dorsch fast sieben und Erhard Buschbeck schon vier Jahre tot. Ausgerechnet Hans Weigel – und damit schließt sich der Kreis – hat damals einen kenntnisreichen Nachruf auf ihn verfasst, der begreiflich macht, was nicht nur Lotte Tobisch an der »Burgtheater-Legende« faszinierte.

> Seine Sturm- und Drangjahre waren literarisch: Er gehörte allein durch seine Freundschaft mit Georg Trakl der Literaturgeschichte an, er war Schriftsteller und ein Prominenter der jungen Avantgarde im Wien vor dem Ersten Weltkrieg, er stand im Mittelpunkt einer einst sensationellen Affäre im Kampf um die neue Musik des Schönberg-Kreises. Dann aber holte Hermann Bahr ihn gleich nach dem Umsturz 1918 ans Burgtheater.[25]

Buschbeck verstand sich während seiner über vierzig Jahre dauernden Tätigkeit am Burgtheater als Brückenkopf zwischen Tradition und Moderne. Und darin folgte ihm Lotte Tobisch gern. Sie hat mit der ihr eigenen noblen Geste das Vermächtnis ihres Lebensgefährten tradiert und die Erinnerung an Trakl hochgehalten.

2. Kapitel

Herkunft

Als Nora Tobisch am 28. März 1926 im Sanatorium Auersperg ein Mädchen zur Welt brachte, war sie gerade einmal zwanzig Jahre alt – und selbst noch recht kindlich. In gewisser Weise blieb sie das – in der Einschätzung ihrer Tochter – bis ins hohe Alter. Als Lotte Tobisch ihre neunzigjährige Mutter wieder einmal auf ihre Nonchalance hin ansprach, antwortete diese: »Ach Lotterl, du warst doch auch einmal jung!«[26] Mit dieser Anekdote charakterisierte Lotte Tobisch nach dem Tod ihrer Mutter deren Lebenseinstellung.

Dass Nora Anna Josefine Maria Krassl von Traissenegg zeitlebens unreif wirkte, mag auch mit dem Ambiente zu tun haben, in dem sie aufgewachsen ist: hineingeboren in eine sehr vermögende Industriellenfamilie in der letzten Phase der Donaumonarchie. Als zweite Tochter von Friedrich Krassl (geboren am 2. Juli 1879) und der Alice Jakobine Franziska Neugebauer (geboren am 12. Oktober 1882) schlug sie am 21. Jänner 1906 ihre Augen auf. Geheiratet hatten Noras Eltern am 15. November 1902 in der Wiener Karlskirche[27], zwei Jahre später war ihre Tochter Helga zur Welt gekommen. 1905 trat Friedrich Krassl gemeinsam mit seinem Bruder Rudolf als Gesellschafter in die Prager Metallwarenfirma C. T. Petzold & Co ein[28] und setzte damit die Familientradition fort. Zu diesem Zeitpunkt war der erste Beamte des Reiches, Seine Apostolische Majestät Kaiser Franz Joseph, bereits über ein halbes Jahrhundert im Amt und strahlte nach Joseph Roth so etwas wie die leibgewordene Stabilität aus.

Im Sommer 1909 genehmigte das k. k. Ministerium des Inneren die Gründung der Eisenwerke-Aktiengesellschaft Rothau-Neudek (tschechisch Nejdek) im böhmischen Teil des Erzgebirges, Verwaltungsregion Karlsbad (Karlovy Vary). Knapp zwei Jahre später wurde Friedrich Krassl in diesem Unternehmen neben seinem Vater Johann Anton und seinem Bruder Rudolf Mitglied des Verwaltungsrates.[29] In dieser Funktion erhob das Kaiserhaus Johann Anton Krassl 1913 in den erblichen Ritterstand und verlieh ihm das Prädikat »von Traissenegg«.[30]

Friedrich Ritter Krassl von Traissenegg, wie er gerade einmal sechs Jahre (bis zum Adelsaufhebungsgesetz im April 1919) hieß, darf man sich als typischen Herrenreiter vorstellen, sowohl als Automobilist als auch als Pferdeliebhaber. Schon als junger Leutnant der Reserve wird im Jahr 1900 eines seiner Pferde prämiert.[31] In der Folge taucht sein Name des Öfteren als Zuschauer bei Pferderennen auf. Die Gebrüder Krassl sind aber auch so etwas wie Kraftwagen-Pioniere. Seit März 1909 gehören sie dem *Österreichischen Automobil-Club* an. Ein Mercedes 50 HP im Besitz von Rudolf Krassl erreicht 1910 als erstes Automobil »auf einer fast unfahrbaren Straße, dem zur Rax führenden Törlweg«[32], den Knappenhof oberhalb von Edlach. Mit seinem Mercedes-Kompressor erlangt Rudolf als Ordonanzoffizier im Krieg offenbar einige Bekanntheit.[33] Friedrich wiederum erhält 1932 ein Abzeichen des Automobil-Clubs für zwanzig Jahre sicheres Fahren, wie die *Allgemeine Automobil-Zeitung* verlautbart.[34] Da hatte er seine bereits sechsjährige Enkelin noch nicht zu Gesicht bekommen. Dazwischen lag eine Familientragödie.

An deren Anfang stand der Tod des Pater familias. Eineinhalb Jahre vor dem Kaiser starb der von ihm geadelte Johann Anton Krassl von Traissenegg am 17. April 1915. Mit dem Ableben des Magnaten ging für die Familie Krassl eine Ära zu Ende – und bald danach das ganze Kaiserreich. Die Söhne des Patriarchen standen zum Zeitpunkt seines Todes, wie *Die Arbeit* vermeldete, im Felde.[35] Im Nachruf würdigte die Zeitung die Verdienste von Noras Großvater, der »als Seniorchef der Firma C. T. Petzold & Comp. in Wien und Prag und als Vizepräsident der Eisenwerke-Aktiengesellschaft Rothau-Neudek eine äußerst ersprießliche Tätigkeit entfaltet hat«. Ein Jahr nach ihm stirbt auch seine Witwe Josefine. Mit dem Tod von Nora Tobischs Großeltern geriet das Familiengefüge durcheinander.

Mitten im Krieg taucht der Name Friedrich Krassl von Traissenegg auf der *Gmundner Kurliste* als Gast des dortigen Sanatoriums und Kurhotels auf. Der Ort seiner Erholung vom Kriegsdienst dürfte nicht zufällig sein. Besitzt er doch im nahe gelegenen Ternberg (bei Steyr) ein Landgut, das ihm – laut seinem Neffen Harald Langer-Hansel – mehr am Herzen liegt als die Fabriken der Firma C. T. Petzold »in Puschwitz bei Brüx, Prag, Janowitz, Adamsthal, Komorau und Krieglach«[36] in der Steiermark. Des Konzerns nimmt sich verstärkt sein Bruder Rudolf an. Friedrich hingegen zieht gegen Ende des Krieges – mit Ludwig Wittgenstein als Vizepräsidenten – in die Direktion der Österreichischen Hypothekenbank ein.[37] Rudolf wiederum wird Präsident der Kompaß-Bank, einer Kreditversicherungsanstalt. Derart überstehen die Brüder Krassl den Krieg ohne besondere finanzielle Einbußen. Einen persönlichen Verlust hat Friedrich aber sehr wohl zu beklagen: den seiner Frau. Die verlässt ihn – wegen eines anderen Mannes – noch während des Krieges. Für Friedrich Krassl war das gleichbedeutend damit, als ob sie gestorben wäre.

Das lässt sich jedenfalls den Briefen entnehmen, die seine Tochter Nora in gestochener Kurrentschrift der aus ihrem Leben verbannten Mutter geschrieben hat.[38] Diese legen nahe, dass der Vater ein strenges Regiment über seine Töchter führte. »Dein Bild hat uns Papa weggenommen, wir dürfen es in ein Album (nehmen) geben. Als Helga Dir voriges mal schrieb mit Bleistift und Dr. Preleutner Grüße schickte, zerriß ihr Papa den Brief und sagte: Dr. Preleutner geht uns gar nichts an und mit Bleistift dürfen wir auch nicht schreiben. Weißt Du schon, daß Frau Fina von uns weggegangen ist, bei Papa bleibt niemand«, heißt es in einem undatierten Brief Noras aus Kleinreifling bei Ternberg im Ennstal. Dort und in Gmunden müssen sich die Krassl-Töchter nun aufhalten, sehnen sich aber nach ihrer Mutter in Wien, wie aus den Briefen hervorgeht. In der Rolle des Gutsherrn fühlte sich Friedrich Krassl offenbar besonders wohl. Als nach dem Krieg ein

Gesetz zur Wiederbesiedlung beschlossen wird, interveniert er, der sich laut *Arbeiter-Zeitung* immer noch »ungescheut in Unterschriften und Stampiglien ›Ritter von‹ nennt«, beim dritten Präsidenten der Konstituierenden Nationalversammlung, dem späteren Vizekanzler und Justizminister Franz Dinghofer, dagegen, dass Teile seiner Besitzungen in Kleinreifling der Wiederbesiedlung zum Opfer fallen sollen.[39]

Die Atmosphäre im Hause Krassl muss für die Schwestern bedrückend gewesen sein. Vor diesem Hintergrund ist es nicht erstaunlich, dass sie der Enge der patriarchalen Welt ihres Vaters so bald als möglich entfliehen wollten. Der für »höhere Töchter« damals übliche Weg, das Elternhaus zu verlassen, war die Heirat. Als Nora deshalb Anfang der Zwanzigerjahre in Begleitung ihrer Großmutter zu einem Hausball der Döblinger Sektkellerei Schlumberger gehen darf, tut sie das wohl nicht nur der Vergnügung wegen, sondern auch, um sich auf dem für sie infrage kommenden Heiratsmarkt umzusehen. Bei der Tanzerei fällt dem großgewachsenen und in der Wiener High Society als schönstes Mädchen geltenden Teenager der ebenfalls hoch aufgeschossene Architekturstudent Karl Tobisch von Labotýn auf – und sie verliebt sich auf der Stelle in ihn. Anfangs treffen sich die beiden am Wochenende heimlich auf dem damals noch wilden Wienerberg.[40] Doch bald eröffnet Nora ihrem Vater, dass sie heiraten möchte.

Der reagiert, wie zu erwarten, indem er sie in die »Verbannung« nach Graz schickt. Von dort schreibt sie im Februar 1923 ihrer Mutter, dass in dem Internat viel zu arbeiten ist: »Aufräumen, lernen, Boden reiben, bürsten ist natürlich selbstverständlich ... Oft ist mir sehr bang zumute; muss immer an meinen Karli denken, dann geht es schon wieder. Liebste Mutti, komm mich bald besuchen.«[41] Der gestrenge Herr Krassl aber war strikt gegen die Verbindung seiner Tochter mit dem Herrn Tobisch-Labotýn, wobei Standesunterschiede nicht der Grund dafür gewesen sein können. Auch die Tobischs waren eine angesehene Wiener (Adels-)Familie.

Karl Anton Gustav Alfred Tobisch war am 8. Oktober 1897 in Wien als Sohn des Juristen Karl Borromäus Anton Josef

Tobisch und der Amalia Antonia Barbara, geboren am 11. März 1871 als Edle von Lenz, zur Welt gekommen. Die Tobischs waren eine gut situierte deutschböhmische Familie aus der Gegend von Kadaň (deutsch Kaaden) und wussten vorwiegend Gelehrte, Geistliche, Beamte und sogar Dichter in ihren Reihen. Die Familie war aber in die hierzulande weitgehend unbekannte »Prager Adelsaffäre« verstrickt. Dabei ging es darum, dass ein Fälscher reichen Familien, deren Stammname gleich oder ähnlich lautend dem einer alten Adelsfamilie war, gegen Entgelt anbot, den genealogischen Zusammenhang herauszufinden[42], um damit einen Antrag auf Anerkennung des ererbten altböhmischen Ritterstandes stellen zu können. Etliche Familien machten davon Gebrauch, unter anderem die ahnungslosen Tobischs. Die »Nachweise« waren jedoch vielfach Fälschungen – und das flog auf, obwohl das Adelsdepartment die Anträge eher lax begutachtete. Man vermutete, dass einige Beamte in die Affäre involviert waren. Eine Untersuchung dazu fand jedoch nicht statt.

So kam es, dass der Adelsstand der Tobischs am 4. November 1898 zuerst anerkannt wurde, doch als man zu Beginn des neuen Jahrhunderts die Fälschungen aufdeckte, kam es 1903 zu einem Prozess, in dessen Folge das erworbene Prädikat »Tobisch von Dobischau« zurückgegeben werden musste.[43] Doch Dr. Karl Tobisch arbeitete sich als Beamter im Ministerium für Kultur und Unterricht vom Ministerialrat über den Sektionsrat (ab 1906) bis zum Vizepräsidenten des Landesschulrates in Prag hinauf (1910) und leistete dem Kaiserhaus treue Dienste. Im Februar 1907 war er vom Kaiser empfangen worden, der ihn aus Anlass seiner »Übernahme in den Ruhestand« am 4. März 1912 in den erblichen Ritterstand nobilitierte.[44] Das Prädikat »von Labotýn« wurde am 16. Oktober 1915 genehmigt.

Ins Mittelalter zurückführen, wie Lotte Tobisch vermeinte[45], lässt sich der Adel der Tobischs aber nicht. Genealogisch weiter zurückverfolgen lässt sich nur eine Linie, mit der Lotte Tobisch aber weder bluts- noch standesrechtlich verwandt war. Der Bruder von Noras Vater, Rudolf Krassl von

Traissenegg, war mit Josefine, verwitwete Gräfin zu Schallenberg verheiratet. Die aus der ersten Ehe Josefines stammenden Kinder trugen nach der Adoption durch Rudolf Krassl den Namen Schallenberg-Krassl. Das Geschlecht der Schallenbergs wird tatsächlich 1230 erstmals erwähnt und stellte seit April 1666 Reichsgrafen. Bezogen hat sich Lotte Tobisch aber wohl auf die »Edlen von Lenz«, einer aus Livland (heute Estland und Lettland) stammenden Familie, die sich über Europa ausgebreitet hat. Ihr entstammt auch der Dichter der Goethe-Zeit, Jakob Michael Reinhold Lenz. Aus der ging Karl Tobischs Mutter Amalia hervor. Das bedeutet, dass zwischen den Eheleuten Nora und Karl Tobisch ein indirektes Verwandtschaftsverhältnis bestand. Älteste Ansitze besaßen die »Lenzens« seit dem 14. Jahrhundert in Prignitz im Nordwesten des Landes Brandenburg. Der Zweig der Familie, dem Amalia entstammte, geht auf Alfred Johann Edler von Lenz zurück, seines Zeichens Direktor einer Eisengießerei und Eisenbahnfabrik und Reichsratsmitglied aus der liberalen Partei.[46] Er wurde am 20. Juni 1888 vom Kaiser in den Adelsstand erhoben. Vom Uradel kann deshalb nicht die Rede sein.

Dass Noras Vater so sehr gegen die Vermählung seiner Tochter mit dem Architekten Karl Tobisch opponierte, hat also nichts mit schichtspezifischen Unterschieden zu tun.

> Einer der Gründe, weshalb mein Großvater diese Ehe nicht wollte, war sicher finanzieller Natur. Beide Eltern kamen aus der Großindustrie, aber während die Familie meiner Mutter nach wie vor steinreich war ..., hat die meines Vaters ... ihr Vermögen bereits nach dem Ersten Weltkrieg verloren. Außerdem hatte mein Großvater ... für einen musischen, ein bissl spinnerten, künstlerischen, fantasievollen und einigermaßen exaltierten Architekturstudenten wie meinen Vater wohl schon a priori nicht viel übrig.[47]

Die finanziellen Gründe könnten auch handfeste unternehmensstrategische gewesen sein, saß Dr. Karl Tobisch doch seit November 1920 im Verwaltungsrat der Austro-Belgischen Eisenbahn-Gesellschaft[48], während der 1936 verstorbene Fabrikant Alfred Edler von Lenz Eigentümer der Eisenwerke in Traisen war[49] – und damit in Konkurrenz zu den Metallwerken C. T. Petzold stand, für die die Krassls tätig waren. Auch im Bankensektor waren die Familien Gegenspieler. Alfred Edler von Lenz sen. hatte 1879 die Postsparkassen in Österreich mitbegründet, während Friedrich Krassl, wie erwähnt, seit Mitte 1920 in der Direktion der Österreichischen Hypothekenbank saß und sein Bruder Rudolf Präsident der Kompaß-Bank war.

Die trotzige Nora ließ sich von ihrem Karli jedoch nicht abbringen. »Der oder keiner!«, soll sie zu ihrem Vater gesagt haben[50] und ihn laut Bericht in der von Imre Békessy herausgegebenen Boulevardzeitung *Die Stunde* gebeten haben, »Ritter von Tobisch freundlich zu empfangen, wenn dieser am nächsten Tage als Brautwerber vor ihm erscheinen werde«. Nun war Békessys Blatt nicht gerade für seine Zuverlässigkeit bekannt, viel mehr wegen der heftigen Angriffe, die der Herausgeber der Zeitschrift *Die Fackel*, Karl Kraus, gegen die erpresserischen und betrügerischen Machenschaften des Herausgebers der *Stunde* richtete. So verwechselte das Boulevardblatt in seinem Prozessbericht etwa die Brüder Krassl und gab Rudolf statt Friedrich als Vater Noras an. Die heftige Ablehnung der Eheschließung vonseiten Friedrich Krassls ist aber Tatsache. Zu ihrer maßlosen Überraschung bekam er bei Noras Ankündigung, dass Karl Tobisch um ihre Hand anhalten werde, »geradezu einen Tobsuchtsanfall«.[51]

Hintergrund für Friedrich Krassls Gefühlsausbruch war aber nicht die Jugend seiner Tochter, die gerade einmal 17 war, sondern die Familienzwistigkeiten, bei denen, wie *Die Stunde* genüsslich ausführte, Friedrichs Schwiegermutter eine ungewöhnliche Rolle gespielt haben soll, schlug sie sich im Rosenkrieg »Krassl gegen Krassl« doch gegen ihre Tochter auf die Seite ihres Schwiegersohns, insbesondere bei dem der Scheidung folgenden Alimentations-Prozess, den Noras Mutter Alice angestrengt hatte, um statt der sechs Millionen Kronen monatlicher Apanage (ca. 3200 Euro), die Friedrich ihr zugebilligt hatte, zehn pro Monat zu fordern (ca. 4500 Euro).[52] Zu bedenken ist, dass dies die Zeit der Hyperinflation war, in der man von einem Tag auf den anderen nicht wusste, wie viel man für sein Geld noch würde kaufen können. Das Gericht hatte noch nicht über die Höhe der Sustentation für Friedrichs Exfrau entschieden, da brachte auch seine Tochter eine Klage gegen ihn ein.

Ohne Zustimmung des Vaters wäre die minderjährige Nora von der römisch-katholischen Kirche nicht getraut worden. Deshalb trat das Liebespaar Nora und Karl kurzerhand der altkatholischen Kirche bei. Mit seinem Wissen, aber gegen den Willen von Noras Vater heirateten die beiden am 27. September 1924 in der altkatholischen Salvatorkirche. Friedrich Krassl weigerte sich daraufhin, seiner Tochter eine Mitgift auszuzahlen, weshalb nach ihrer Mutter auch sie ihn klagte. Über die darauffolgende Gerichtsverhandlung wusste *Die Stunde* unter der Überschrift *Der Geiz des Milliardärs* detailliert zu berichten und gab folgenden Dialog daraus wörtlich wieder:

> Auf die Frage des Richters, welches Vermögen er besitze, erklärte Herr Kraßl:
> »Ich habe keinerlei Vermögen.«
> Frau Nora von Tobisch: »Aber Papa, du bist doch unermeßlich reich!«
> Herr Kraßl: »Ich habe nichts, alles gehört der Firma.«
> Frau Nora von Tobisch: »Papa, Du hast doch vier Automobile. Gehören die auch der Firma?«
> Alle Bemühungen des Richters, Herrn Kraßl milde zu stimmen und in einen Ausgleich einzuwilligen, schlugen fehl. Er blieb hart und rief in den Saal:
> »Eher kann meine Tochter auf der Straße verrecken, als daß ich ihr einen Heller gebe.«[53]

Ganz so schlimm kam es nicht. Der Richter befand, dass es dem Angeklagten nicht gelungen sei zu beweisen, dass er nichts besitze, und verurteilte Herrn Krassl dazu, seiner Tochter eine Alimentation von monatlich 15 Millionen Kronen (ca. 6750 Euro) zu bezahlen. Schon vor der Hochzeit war Nora aus der elterlichen Wohnung in der Favoritenstraße 20 in Wien-Wieden zu den verarmten Tobischs gezogen. »Der einzige wesentliche Besitz, der übriggeblieben war, waren ein Landhaus in Hadersdorf-Weidlingau und die großelterliche Wohnung auf dem Karlsplatz. Dort sollte auch die junge Familie nach dem Umzug der Großeltern in ihr Haus in Marienbad mehr als ein Jahrzehnt logieren«, erzählte Lotte Tobisch ihrem ersten Biografen, Lucian O. Meysels.[54] Als böhmischer Beamter hatte Dr. Karl Tobisch-Labotýn nach dem Krieg für die neu gegründete Republik Tschechoslowakei optiert. Da die Republik Österreich nach dem Friedensvertrag von Saint-Germain-en-Laye kein Rechtsnachfolger Österreich-Ungarns sein konnte, erhielt er von dem neuen Staat keine Pension. Daher überlegten Karl Tobischs Eltern den Umzug in die Tschechoslowakei. Doch dafür fehlte das Geld. Lottes Großmutter Amalia musste deshalb ihren Schmuck verkaufen. Von dem Erlös erwarben die Großeltern ein Haus in Mariánské Lázně (Marienbad) und überließen Karl Tobisch und seiner jungen Frau die große Wohnung im obersten Stockwerk auf dem Karlsplatz 1.[55] Die kleine Lotte verbrachte dann im Sommer einige ihrer schönsten Kindheitstage bei den Großeltern in Böhmen. Ihren Großvater mütterlicherseits lernte sie erst im Alter von zwölf Jahren kennen, als die Ehe ihrer Eltern längst geschieden war.

Kindheit

Mit dem Währungsumstellungsgesetz vom 20. Dezember 1924 und der Einführung des Schillings anstelle der wertlosen Krone am 1. März 1925 begann für die junge Erste Republik die stabilste Phase. Politisch endete sie mit dem Justizpalastbrand am 15. Juli 1927, wirtschaftlich mit dem Börsenkrach am »Schwarzen Donnerstag« (24. Oktober 1929) in den USA beziehungsweise am 25. Oktober in Europa. Die darauffolgende Weltwirtschaftskrise wirkte sich auch auf die junge Familie Nora und Karl Tobisch aus.

Die Familienaffären im Hause Krassl-Traissenegg Mitte der Zwanzigerjahre hatten die Oberschicht Wiens durchaus beschäftigt. Doch Nora Tobisch war – nach den Jahren der Entbehrungen – gewillt, ein ihrem Status gemäßes Leben zu führen; und das hieß für sie, an den gesellschaftlichen und kulturellen Lustbarkeiten der Stadt Anteil zu nehmen. In der ersten Phase der Ehe konnte der frisch vermählte Karl Tobisch-Labotýn noch hoffen, in seinem Beruf reüssieren und zum Familieneinkommen beitragen zu können. Im Juli 1922 hatte er die Staatsprüfung an der technischen Hochschule Wien im Fach Hochbau (Architektur) abgelegt und trug seither den Titel Diplom-Ingenieur.[56] Es gelang ihm, im Architekturbüro des Oberbaurates Leopold Bauer eine Beschäftigung zu finden. Nach eigener Angabe hat Architekt Bauer »als wilder Revolutionär zu bauen« angefangen, bis er begriff, dass der Künstler leicht auf Irrwege gerät, wenn er »dem Zwange der Gegenwart entfliehen und mit Gewalt und Radikalität weit in die Zukunft vorstoßen will«.[57] Begonnen hat der gebürtige Schlesier mit der Restaurierung von Schlössern und mit Entwürfen von Landhäusern in Mähren. Bekanntheit erlangte er mit der Errichtung des neoklassizistischen Gebäudes der Oesterreichischen Nationalbank (OeNB). Während der Bauphase (1913 bis 1919) war er als Leiter der Spezialschule für Architektur an der Akademie der bildenden Künste Nachfolger jenes Mannes, nach dem 1925 der Platz benannt wurde, auf dem das Gebäude steht: Otto Wagner. Im Büro von Professor Bauer konnte Karl Tobisch zweifellos Erfahrungen sammeln. Zur Zeit ihrer Vermählung durfte die Gemahlin des Diplom-Ingenieurs Tobisch also darauf hoffen, dass ihr Mann die Karriereleiter hinaufklettern und vielleicht ein eigenes Architekturbüro eröffnen würde.

Es kam anders. So sehr die Eheleute einander liebten, so unterschiedlich waren ihre Ansprüche und Charaktere.

»Meine Mutter«, so berichtete es Lotte Tobisch immer wieder, »war trotz allem sehr auf Formen bedacht«.[58] Die Formulierung »trotz allem« bezieht sich wohl auf die Verwerfungen in der Familie. Als im Prozess gegen ihren Vater das Urteil gesprochen wurde, war Nora Tobisch bereits schwanger. Dass ihr eine Alimentation zugestanden worden war und sich die Republik ökonomisch gerade konsolidierte, hat die junge Familie finanzieller Sorgen vorerst enthoben. Davon abgesehen aber hatte die Schwangere ihre genauen Vorstellungen davon, »was eine Ehe sein soll«[59] – und die dürften mit jenen ihres Angetrauten nicht unbedingt übereingestimmt haben. Als Nora zwei Jahre nach der Hochzeit im Frühjahr 1926 eine Tochter zur Welt brachte, machte das das Eheleben nicht gerade einfacher.

Die ersten Anzeichen einer krisenhaften Entwicklung des Familienlebens können wir einem Brief entnehmen, den Karl Tobisch von seiner Frau erhielt, als sie mit der einjährigen Lotte auf Sommerurlaub bei seinen Eltern in Karlsbad weilte.[60] Darin schildert Nora ihrem Ehemann ihr dortiges Leben: Morgens tanzt sie, untertags geht sie ins Kaffeehaus und abends in ein Konzert oder Theater, wo sie unter anderem von Alexander Moissi in G. B. Shaws *Arzt am Scheideweg* hingerissen ist. Erst am Schluss fällt ihr ein: »Jetzt hab ich ganz vergessen auf unser Lottchen. Also Lotti ist wohlauf, sieht blühend aus, und ist ein wahres Teuferl an Lebendigkeit geworden.« Die Betreuung des Kindes hat Nora Tobisch weitgehend der Großmutter überlassen.

Ausgesehen hat die kleine Lotte wie ein blondes Engelchen. Auf einem Foto, das die Dreijährige als Blumenmädchen zeigt[61], sieht sie aus wie eine barocke Putte mit einem Tüll-Umhang statt der Flügel. Aber das täuschte. Dahinter verbarg sich ein kleines Teufelchen, wie Lotte Tobisch später oft bekundete: »Was heißt schlimm«, erzählte sie in einem Interview[62], »ich war unerziehbar! Als Kind war ich ein Albtraum.« Vor allem für ihre Mutter, die heillos überfordert war mit dem früh sehr selbstständigen Kind. Als Lotte Tobisch bereits bekannt war, deutete sie in etlichen Interviews an, wie sich ihre kindliche Autarkie äußerte. Diese Schilderungen lesen sich, als wäre sie aus der Trotzphase ihre ganze Kindheit lang nicht herausgekommen. In ihrem Erinnerungsband *Langweilig war mir nie* beschrieb sie etwa eine Szene, die ihr frühes eigenständiges Denken illustriert: Als eine Freundin ihrer Mutter sie zur Komplizin machen möchte, indem sie zu dem Kind sagt, sie habe eine böse Mama, weil die sich schon so lange nicht bei ihr habe blicken lassen, reagiert die kleine Lotte schroff: »Du bist pfui!«[63] Schon an dieser Geschichte zeigt sich, was die erwachsene Lotte Tobisch auszeichnete: ihre Autonomie im Denken und Handeln. Es ist deshalb sehr glaubwürdig, wenn sie von sich behauptete: »Schon mit drei Jahren – wenn ich etwas nicht wollte, war's oha. Das ist meine Natur.«[64]

Die junge Mutter kämpfte aber nicht nur mit dem schwierigen Kind, sondern immer häufiger auch mit ihrem Mann. Karl Tobisch, so schätzte er sich selbst ein, hätte auch Sänger oder Zeichner werden können. In der ersten Verliebtheit hatte er »meinem lieben Norli« zu Weihnachten 1922 etwa ein selbst illustriertes Märchenbuch geschenkt – mit dem vorangestellten Motto: »Die kleinen Bildchen aus / galanter Zeit / Erzählen von Prinzesschens / Jugendjahren, / Wie ich die Tage der / Vergangenheit / Aus zarten Elfenliedern / hab' erfahren.«[65] Karl Tobisch war ein rundum künstlerischer Mensch, der mit dem »Prinzesschen« an seiner Seite – je schwieriger die Verhältnisse wurden – seine liebe Not hatte. Dass er eine technische Ausbildung absolviert hatte, wird hauptsächlich finanziellen Erfordernissen geschuldet gewesen sein. Denn seine besondere Leidenschaft galt der Oper. Nora hingegen lebte in der Vorstellungswelt einer Gesellschaftsdame der franziskojosephinischen Epoche. Nach den schwierigen Jugendjahren wollte sie wieder am gesellschaftlichen Leben der Hautevolee teilnehmen. Da der Lebensstandard des Paares zu einem nicht unbeträchtlichen Teil von der Apanage herrührte, die Nora erstritten hatte, befand sich Karl Tobisch in einer unangenehmen Position.

Als sich Nora im Sommer 1928 nach einer der häufigen Streitereien »zur Erholung« aufs Land zurückzog, schickte er ihr einen Brief[66] nach, in dem er sie zu sofortiger Rückkehr aufforderte, und dazu, ihre Pflichten als Hausfrau und Mutter wahrzunehmen. Zu diesem Zeitpunkt hing der Haussegen bereits beträchtlich schief, was an dem Kleinkind womöglich nicht spurlos vorübergegangen ist. Von den politischen Spannungen in der Ersten Republik bekam die kleine Lotte dagegen gar nichts mit. »Ich bin irgendwie in einem goldenen Käfig aufgewachsen, in einem Ambiente von Großbürgerlichkeit.«[67] Ein magischer Moment ihrer Kindheit ist Lotte Tobisch im Gedächtnis geblieben, der diese Geborgenheit veranschaulicht. Den hat sie unter anderem dem *Jüdischen Echo* unter dem Titel *Die Villa Silberbusch* anvertraut.

> Zu meinen frühesten Kindheitserinnerungen zählt ein kleines, weißes Porzellanhäuschen, dessen Fenster und Tore durch eine Kerze, die im Inneren stand, hell beleuchtet waren. Wenn ich krank war, wurde dieses Häuschen auf den Tisch neben meinem Bett gestellt und sein Licht zeichnete leicht schwankende, helle Kreise und bizarre Formen auf die Wände und den Plafond des Zimmers und ließ die Gegenstände des Raumes als bewegliche Schattenbilder auf- und niedertauchen.[68]

Das Häuschen hieß deshalb Villa Silberbusch, weil sie es von Dr. Nathan Silberbusch geschenkt bekommen hatte. Der Hausarzt hatte es mitgebracht, als er eines Nachts zu ihr gerufen worden war, weil sie starkes Fieber und Angst vor etwas Unbekanntem hatte, das sie mit langen, dürren Fingern anzufassen versuchte. Im Kerzenschein des Häuschens löste sich das Fantasiegebilde »in gold- und silberfarbene Träume« auf. »Doktor Silberbusch hat mich nach jenen Tagen meiner ersten Kinderkrankheit noch oft besucht; er hat mich von den Masern, von Scharlach und Diphterie geheilt; und immer, wenn er kam, stand seine kleine ›Villa‹ ... in meinem Zimmer.«[69] Retrospektiv sprach Lotte Tobisch von einem Idyll, in dem sie aufgewachsen war.

Eine solche Behütetheit kann Selbstsicherheit verleihen, die Lotte von ihrer Mutter quasi vererbt bekommen hat. Was die Beziehung der beiden nicht unbedingt erleichtert hat. Denn in Kindern kann sich ein solcher frühkindlicher Eigensinn in einer gewissen Trotzhaltung zeigen. Die dürfte Lotte Tobisch – ihrer Mutter gegenüber – exzessiv ausgelebt haben. »Meine arme Mutter und die Familie haben schrecklich unter mir gelitten«[70], bedauerte sie im Rückblick und ergänzte: »Wenn man mir etwas angeschafft hat und ich es verstanden habe und gewusst warum, dann habe ich es gemacht, wenn man mir aber gesagt hat: Das machst Du, und man konnte mir nicht genau erklären weshalb, dann war grundsätzlich: nein.« Lottchens Renitenz hätte auch als Zeichen von Intelligenz gewertet werden können. Nora aber erlebte den Widerspruchsgeist ihrer Tochter offenbar als nur gegen sie gerichtet – und lag damit möglicherweise nicht ganz falsch. Lotte Tobisch hat später eingestanden, dass sie zu ihrem Vater ein innigeres Verhältnis gehabt hatte als zu ihrer Mutter. »Die Mutter war viel egozentrischer wie ich. Die Mutter war kein Familienmensch ... die hat viel weniger Rücksicht auf andere Leute genommen.«[71]

Bei Lotte paarte sich der Eigensinn, im Gegensatz zu ihrer Mutter, hingegen früh mit sozialem Empfinden. Das geht aus einer Kindheitserinnerung hervor, die sie Werner Urbanek anvertraut hat: »Bei einem Spaziergang reißt sie sich los, läuft zu einem Polizisten, der im Regen den Verkehr regelt, und während sie ihm ihr Mäntelchen reicht, beklagt sie: ›Armer Mann, wirst nass.‹«[72] Für solche Ambitionen im Sinne des heiligen Martin hatte Nora Tobisch wenig Sinn. Doch sie war nicht herrisch. Als sie zum Beispiel später mit Gustav Lederer verheiratet war, wurde »das Personal – es war in größeren Mengen vorhanden – bei uns zumindest ordentlich behandelt und bezahlt«[73], verteidigte Lotte Tobisch ihre Mutter. Im selben Interview beschreibt sie eine Szene, die sie im Alter von fünf mit ihrer Mutter auf dem Heimweg von Tante Daisy erlebt hatte. Sie schlenderten über den Karlsplatz und sahen eine arbeitslose Frau mit zwei kleinen Kindern auf dem Boden sitzen. Nora gab ihr fünfzig Schilling. Als die Bettlerin daraufhin den Saum ihres Kleides küsste, lief Nora verstört weg. »Auf die Idee, ›komm mit‹ zu sagen, wäre sie nie gekommen. Das war nicht drin.«[74]

In einem Videoporträt zu ihrem neunzigsten Geburtstag verriet Lotte Tobisch, dass sie im Nachlass ihrer Mutter ein Briefchen gefunden hatte, auf dem sie geschrieben hatte, dass sie nicht gut zu ihrer Tochter gewesen wäre und erst spät gewusst habe, wer Lotte sei. »Warum so spät?«, fragte Nora sich darin selbst.[75] Das Mutter-Tochter-Verhältnis blieb lange schwierig, vielleicht gerade, weil sie einander einerseits ähnlich waren, in anderer Weise wiederum sehr verschieden. Beide hatten zum Beispiel mit ihren Liebesbeziehungen Familienskandale ausgelöst. Nora mehr damit, gegen ihren Vater prozessiert zu haben, Lotte hingegen dadurch, dass sie keine »geordneten Verhältnisse« in ihrer Beziehung zu einem verheirateten Mann anstrebte. »Mein Familiensinn ist etwas verkümmert«, formulierte Lotte Tobisch als Erwachsene recht verhalten.[76] Das wiederum verband sie mit ihrer Mutter.

Es gilt deshalb auch für Lotte Tobisch, was sie ihrer Mutter zuschrieb: »Es hat lange gebraucht, bis Mama sich mit der Familie ausgesöhnt hatte.«[77] Erst beim Begräbnis ihres Vaters (1977) knüpfte Lotte Tobisch wieder engeren Kontakt zur Familie. Zu diesem Zeitpunkt war sie beruflich allerdings schon etabliert und hatte sich – anders als ihre Mutter – von der Welt der Väter emanzipiert. Bei allen Gemeinsamkeiten scheint ein entscheidender Unterschied zwischen Mutter und Tochter gewesen zu sein: Letztere zog mit der neuen Zeit und erfüllte den Aufbruch der Frauen aus ihrer unverschuldeten Unmündigkeit mit Leben, während Erstere versuchte, es sich innerhalb der alten Welt des Patriarchats bequem zu machen.

> Zu der Zeit, wo ich emanzipiert war und auf und davongerannt bin, so gelebt habe, wie ich wollte, gegen die bürgerlichen Vorstellungen, da war das ein Risiko, da ist man ausgeschlossen gewesen aus der Gesellschaft, aus der man kam, da hat man sich durchsetzen müssen mit Kraft und Fantasie.[78]

Indessen hat Lotte Tobisch vom Erbe ihrer Mutter auch einiges in die neue Zeit hinübergerettet, was ihrer Popularität zugutekam. Etwa Tugenden wie Höflichkeit oder Selbstdisziplin. In Kombination mit ihrem selbstsicheren Auftreten Eigenschaften, die sie zu *der* Grande Dame werden ließen.

Lehrjahre

Nach dem Börsenkrach von 1929 wurde die wirtschaftliche Lage wieder schwierig – auch für Karl Tobisch. Davon bekam die kleine Lotte vorerst wenig mit, lebte sie doch behütet in der großen Wohnung auf dem Karlsplatz und hatte von dort Aussicht auf den Schneeberg. Urlaub machte man unter anderem im ehemals mondänen Seebad der Monarchie in Abbazia (heute Opatija). Dort hatte sie mit einem Freund in der Sandkiste gespielt, der nach dem Krieg das Haus am Opernring von der Familie Czernin erwarb, in das sie dann mit Erhard Buschbeck einzog.[79] Das sollte sich als Glücksfall erweisen. Es waren also rosige Perspektiven für das Mädchen aus gutem Haus. Einzig die Streitereien der Eltern werden für das Kind irritierend gewesen sein. Möglich, dass sich die kleine Lotte, wie bei Kindern häufig zu beobachten, selbst dafür die Schuld gab und als Reaktion darauf »unausstehlich« war. Die Auseinandersetzungen der Eltern (nicht zuletzt über Erziehungsmaßnahmen) endeten zwar nicht selten damit, dass sie einander ihrer Liebe versicherten und um den Hals fielen, aber die Spannungen blieben für ein aufgewecktes Kind wie Lotte sicher nicht unbemerkt. Es war offensichtlich, dass die Lebenspraxis der Eltern nicht zusammenpasste. Nora lag viel an den Geselligkeiten des Großbürgertums, Karl an seinen künstlerischen Projekten.

Zu Beginn der Dreißigerjahre sperrte das Architekturbüro Bauer zu. Die Zeit des Wiederaufbaus war vorbei, und für große Bauvorhaben fehlte das Geld. Also musste sich der Herr Diplom-Ingenieur Tobisch-Labotýn nach einer Revenue umsehen. Er bewarb sich deshalb erst einmal um eine Befugnis zum Zivilarchitekten. Am 12. Jänner 1932 legte er beim Amt der Wiener Landesregierung die Prüfung ab. »Dem Bewerber wurde am 12.2.1932 Zahl B. D. 128/32 vom Landeshauptmann von Wien die Befugnis eines Zivilarchitekten erteilt. Er wurde am 23. Februar 1932 vereidigt, die Verleihung der Befugnis wurde am 26. Februar in der Wiener Zeitung Nr. 47 kundgemacht.«[80] Damit waren die Voraussetzungen für eine Tätigkeit als selbstständiger Architekt gegeben, als der er sich nun verdingen wollte. Eines Tages erfuhr der politisch unbedarfte Architekt von seinem Freund Otto, dass in der Sowjetunion Leute gesucht werden. »Die dringend benötigten Facharbeiter und Ingenieure lockte man mit attraktiven Angeboten – attraktiv besonders in Zeiten der hohen Arbeitslosigkeit und Wirtschaftskrise in Österreich. ›Es hat geheißen, mindestens fünfzig Prozent des Lohnes würden in Valuta, zum Beispiel Dollar, ausbezahlt‹, berichtete der Historiker Barry McLoughlin.«[81] Überdies stellte man ihnen in Aussicht, dass die Familien nachkommen könnten. Ein solches Angebot musste das Interesse des beschäftigungslosen, künstlerisch ambitionierten Architekten erwecken. Eine Pause vom anstrengenden Eheleben mit einer Frau, die ihn aushielt und dementsprechend unter Druck setzte, wird ihm auch nicht ungelegen gekommen sein.

Karl Tobischs Überlegungen, im Ausland sein Glück zu versuchen, mögen mehrere Anlässe gehabt haben. Einer kann der Tod seines Vaters gewesen sein. Wie das *Prager Tagblatt* berichtete, wurde der Leichnam des Vizepräsidenten des Landesschulrates in Böhmen am 26. März 1932 in Prag eingeäschert. »An seiner Bahre trauern seine Witwe Amelie, geborene v. Lenz, sein Sohn Arch. Ing. Karl Tobisch-Labotýn (Wien), und seine Frau Nora, geborene Kraßl v. Traissenegg, Tochter, beziehungsweise Schwester der Mitbesitzer der Prager Firma C. T. Petzold, sowie seine Tochter Daisy Steinhoff und ihr Mann, Dr. Karl Steinhoff, Vizepräsident des Ostpreußischen Oberpräsidiums (Königsberg).«[82] Karl Tobischs Schwester Margarete, genannt Daisy, hatte in den Zwanzigerjahren Willi Kiesekamp geheiratet, sich aber bald wieder scheiden lassen und danach quasi in den »proletarischen Adel« eingeheiratet. Karl Steinhoff war als Jurist im ostpreußischen Staatsdienst tätig und Mitglied der SPD. Es wurde deshalb nach der Machtergreifung von den Nazis aus dem Amt entlassen. Nach dem Krieg machte ihn die sowjetische Militäradministration zum Präsidenten der Provinzverwaltung der Mark Brandenburg, und bald stieg er zum Ministerpräsidenten (1946 bis 1949) der Region auf. Nach der Gründung der DDR war er bis 1952 ihr erster Minister des Inneren. Diese familiäre Verbindung sollte in Lotte Tobischs Leben noch eine Rolle spielen.

Nach dem Vermögen hatte Amelie Tobisch nun auch ihren Mann verloren; sie ertrug die Verluste mit hiobscher Gefasstheit und wurde dafür von ihrer Enkelin bewundert. »Wie meine Großmutter das nur alles bewältigt hat, ohne zu klagen, das habe ich von ihr gelernt.«[83] Lotte hat das Andenken an die Großmutter, die 1937 verstarb, stets im Herzen bewahrt und war deshalb wütend, als ihre Mutter nach deren Tod aus ihren zerschlissenen Nachthemden Putztücher machte. Aus Zorn schnappte sich das Mädchen ein Gemälde und warf es aus dem Fenster. Das Bild wurde am Zaun aufgespießt und blieb zerrissen hängen.[84] Derart darf man sich Lottes Temperament in ihrer Jugend vorstellen – und die Überforderung ihrer Mutter damit.

Ein weiterer Anstoß für Karl Tobisch, Österreich den Rücken zu kehren, könnte die politische Entwicklung des Landes gewesen sein. Im Mai 1931 war Österreichs größte Bank, die Credit-Anstalt, von der drei Viertel der österreichischen Industrie abhängig waren, zusammengebrochen und musste vom Staat gerettet werden. Die Folgen für die österreichische Wirtschaft waren dramatisch. Ein Jahr später wurde Engelbert Dollfuß als Bundeskanzler angelobt und machte sich mit Hilfe des *Kriegswirtschaftlichen Ermächtigungsgesetzes* von 1917 einerseits an die Sanierung der Credit-Anstalt, aber auch an die Errichtung eines autoritären Staats nach dem Vorbild Mussolinis. Im Kontrast dazu hatte der *Fünfjahresplan* von

1928 in der Sowjetunion für wirtschaftliche Aufbruchsstimmung gesorgt. Die Verhandlungen der Österreicher mit den russischen Polit-Kommissaren über ihr Engagement wurden deshalb erfolgreich abgeschlossen.

Wie Nora die Gastarbeiterambitionen ihres Mannes aufgenommen hat, dazu gibt es widersprüchliche Angaben. Ihrem Biografen erzählte Lotte Tobisch, dass »eine weinende junge Frau zurückblieb, die ihrem Mann bis zum letzten Augenblick das Abenteuer hatte ausreden wollen«[85], während Nora ihrer Haushaltsgehilfin erzählte, sie habe damals gesagt, er könne ruhig gehen.[86] Gewiss ist, dass Karls Vorhaben das Leben für seine Tochter nicht erleichtert hat. Als er im Mai 1932 den Zug nach Leningrad (heute wieder St. Petersburg) bestieg, ließ er ein Mädchen zurück, das wenige Monate vor seinem ersten Schultag stand. Dass sich die kleine Lotte von ihrem Vater verlassen fühlte, hat sie indirekt eingestanden, wenn sie von ihrer Vatersuche sprach.

Anzunehmen ist, dass die Wahl der Schule unter den Eheleuten noch besprochen worden ist. Es sollte standesgemäß das Sacré Coeur am Rennweg sein. Dazu war es zweckmäßig, Lotte römisch-katholisch taufen zu lassen. An der grundsätzlich areligiösen Einstellung, die sie von den Eltern vermittelt bekommen hat, änderte das wenig. Die frömmelnden Schwestern hatten mit dem alerten Kind ihre liebe Not. An die strengen Regeln in einer Klosterschule konnte sich das Mädchen aus einem liberalen Elternhaus nicht gewöhnen. Noch dazu war es zu intelligent, um die scheinheiligen Begründungen für die strikte Einhaltung einer äußerlichen Ordnung, deren Sinn sich für das Kind nicht erschloss, zu akzeptieren. Gern und oft erzählte Lotte Tobisch deshalb die Anekdote, wie sie aus der Schule flog: Zum Entsetzen der Mère Supérieure strotzten ihre Schulhefte vor Tintenflecken. »Wenn du so schreibst, wird sich das liebe Jesulein aber kränken«, soll die Nonne zu ihr gesagt haben. »Da kann man halt auch nix machen«, war die freche Antwort, die Lotte als ungeeignet für eine katholische Erziehung erscheinen ließ. Man legte der Mutter deshalb nahe, das Kind aus der Schule zu nehmen.[87] Ähnliche Vorgänge wiederholten sich in den nächsten Jahren. »Ich habe in der Schule gestört, Knallerbsen gestreut, in den ernstesten Momenten alle zum Lachen gebracht«, erinnerte sich die neunzigjährige Lotte Tobisch.[88] Zeitweise wurde sie deshalb sogar privat unterrichtet.

Die Schulprobleme der kleinen Lotte könnten weniger mit mangelndem Lernwillen als mit der Familiensituation zu tun gehabt haben. Ende Mai traf der erste Brief aus Leningrad ein. Karl Tobisch berichtete seiner Frau von der Fahrt über Warschau in die russische Metropole und wie freundlich er und sein Freund Otto dort empfangen worden waren.[89] Die beiden sollten an der Errichtung einer Fleischfabrik zwölf Kilometer außerhalb der Stadt mitarbeiten, Otto auf der Baustelle, Karl im Planungsbüro in der Stadt. Der Architekt zeigte sich heilfroh, eine erfüllende Arbeit gefunden zu haben:

> In inniger Liebe gebe ich Dir, Liebes, tausend, tausend Küsse! Ich denke immer und immer an Dich und hoffe, dass wir doch noch einmal zusammenfinden, beide gereifter, ernster und ich in einer möglichen Position – das »Architektsein« ist in Österreich eine Unmöglichkeit und wird es wohl für immer bleiben! Nur nicht mehr Schmarotzer sein![90]

Diese Zeilen fügte Karl Tobisch dem ersten langen, maschingeschriebenen Brief handschriftlich hinzu. Er wohnte in einem Hotelzimmer, weshalb es ihm vorerst unmöglich erschien, Frau und Tochter nachkommen zu lassen. Anfangs zog er das noch ernsthaft in Erwägung. Doch bereits Anfang Juli trudelte ein 16 Seiten langer, in violetter Tinte geschriebener Brief von ihm am Karlsplatz ein. Darin gerierte er sich als Propagandist des sowjetischen Systems. Zwar würden die Menschen, wie er ausführlich schilderte, in beengten Verhältnissen in großer Armut leben, aber »alle Unannehmlichkeiten des Privatlebens werden aufgewogen durch ein unglaubliches Gefühl der Freiheit, durch ein Gefühl der Befriedigung in der Leistung und Arbeit ohnegleichen, das hervorgerufen wird durch die Anerkennung und den materiellen Erfolg: denn es ist selbstverständlich, daß jede Arbeit bezahlt wird, daß jede Mehrleistung separat honoriert wird«.[91] Indes war ihm klar geworden, dass für eine anspruchsvolle Frau wie Nora ein Leben dort unmöglich wäre. Es wäre für sie mit einer »Änderung der Lebensauffassung, anderer Lebensführung und Einstellung verbunden«. Deshalb sagte ihm eine innere Stimme:

> »Du sollst unter irgend einem Vorwand diese Frau freigeben, auch wenn der Vorwand ihr für den Augenblick Schmerz bereitet, um ihre Zukunft, um ihr Leben nicht in Ketten zu schlagen.« Und dann hält mich wieder alles davon zurück – denn ich fühle: meine Gedanken und mein Herz hängen an Dir, haben Dich lieb – und so suche ich nach einem Ausweg, und finde nichts![92]

Ausführlich argumentiert er, weshalb er eine »Familienzusammenführung« unter den gegebenen Umständen für unmöglich hält. So plausibel seine Gründe auch erscheinen, wirklich ehrlich wirken sie nicht. Denn er bietet ihr zwar an, für ein paar Wochen in die Stadt an der Newa zu kommen und sich selbst ein Bild zu machen, schreibt aber gleich dazu, dass sie kein Zimmer für sich allein werde haben können und sie sich nicht täglich würden sehen können. Ob er zu diesem Zeitpunkt die russische Fürstin namens Leonida schon kannte, mit der er dann zusammenging, wissen wir nicht.

Sein Töchterchen erwähnt er in dem langen Brief nur kurz, im Zusammenhang mit vorhandenen deutschen Schulen, in die es theoretisch gehen könnte. Lotte wird ihre Mutter zweifellos gefragt haben, wann sie ihren Vater wiedersehen wird. Ein halbes Jahr später hätte Nora Tobisch ihrer Tochter Auskunft geben können. Denn im Jänner 1933 tönte es dann schon klarer aus St. Petersburg. Zuerst berichtet er seiner Frau seitenweise von den Errungenschaften des *Fünfjahresplans*, der »die Menschheit von einem Alp befreien könnte: von der Sklaverei des Geldes«. Fast hat es den Anschein, als wäre Karl Tobisch zum überzeugten Kommunisten geworden. Tatsächlich aber war er verliebt, in Leonida, von der er sich auf bisher unbekannte Weise angenommen fühlte:

> Man will an mir nicht herumdoktern, nimmt mich wie ich bin, liebt mich wie ich bin; und hat mich gerade dadurch völlig verwandelt, wenigstens in moralischer Hinsicht! Hier weiss ich, wozu ich lebe, hier weiss ich, dass ich glücklich machen kann, und finde hiedurch mein Glück. (...) Wien wird mich niemehr sehen.[93]

Er bittet Nora deshalb um die Scheidung. Nicht ohne ihr zu versichern, dass er für Lotti sorgen möchte, indem er ihr einen Teil seines Einkommens überweist oder, falls das nicht möglich sein sollte, Brillanten kauft und ihr zukommen lässt. Die Wohnung am Karlsplatz sollte zur Gänze in Noras Besitz übergehen. Noch im Verlauf des Jahres 1933 kommt es jedenfalls zur Scheidung. Ob er einen Urlaub nutzte, um dafür kurz zurück nach Wien zu kommen, ist ungewiss, aber nicht unwahrscheinlich.

Wie Nora ihrer Tochter die Trennung kommuniziert hat, wissen wir nicht. Leicht wird es für sie nicht gewesen sein, nicht zuletzt deshalb, weil das Kind unbewusst offenbar ihre Mutter dafür verantwortlich gemacht und sich ihr gegenüber dementsprechend benommen hat. Ohne Puffer durch den Vater waren Mutter und Tochter noch unmittelbarer miteinander konfrontiert. Finanziell hatte sich für Nora Tobisch erst einmal wenig verändert. Unbeeindruckt vom politischen Geschehen führte sie ihr Leben weiter. Auch als Kanzler Dollfuß das Land im März 1933 in eine politische Notlage stürzte, indem er eine Geschäftsordnungskrise nutzte, um das Parlament auszuschalten und autoritär zu regieren, hatte das auf ihren Lebensstil keine Auswirkungen.

Bei einem Diner lernte sie den Zuckerindustriellen Gustav Lederer kennen. Dessen Eltern, Julius und Sofie, stammten ursprünglich aus Nordböhmen und hatten sich 1880 in Wien angesiedelt.[94] Dort hatten sie sich rasch als Teil des assimilierten jüdischen Wiener Bürgertums etabliert. Julius Lederer hatte sich an der Finanzierung der im Jugendstil errichteten Döblinger Synagoge in der Dollinergasse beteiligt. Am 23. April 1878 war sein Sohn Gustav in Zwittau (heute Svitavy) zur Welt gekommen. Er studierte dann am Technologischen Gewerbemuseum in Wien Chemie. Nach dem Abschluss begann er in Jungbunzlau (heute Mladá Boleslav) in einer Spiritusfabrik zu arbeiten und brachte es bald zum Betriebsleiter.[95] Nach Ableistung des Militärdiensts in der k. u. k. Armee ging er 1903 in die USA. In Owosso, Bundesstaat Michigan, begann er als Chemiker in einer Zuckerfabrik und arbeitete sich abermals zum Betriebsleiter hinauf.

Die Altersschwäche der Eltern ließ Gustav Lederer 1908 nach Wien zurückkehren. Im darauffolgenden Jahr heiratete er Erna Mendel, die 1910 Fritz Siegmund (später Fred) und 1912 Karl Theodor zur Welt brachte. Dazwischen kaufte Gustav Lederer die Villa in der Lannerstraße 12 in Wien-Döbling, wo die Familie ab 1911 wohnte. In dieser Zeit war er beteiligt am Aufbau der Kartoffel- und Flachs-Aufbereitungs-AG in Chynorany bei Neutra (heute Nitra) in der Slowakei, deren Direktor er dann wurde. Im Ersten Weltkrieg diente er als Oberleutnant in einem Kriegsgefangenenlager in Knittelfeld. 1928 übersiedelte die Familie in ein Haus auf der Hohen Warte, das nach der Scheidung der Ehe 1929 in Erna Mendels Besitz überging. Gustav war damals engagiert im zionistischen Herzl-Club in Wien und bereiste 1932 mit seinem Sohn Karl Palästina.

Beim erwähnten Diner fand Gustav Lederer an der lebenslustigen, 28 Jahre jüngeren Strohwitwe Nora Tobisch sofort Gefallen. Und sie fasste Zuneigung zu dem charmanten und wohlhabenden Mann. Es könnte Nora auch konveniert haben, in Gustav Lederer einen Ersatzvater für das Mädchen in Aussicht zu haben. Ihrer Nichte Barbara Urbanek hat Lotte Tobisch Jahrzehnte später erzählt[96], dass Gustav Lederer, der von Noras Bindung an ihren Karli wusste, auf ihre Nachricht von seiner Rückkehr so reagiert haben soll: »Am Samstag wird geheiratet.«[97] Dieser Samstag war dann der 8. September 1934, an dem Lotte einen Ziehvater bekam und zu ihrem Bedauern daraufhin von der Innenstadt in die Döblinger Vorstadt in die

Lannerstraße 12 übersiedeln musste. Erleichtert wurde ihr dieser Umzug durch die Tatsache, dass sie in Gustav Lederer »einen idealen Vaterersatz und den ersten intellektuellen Mentor« fand.[98]

Wie es Karl Tobisch in der Sowjetunion ergangen ist, darüber wissen wir nicht viel mehr, als dass er seine russische Geliebte dann geheiratet hat. Dass er seine Tochter damit nachhaltig gekränkt hatte, ist daraus zu schließen, dass sie viel später Erinnerungsstücke ihres Vaters an die zweite Frau vernichtet hat. Die endgültige Trennung von ihrem Vater hat wohl auch ihre Renitenz verstärkt. Diese legte sie auch als Schülerin an den Tag. Kaum bekümmert hat sie dagegen das politische Geschehen in diesen Jahren. Von den Vorgängen, die zu Hunderten Toten im Bürgerkrieg vom Februar 1934 führten, danach zur *Maiverfassung* und in die Dollfuß-Diktatur, blieb Lotte Tobisch nur ein kurzer Satz in Erinnerung: »Wieso und warum [ich] mir die vier Worte ›In Floridsdorf wird geschossen‹, die ich damals [,] 1934, als achtjähriges Kind einer großbürgerlichen Familie, gehört habe, bis heute gemerkt habe – das weiß ich nicht. Denn ich wusste weder was noch wo Floridsdorf ist.«[99] Gekämpft wurde aber nicht nur jenseits der Donau, sondern auch in Heiligenstadt. Hätte sie damals bereits im Cottage gewohnt, wäre der Artilleriebeschuss von der Hohen Warte aus auf den Karl-Marx-Hof wohl bereits an ihr Ohr gedrungen. So aber bekam das Mädchen von diesem Geschehen nichts mit.

Lotte vermisste zwar den Karlsplatz, doch der neue Vater brachte Entspannung in das Verhältnis zu ihrer Mutter. Nicht zuletzt, weil Nora wieder so leben konnte, wie es ihr entsprach. Ab 1935 leitete Gustav Lederer die Gründung einer Zuckerfabrik in Aschach an der Donau in die Wege, die im Jahr darauf den Betrieb aufnahm und im Gegensatz zur Entwicklung in Österreich erfolgreich war. So konnte er sich trotz der wirtschaftlich schweren Zeiten etwa einen Buick mit Chauffeur leisten und genügend Personal einstellen. Kurzum: Gustav Lederer war in der Lage, seine junge Frau zu verwöhnen und das Töchterchen bei Laune zu halten. Es war für Lotte allerdings weiterhin nicht üblich, mit ihrer Mutter zu frühstücken, und in die Schule wurde selbstverständlich mit der Straßenbahn gefahren.

Nora wiederum konnte nun endlich so leben, wie sie sich das immer gewünscht hatte. Dazu zählte gesellschaftliche Repräsentation. Als sie deshalb davon erfuhr, dass die von Kaiser Franz Joseph 1878 genehmigte Opernredoute 1935 zum Opernball aufgewertet werden würde, war das ein Ereignis, das sich Nora Tobisch nicht entgehen lassen wollte. Hätte Lotte damals geahnt, welche Rolle diese Festivität einmal in ihrem Leben spielen würde, hätte sie ihr wohl eine höhere Aufmerksamkeit geschenkt.

> Die (Eltern, Anm.) waren mit anderen Industriellen zusammen in einer Loge ... Meine Mutter war wunderschön, sie war reizend, in einem Goldlamékleid und mit dem ganzen Familienschmuck aufgehängt. Und da habe ich mir gedacht: Jetzt geht sie wohin, eine Prinzessin, also ein Märchen – das war mein erster Eindruck. Opernball wurde assoziiert mit irgendwas mit Märchen und Schönheit und Schmuck. Und meine schöne Mutter.[100]

Imponiert hat dem Mädchen offenkundig die prinzessinnenhafte Erscheinung ihrer Mutter, nicht jedoch der »Event« an sich. Diese Einstellung änderte sich auch nicht, als sie selbst zur ungekrönten Königin dieser Wiener Institution wurde. Das Repräsentieren hatte sie an ihrer Mutter studieren können. Doch im Gegensatz zu Nora Lederer, die darin aufging, war der öffentliche Auftritt für Lotte Tobisch stets eine Rolle, die sie spielte. »Ich hab das zu Hause erlebt, die Ödheit. Es macht mir keinerlei Schwierigkeiten, das einmal eine Stunde zu spielen. Aber es interessiert mich nicht.«[101] Gelangweilt hat sie sich als Kind übrigens auch bei den Urlauben im damals mondänen Südbahnhotel am Semmering oder gar in St. Moritz.[102]

Nach Lottes Rauswurf aus dem Sacré Coeur verlief die restliche Volksschulzeit ohne gröbere Aufregungen. 1936 stellte sich allerdings die Frage, wie es weitergehen sollte. Naheliegend war, dass die zehnjährige Lotte erst einmal in das nur wenige Schritte von der Lannerstraße entfernte Mädchengymnasium in der Billrothstraße eingeschrieben wurde. Geleitet wurde das seit 1921 von Cornelia Benndorf-Much, weshalb diese Schule in Wien auch das »Much-Gymnasium« genannt wurde. Die erste Schuldirektorin Wiens war Anglistin und Turnpädagogin, bekannt für Zucht und Ordnung und deutschnational gesinnt. Man erzählte sich, dass sie morgens stets am Eingang der Schule stand und Zuspätkommende disziplinierte. Nora Tobisch erwartete sich von diesem Institut womöglich, dass es ihr aufsässiges Töchterchen zur Raison bringen würde. Doch das Gegenteil war der Fall. Die autoritäre Führung stachelte nur Lottes Widerstandsgeist an. Wie und was dort unterrichtet wurde, lehnte sie innerlich ab und verhielt sich [dem] entsprechend.

»Viel mehr Zeit als in der Schule verbrachte ich im Türkenschanzpark, wo ich gelesen habe. In der Bibliothek meines Stiefvaters gab es sehr viele Bücher über Palästina, weil ein Sohn von ihm schon früh nach Palästina ausgewandert ist. So habe ich mich langsam dafür interessiert, und auch für die Bibel.«[103] Das Verhältnis zu ihrem Stiefvater war unkompliziert. Für das widerspenstige Lottchen wäre Gustav Lederer »genau der Vater gewesen, den ich gebraucht hätte. Er hat mich sehr gern gehabt und ich ihn auch«.[104] Gustav Lederer war »ein ganz bewusster Jude«, wie Lotte Tobisch erzählte, »aber gar nicht religiös. Die hohen Feiertage wurden insofern eingehalten, als man nicht gearbeitet hat und nicht weggefahren ist.«[105] Aus dieser Zeit rührte nicht nur ihre Sympathie für das Judentum, sondern auch ihre Bibelfestigkeit, die sie als »zweifelnde Agnostikerin«[106] später des Öfteren unter Beweis gestellt hat. In diesen Jahren erwachte jedenfalls ihr Bildungshunger, der vom Schulunterricht nicht gestillt wurde. »Könnte, wenn sie wollte, will aber nicht«, lautete der Befund der Schulleitung.[107] Wegen ihres renitenten Verhaltens, nicht wegen ungenügender schulischer Leistungen musste sie nach einer Weile das Gymnasium verlassen.

In der Folge lernte das Mädchen etliche Schulen in Wien kennen, unter anderem die Neulandschule bei Grinzing oder das Gymnasium Boerhaavegasse im dritten Bezirk. Allein, die aufmüpfige Schülerin wollte sich von nichts und niemandem bevormunden lassen. Zugute kam ihr das Selbstbewusstsein und eine gewisse Unbefangenheit. Sie konnte es sich aufgrund ihrer Geborgenheit und existenziellen Sicherheit einfach nicht vorstellen, dass ihr etwas zuleide getan werden könnte. »Du wirst eines Tages noch erschlagen werden. Du forderst mit deiner unkontrollierbaren Offenherzigkeit, deiner leichtsinnigen Freigiebigkeit und deinem totalen Mangel an Misstrauen den Menschen gegenüber den Neid, die Missgunst und alle sonstigen schlechten Eigenschaften der Menschen geradezu heraus«, soll ihre Mutter einst zu ihr gesagt haben.[108] Als Erwachsene zeigte sich Lotte Tobisch überrascht, dass sie diese Zeit unbeschadet überstanden hatte.

Dann aber kam das Jahr 1938 und änderte alles. Erhalten hat sich ein Schulheft aus dem Frühjahr mit ein paar ihrer Aufsätze. Einer davon hat den Titel *Mein Mütterchen und ich* und datiert vom 13. Mai 1938. In gestochen scharfen Lettern beginnt der Aufsatz mit den Worten: »Ich kenne ein Mütterchen, daß ihre (ausgebessert in seine, Anm.) Tochter unendlich lieb hat. Beide teilen die Leiden genau so wie die Freuden«. Was danach folgt, ist eine kindliche Beschreibung der Trauer Noras über das Scheitern der Ehe mit Karl Tobisch, der Anteilnahme des Kindes daran und der Dankbarkeit gegenüber dem Ziehvater:

> Weit fuhr der Vater weg. Mutter und Tochter waren jetzt einsam und allein. (...) Endlich fand sich ein Mensch, der mit viel Liebe die Leiden der beinahe gebrochenen Herzen wieder zusammenschmiedete. (...) Wieder vergingen dreieinhalb Jahre mit Glück. Das Feuer der Hoffnung war schon eine große Flamme, als ein neuerlicher »Hagelguß« es bis auf wenige Fünkchen auslöschte.[109]

Der »Hagelguß« deutet das Schicksal ihres zweiten Vaters Gustav Lederer an, das sich gerade anbahnte. Bewertet wurde der Aufsatz im Übrigen mit Eins bis Zwei, die Rechtschreibung und die Form jeweils mit Zwei. Darunter steht: »Du hast Dir Mühe gegeben!« So lassen sich vielleicht insgesamt die Jahre seit dem Umzug in die Lannerstraße zusammenfassen.

3. Kapitel

Jugend im Dritten Reich

Ihrer späteren Haushaltsgehilfin Dana Belivakic vertraute Lotte Tobisch an, dass die Zeit, die für einen großen Teil der österreichischen Bevölkerung von Arbeitslosigkeit und Armut gekennzeichnet war, für sie im Grunde eine gute, jedenfalls eine finanziell sorglose Phase ihres Lebens gewesen war. Das sollte sich ändern, als Hitler nach den Erfolgen seiner Okkupationspolitik auch seine alte Heimat »heim ins Reich« holen wollte. Die Familienidylle im Hause Lederer endete, als Hitler im Februar 1938 dem österreichischen Bundeskanzler mit dem Einmarsch drohte.

Lange Zeit war Gustav Lederer unbesorgt gewesen. Er hatte gedacht, wie Lotte Tobisch Ida Salomon erzählte, »was soll mir schon passieren können, ich war doch Soldat im Ersten Weltkrieg, es wird schon vorübergehen«.[110] Doch sein nach Palästina ausgewanderter Sohn Karl erkannte den Ernst der Lage und warnte ihn: »Vater, du musst weg, ein Jud ist ein Jud.«[111] Spätestens nach der auf Druck des NS-Regimes abgesagten Volksbefragung über Österreichs Unabhängigkeit galt es zu handeln. Lotte Tobisch versicherte stets glaubhaft, dass es in ihrer Familie, abgesehen von einem angeheirateten Onkel, der während des Austrofaschismus bereits illegaler Nazi gewesen war, nicht die geringsten Sympathien für den Nationalsozialismus gegeben hatte. Man war monarchistisch und antinazistisch eingestellt. Klar ist auch, dass »die Politik in bürgerlichen Verhältnissen eine reine Männersache« war und »vor Frauen und Kindern darüber nicht gesprochen« wurde.[112] Dementsprechend waren Mutter und Tochter im Hause Lederer politisch weitgehend unkundig.

Inzwischen war Gustav Lederer bewusst geworden, dass an seiner Ausreise kein Weg vorbeiführte – und er handelte danach. Während Zigtausende Wienerinnen und Wiener auf dem Heldenplatz dem »Führer« zujubelten, saßen Nora und Gustav Lederer beim Notar und unterschrieben einen Schenkungsvertrag. Das Haus in der Lannerstraße wurde Nora überschrieben und solcherart »arisiert«. Eine Maßnahme zur Absicherung der Wohnverhältnisse für die Frauen. Wie nötig dieser Schritt war, zeigte sich kurz danach, als nach der Volksabstimmung über den »Anschluss« Österreichs an das Deutsche Reich das NS-Regime am 26. April 1938 eine Verordnung »über die Anmeldung des Vermögens von Juden« erließ. Um wenigstens das Haus in der Lannerstraße zu retten, schien eine Scheidung des Ehepaars Lederer unumgänglich. Wie Rechtsanwalt Dr. Alfons Bodart der Vermögensverkehrsstelle im Ministerium für Wirtschaft und Arbeit schriftlich mitteilte, wurde die Ehe »mit rechtskräftigem Urteil des Landesgerichts für Zivilrechtssachen vom 26.5.1938, 6Cg 125/38, dem Bande nach getrennt«.[113] Zu diesem Zeitpunkt befand sich Gustav Lederer bereits seit drei Tagen in Prag. Laut Lotte Tobisch hat sogar der nazistische Onkel durch seine Verbindungen dazu beigetragen, dass Gustav Lederer das Land gerade noch rechtzeitig verlassen konnte.[114]

Nicht lange nachdem Lotte ihren Ziehvater verloren hatte, muss ihr leiblicher Vater nach Österreich zurückgekehrt sein. Wann genau Karl Tobisch heimkehrte, war nicht zu eruieren. Unwahrscheinlich ist, dass er erst im Oktober 1938 in Wien auftauchte, wie er nach dem Krieg in seinem Ansuchen um Wiedererteilung der Befugnis eines Zivilarchitekten der Behörde angab.[115] Plausibel ist dieser Termin deshalb nicht, da aus einem Schreiben der Ingenieurkammer für Oberösterreich und Salzburg an das Ministerium für Handel und Wiederaufbau hervorgeht, dass er bereits ab 10. Oktober 1938 Vertragsangestellter bei der oberösterreichischen Landeshauptmannschaft in der Landesbaudirektion in Linz war.[116] Es ist schwer vorstellbar, dass er diesen Posten innerhalb weniger Tage gefunden und erhalten hat. Zu bezweifeln ist auch, dass er erst »unmittelbar vor Kriegsausbruch« (das wäre der Sommer 1939) in Wien eintraf, wie Lucian O. Meysels angegeben hat, da er »als Architekt nicht reüssieren (konnte), nicht zuletzt, weil er wegen seiner ›russischen Vergangenheit‹ suspekt war«.[117] Man fragt sich vielmehr, wie Karl Tobisch als »Kommunistenfreund« überhaupt eine Anstellung in einer NS-Behörde erhalten konnte. In Linz war das vermutlich leichter möglich, weil er dort ein unbeschriebenes Blatt war.

Als gesichert kann gelten, dass er ziemlich mittellos nach Österreich zurückkam. Nach Auskunft von Dana Belivakic soll er bei seiner Exfrau Nora vorgesprochen und sie darum gebeten haben, wieder mit ihm zusammenzugehen. Nicht überraschend, dass Nora sein Ansinnen, ihn aufzunehmen, brüsk von sich wies.[118] Warum Karl Tobisch – entgegen seiner Ankündigung – die Sowjetunion überhaupt verlassen hat, ist nicht überliefert. Man darf dahinter aber Gründe sowohl privater als auch ökonomischer und politischer Natur vermuten. Aus der Tatsache, dass Karl Tobisch seine zweite Frau Leonida nicht mitgenommen hat, lässt sich schließen, dass die Ehe nicht gehalten hatte. Darüber hinaus hatte sich die Lage für Ausländer in der Sowjetunion Mitte der Dreißigerjahre zugespitzt. Liefen dort doch seit Mitte 1936 die stalinistischen Schauprozesse. Stalin witterte inzwischen überall Feinde und Verräter, so auch unter den Gastarbeitern, die er für Spione hielt. Betroffen davon waren sämtliche der etwa 4000 österreichischen Arbeitskräfte, die Anfang der Dreißigerjahre in die UdSSR ausgewandert waren.[119] Darunter Karl Tobischs Freund Otto. Wie er kamen zirka drei Viertel der Österreicher in Untersuchungshaft und wurden gefoltert. »An die 100 Österreicher wurden erschossen. Nur 20 bis 30 Österreicher haben den Gulag überlebt und sind nach Hause gekommen.«[120] Einer davon soll Otto gewesen sein.[121]

Dass Karl Tobisch von diesen Vorgängen nicht betroffen war, ist unwahrscheinlich. Vielleicht schützte ihn die Ehe mit einer Russin vorerst vor einer Verhaftung. Doch vor dem »Großen Terror« Stalins war niemand sicher. Möglich, dass Karl Tobisch bereits 1937 zum Begräbnis seiner Mutter nach Karlsbad gereist war. Sie soll ihn in Leningrad besucht haben, um ihn vor ihrem Tod noch einmal zu sehen.[122] Zum Zeitpunkt des Todes von Karl Tobischs Mutter geriet die Sudentendeutsche Partei zunehmend unter den Einfluss der NSDAP. Nach dem

»Anschluss« Österreichs bedrohte Hitler deshalb auch die Tschechoslowakei und forderte die Abtretung des »Sudentenlands«, worin Karlsbad liegt. Die sich über Monate hinziehende Krise endete im *Münchner Abkommen* vom 30. September 1938 zwischen Großbritannien, Frankreich, Italien und dem Deutschen Reich. Darin wurden die Sudeten-Gebiete aufgrund der Beteuerung Hitlers, dass dies seine letzte territoriale Forderung wäre, preisgegeben. Denkbar, dass Karl Tobisch nach dem Begräbnis seiner Mutter nicht mehr in die Sowjetunion zurückgekehrt ist, sondern in Karlsbad ihren Nachlass abgewickelt und sich um eine Beschäftigung umgesehen hat – und in Linz fündig geworden ist.

All die Geschehnisse rund um ihre Väter müssen für die gerade einmal zwölfjährige Lotte nahezu traumatisch gewesen sein, weshalb sie über die Umstände der Rückkehr ihres Vaters schwieg. Lang hatten Nora und Gustav Lederer die »Hitlerei« für »eine vorübergehende Phase«[123] gehalten und die wachsende politische Instabilität in Europa sowie den zunehmenden Antisemitismus in Deutschland und Österreich nicht ernst genommen. Das Paar nahm an den gesellschaftlichen Ereignissen der Upperclass wie etwa dem Opernball teil und nutzte gern und oft seine Burgtheater- und Opern-Loge. Während Lotte an den Vergnügungen der bürgerlichen Gesellschaft kaum Interesse zeigte, strahlte die Welt des Theaters, die sie in eine Traumwelt entführte, eine umso größere Faszination auf sie aus. Nach den bedrückenden Erlebnissen des Jahres 1938 ist es verständlich, dass sie immer tiefer in die Fantasiewelt des Theaters eintauchte.

Exkurs: Die Akte Lederer

Nora, nach der Scheidung von Gustav Lederer nun wieder Tobisch, war offenbar bestrebt, ihre pubertierende Tochter von den politischen und privaten Fährnissen so gut es ging fernzuhalten. »Ich bin behandelt worden: Das Kind soll nichts mitkriegen. Aber ich habe sehr wohl etwas mitbekommen.«[124] Die Anspannung, die mit der Emigration ihres Ziehvaters verbunden war, konnte ihr unmöglich verborgen bleiben, ebenso wenig die Dramatik bei der Wiederkehr ihres eigentlichen Vaters. Auch hat sie, wie sie sich erinnerte, erlebt, dass Leute, »die früher sehr nett waren, sich plötzlich zurückgezogen haben. Da habe ich sehr bald begriffen: Hier handelt es sich um eine Bagage«.[125]

Die Mutter machte aus ihrer antinazistischen Einstellung kein Hehl und erntete dafür argwöhnische Blicke von Nachbarn. Denn immer wieder stand aufgrund des »jüdischen Besitzes« des »ausgewanderten Juden«[126] Gustav Lederer die Gestapo vor der Tür, wie Lotte Tobisch später angab. Mit der ihr eigenen Resolutheit und Naivität wies Nora Tobisch die Männer zwar stets in die Schranken, indem sie sie zum Beispiel dazu aufforderte, sich die Stiefel gründlich abzuputzen[127], doch beklemmend muss die Situation für die beiden Frauen trotzdem gewesen sein. Wie mag es etwa auf sie gewirkt haben, als Gustav Lederers Bruder Heinrich, der mit seinen beiden Söhnen in der Villa verblieben war, von SA-Leuten »abgeholt« wurde, um nach der Reichspogromnacht vom 9. November 1938 Trümmer der Döblinger Synagoge wegzuräumen, die sein Vater mitfinanziert hatte.[128] Einer der Söhne Heinrichs, so erzählte es Lotte Tobisch für die TV-Dokumentation *Österreich II*[129], wurde in die Gestapo-Zentrale im Hotel Métropole auf den Morzinplatz verschleppt – und ward nie wieder gesehen. Obwohl Lotte Tobisch später darüber sehr nüchtern sprach, waren diese Ereignisse zweifellos prägend für sie gewesen. Sie hat natürlich auch mitbekommen, dass ihre Mutter ein paar Mal zu dem inzwischen in die Schweiz geflüchteten Gustav Lederer reiste, um ihn zu treffen und Vermögenswerte zu sichern. Es scheint deshalb an dieser Stelle opportun, auf die Methoden einzugehen, mit denen das Regime versuchte, an Gustav Lederers Vermögen heranzukommen.

Am 19. August 1938 hat Nora Tobisch-Labotýns Scheidungsanwalt Alfons Bodart der Vermögensverkehrsstelle schriftlich mitgeteilt, dass »Arier, welche mit Juden verheiratet, jedoch rechtskräftig geschieden sind, zur Anbietung der ausländischen Wertpapiere seitens der Reichsbank nicht verhalten werden«.[130] Vorausgegangen war diesem Brief ein Schreiben des »Staatskommissars in der Privatwirtschaft«, Freiherr von Richthofen, vom 9. August 1938, in dem er »Nora Lederer« dazu aufforderte, ihre ausländischen Wertpapierguthaben der zuständigen Reichsbankstelle anzubieten. Quasi der guten Ordnung halber hatte sie der Vermögensverkehrsstelle schon Mitte Juli ihr Aktien- und sonstiges Vermögen mit 23270 Reichsmark (ca. 147000 Euro) angegeben, zugleich auf eine Hypothekenschuld von 10632 Reichsmark (ca. 67000 Euro) verwiesen und angemerkt, dass ihr nach der Scheidung »eine Unterhaltsabfertigung im Betrage von 120000 Reichsmark (ca. 750000 Euro) zusteht« und diese Forderung laut Notariatsakt bis 1. März 1939 gültig sei. Ihr Vermögen, so die pfiffige Argumentation, hätte sich dadurch nicht verändert, »weil an Stelle der durch die Ehe bedingten Unterhaltspflicht eine Unterhaltsabfertigung getreten« sei. Und sie fügte hinzu, dass sie ein »arisches« Kind zu erhalten habe.

Am 10. Oktober 1938 schrieb der Leiter der Vermögensverkehrsstelle namens Kanz an die Reichsbankhauptstelle am Otto-Wagner-Platz in Wien, dass bei der Durchsicht der Vermögensanmeldung von Nora Lederer festgestellt worden sei, dass sie Vollarierin und von Gustav Lederer geschieden sei. »Von der Anbietungspflicht kann daher abgesehen werden, umsomehr (sic), da Frau Lederer eine arische Tochter aus ihrer ersten Ehe zu erhalten hat.« Damit hätte die Sache ihr Bewenden haben können. Hatte sie aber natürlich nicht. Ein Jahr später, am 19. Oktober 1939, erhielt Nora Tobisch-Labotýn eine Vorladung, bei der Vermögensanmeldung in Wien vorzusprechen. Das Amt wollte klären, »wie hoch das Gesamtvermögen am 12.11.38 war und welches inländische Vermögen noch vorhanden ist, damit die Abgabe sichergestellt werden kann«. Ein Protokoll ihrer Einvernahme bei der Vermögensmeldestelle liegt nicht vor. Der »Vollmachtsträger«, Freiherr von Richthofen, war aber offenbar vom Polizeipräsidenten in Berlin dazu aufgefordert worden, ihm ein Vermögensverzeichnis zu liefern. Demnach hat Gustav Lederer in der Zeit von 26. April bis 23. Mai 1938 aus seiner Zuckerfabrik in Aschach an der Donau 30 000 Reichsmark (ca. 188 000 Euro) entnommen, 6000 (ca. 37 700 Euro) davon »für seine Gattin Nora Lederer als Alimentation«. Danach listet der Vollmachtsträger penibel die Finanztransaktionen auf, die Gustav Lederer vor seiner Ausreise getätigt hat.

Daraus geht hervor, dass die Zuckerfabrik in Aschach derweil »arisiert« worden und Gustav Lederer mit dreißig Prozent ihres Wertes »abgegolten« worden war. Der Betrag von 16 981,88 Reichsmark (ca. 106 600 Euro) wurde jedoch »am 10. XI. 1938 der RFST als ácto Zahlung auf die mit 82 505 (ca. 518 000 Euro) vorgeschriebene RFST abgeführt«. Bei der RFST handelte es sich um die Reichsfluchtsteuer. Das bedeutet, dass Gustav Lederer trotz des Verkaufs seiner Fabrik an die »Monopol A. G.«, dessen Erlös einbehalten worden war, de facto Schulden beim Staat angehäuft hatte. Die galt es nun einzutreiben. Dazu wurde sein Aktienvermögen bei diversen Versicherungen und Banken angeführt und »mit Beschluss des Exekutionsgerichts Wien vom 9. XI. 1938 zur Hereinbringung der vollstreckbaren Forderung ... gepfändet«. Abschließend stellt Freiherr von Richthofen Folgendes fest:

> Für eine allfällige Judenvermögensabgabe sind aus dem inländischen Vermögen somit derzeit keine verfügbaren Barmittel vorhanden und könnten nur mehr aus dem ausländischen Vermögen des Ing. Gustav Lederer, derzeit in Zürich, eine Abgabe geleistet werden.

Mit der Bezahlung der Reichsfluchtsteuer wäre das Mandat des »Vollmachtsträgers« erloschen. Er merkte in seinem Schreiben an den Berliner Polizeipräsidenten deshalb noch an, dass er Gustav Lederer eine Abschrift der Vermögensaufstellung übermittelt und ihn aufgefordert habe, dem zuständigen Finanzamt in Moabit-West »allfällige Vorschläge hinsichtlich der Bezahlung der Judenvermögensabgabe unmittelbar zu erstatten«. Es darf davon ausgegangen werden, dass die

Behörden nicht an einer Rückkehr Gustav Lederers, sondern nur an jener seines Vermögens interessiert waren.

Damit ruhte die Angelegenheit vorerst. Doch der Finanzbedarf im Dritten Reich stieg mit dem Fortgang des Krieges, und so wurden die gesetzlichen Bestimmungen verschärft. Die *Elfte Verordnung zum Reichsbürgergesetz vom 25. 11. 1941* nahm die Konversionskasse für deutsche Auslandsschulden am 12. Februar 1944 zum Anlass, dem Oberfinanzpräsidenten von Berlin-Brandenburg anzuzeigen, dass sich auf dem dortigen Konto von »Ing. Gustav Israel Lederer, Haifa / Palästina« bei ihr ein Guthaben von 660,30 Reichsmark (ca. 3900 Euro) befindet. Unterdessen waren mit seiner Akte so viele Behörden befasst, dass es selbst für das vollbürokratisierte NS-Regime unübersichtlich wurde. So fragte etwa der Oberfinanzpräsident von Wien-Oberdonau beim Polizeipräsidenten von Wien an, ob sich Gustav Lederer »bei seiner letzten polizeilichen Meldung als deutscher Staatsbürger« bezeichnet habe. Worauf dem Amt mitgeteilt wurde, dass er am 23. Mai 1938 ins Ausland abgemeldet, seine Staatsangehörigkeit aber nicht überprüft worden war. Deshalb sah sich der Wiener Oberfinanzpräsident bemüßigt, bei der berüchtigten Gestapo am Morzinplatz nachzufragen, ob (nach der erwähnten Elften Verordnung) das Vermögen Gustav Lederers »dem Reich verfallen ist«. Die Gestapo antwortete, dass sie einen diesbezüglichen Antrag gestellt habe. Damit war die Akte Lederer offenbar geschlossen.

Die Sache hatte aber ein Nachspiel, das die Zweite Republik ins Zwielicht geraten lässt. Im Juni 1960 bekam Nora Tobisch, nun wieder Lederer, ein Einschreiben der *Sammelstelle A* und *Sammelstelle B*, die an sich geschaffen worden waren, Vermögen, Rechte und Interessen jener Personen zu erfassen, die unter dem Nationalsozialismus Vermögensentziehungen erleiden mussten. Statt festzustellen, dass Nora und Gustav nach dem Krieg wieder geheiratet hatten und diese Ehe bis zu seinem Ableben am 28. Oktober 1951 bestanden hatte, teilte das Amt mit, dass Erhebungen ergeben hätten, dass die Lederer-Villa in der Lannerstraße »unter Bedingungen erworben« worden wäre, »die uns berechtigen, Ansprüche nach dem *3. Rückstellungsgesetz* gegen Sie erfolgreich geltend zu machen«. Nora Lederer wurde gefragt, ob sie bereit wäre, »die Angelegenheit vergleichsweise zu regeln«, oder »die streitige Austragung« wünsche.

Wahrheitsgemäß und sachlich antwortete Nora Lederer, dass ihr das Haus »mit Schenkungsvertrag notariell am 15.3.1938 von meinem Mann Ing. Gustav Lederer geschenkt« worden war und sie bis zu seinem Tod mit ihm verheiratet war. Mit dem Wunsch um Rücksendung legte sie Originaldokumente bei und ergänzte: »Ein Anspruch Ihrerseits nach dem Rückstellungsgesetz besteht daher nicht.« Damit war die Sache erledigt. Wie Lotte Tobisch betonte, hing ihre Mutter an dem Haus und bedauerte es, dass ihre Tochter, nachdem sie es am Ende des Krieges verlassen hatte, nie mehr dorthin zurückkehren wollte.

Gustav Lederers Sohn Fritz (später Fred) versuchte während des Krieges den Vater in die USA zu holen. Was bekanntlich nicht ganz einfach war. Immerhin schaffte es Gustav Lederer bei Kriegsausbruch erst einmal aus der Schweiz nach London. Von dort hoffte er in die Vereinigten Staaten zu gelangen. Doch die Engländer verfrachteten Emigranten aus Deutschland und Österreich, die sie bei Kriegseintritt als Enemy Aliens betrachteten, als Gefangene auf den berühmten Truppentransporter *HMT Dunera*, der von 10. Juli bis 6. September 1940 auf See umherirrte, bevor er in Australien anlegen konnte. Die Odyssee des Schiffes wurde später verfilmt. Nach der Ankunft wurden die Gefangenen in Internierungslager gesteckt. Über den Leidensweg des Gustav Lederer wissen wir aufgrund eines Briefes relativ gut Bescheid, den er am 15. September 1945 an Lieutenant Rothblum von der US Army geschrieben hat.[131]

> Ich glaubte, es ging nach Canada, doch nach 60tägiger entsetzlicher Reise ... kam ich nach Australien und wurde dort in ein Lager am Rande der Wüste mit 2500 anderen interniert. Später – mein Herz begann unruhig zu werden – kam ich in ein besseres Lager und im

Dezember 41 durfte ich nach Cuba abreisen. Während der Fahrt war Pearl Harbor. In Panama angehalten und interniert. (...) Lungenentzündung und ich hoffte schon, wenn auch einsam, von meinen seelischen Qualen erlöst zu werden.

Gustav Lederer erholte sich wieder und schaffte es mit Hilfe seines Sohnes Fred im September 1943 nach New York. Dort fing er wieder als einfacher Chemiker zu arbeiten an. Zum Zeitpunkt des Schreibens wusste er aber nicht, wie er an Lieutenant Rothblum schrieb, »was mit Nora ist«. Anzunehmen, dass der in Wien stationierte Lieutenant den Kontakt der beiden wiederhergestellt hat. Ein Jahr später heiratete das ehemalige Ehepaar erneut. Die Hochzeit fand am 11. September 1946 im slowakischen Nitra statt, wo die Fabrik stand, die Gustav Lederer einst geleitet hatte.

Kriegszeit

»Ich habe schon mit zwölf Jahren genau so viel und so wenig gewusst wie alle anderen Leute, wenn sie nur gewollt hätten«, sagte Lotte Tobisch einmal zu Marta S. Halpert.[132] Aufgrund der im vorigen Kapitel angeführten Umstände ist fast anzunehmen, dass sie damals schon mehr wusste als der durchschnittliche Österreicher auf dem Land, zumindest was die Judenverfolgung anbelangt. Außerdem fehlte ihr der Ziehvater, nicht zuletzt, weil sie nun wieder allein mit ihrer Mutter leben musste. Das Verhältnis zu ihrem Vater in Linz war durch sein russisches Abenteuer sicher getrübt, und der Kontakt deshalb nicht sehr intensiv. Es ist aus dieser Zeit jedenfalls keine Korrespondenz mit ihm erhalten. Gegenüber den offensichtlichen Regimegegnerinnen, bei denen des Öfteren die Gestapo vorsprach, wird auch der Argwohn der Nachbarschaft zugenommen haben. All das schlug sich bei Lotte in Schulproblemen nieder. Sie war zwar keine schlechte Schülerin und nie gefährdet durchzufallen, aber ihr Autoritätsproblem hatte sich durch die repressiven Verhältnisse in der NS-Diktatur noch verschärft. »Ich habe in jedem Lehrer einen potenziellen Naziverbrecher gesehen und war deshalb schon grundsätzlich dagegen«, erinnerte sie sich.[133]

Kurz vor der Volksabstimmung vom 10. April 1938 über den bereits vollzogenen »Anschluss« Österreichs an das Deutsche Reich war Lotte zwölf Jahre alt geworden. Unter dem Titel *Mein Geburtstagsvergnügen* beschrieb sie in einem Schulaufsatz, dass ihre Mutter sie an diesem Tag ins Kino in der Rotenturmstraße eingeladen hatte, um »die lebendigen Mickymäuse auf einer Leinwand tanzen zu sehen. (...) Ich unterhielt mich königlich«, endete der Aufsatz.[134] Solcherart versuchte die Mutter ihr Lotterl aufzuheitern und vom bevorstehenden zweiten Abschied eines Vaters abzulenken. Nach Gustav Lederers Ausreise war Nora Tobisch-Labotýn, wie sie sich nun wieder nannte, um Respekt bei den Nazi-Funktionären hervorzurufen, gezwungen, sich um die Finanzen zu kümmern. Dabei kamen ihr die Erfahrungen, die sie beim Prozess gegen ihren Vater gemacht hatte, wohl zugute. Nicht ganz uneigennützig hatte ihr Karl Tobisch, noch bevor er in die Sowjetunion gegangen war, zur Lösung finanzieller Probleme eine Versöhnung mit ihrem Vater vorgeschlagen. Nun war offenbar die Zeit dazu gekommen. Vorstellbar wäre, dass Nora ihrem Vater vermittelt hat, dass seine Enkeltochter ihn gerne kennenlernen würde. Lotte soll nämlich, wie ihre Mutter einmal in einem Brief an sie anerkennend schrieb[135], eine positive Rolle bei der Aussöhnung gespielt haben. Die Folge davon war, dass Lotte sich gelegentlich bei ihrem Großvater in Ternberg aufhielt. Das entlastete Nora, nicht zuletzt in Bezug auf das Abschirmen des Mädchens vor Gestapo-Leuten.

Die seelischen Wunden, die das Annus horribilis 1938 dem Mädchen geschlagen hatte, entfalteten jedoch eine Langzeitwirkung. Bis zum Beginn des Krieges scheint das Familienleben in der Lannerstraße noch in einigermaßen geordneten Bahnen verlaufen zu sein, doch dann fing Lotte an zu kränkeln. Im Frühjahr 1940 erlitt das Mädchen einen Zusammenbruch mit allerlei Symptomen psychischer und somatischer Natur. Unmittelbarer Auslöser für Lottes Absturz dürften Spannungen mit der Mutter bezüglich ihrer schulischen und damit beruflichen Zukunft gewesen sein. Aber auch ihr Vater in Linz dürfte dabei eine unheilvolle Rolle gespielt haben. Erstens war er nun wieder liiert, mit einer Frau namens Edda, mit der seine Tochter – wenig überraschend – nicht einverstanden war, zweitens mischte er sich nun wieder in die Erziehung ein und war drittens in pädagogischen Fragen selten einig mit seiner ersten Frau. Nora Tobisch musste sich also überlegen, wie es mit Lotte weitergehen sollte.

Herr Dr. Eglauer, bei dem Lotte in ärztlicher Behandlung war, dürfte zu einer temporären Trennung von Mutter und Tochter geraten haben. Vermutlich war er es, der Nora Tobisch nahelegte, das Kind Hermann Harless anzuvertrauen. Der Schulreformer hatte 1928 das Landeserziehungsheim im oberbayerischen Schloss Marquartstein gegründet und leitete es seither mit seiner Frau. Vergleichbar mit der berühmten Eliteschule in Schloss Salem nahe des Bodensees war das Institut in Marquartstein für seine reformpädagogischen Ansätze bekannt und das Ehepaar Harless sehr beliebt.[136] Nora Tobisch hatte, wie Briefe an ihre Tochter nahelegen, auch Freunde in Deutschland. Sie reiste während des Krieges mehrmals nach Ansbach in Mittelfranken. Vielleicht kam der Tipp mit dem Internat in Marquartstein auch von dort. Seit 26. August 1940 war »Lotte Tobisch von Labotýn« jedenfalls in das Privatgymnasium Marquartstein eingeschrieben.[137] Und siehe da, zum ersten Mal in ihrem Leben fühlte sie sich in einer Schule wohl.

Der erhaltenen Korrespondenz[138] zwischen ihr und dem zu ihrem »Pappi drei« gewordenen Hermann Harless nach zu schließen, genoss sie in der Internatsschule eine Sonderstellung. Die hatte mit ihrem physisch und psychisch angeschlagenen Zustand zu tun, vielleicht auch mit dem Charme des Wiener Mädchens. So wurde ihr unter anderem erlaubt, die Privatbibliothek des Direktors zu benutzen. Die enthielt auch Literatur, die auf dem Index der Nazis stand, wie Gedichte von Heinrich Heine oder gar *Chassidische Geschichten* von Martin

Buber.[139] Sie durfte auch ins Kino oder Marionettentheater gehen.[140] Bei ihrem Eintritt wusste Hermann Harless noch nicht so recht, wie er Lotte schulisch einstufen sollte. Immerhin wurde in der fünften Klasse bereits der *Faust* gelesen. Aber schon Ende September konnte die gelehrige Schülerin ihrem »lieben kleinen Mamerl« berichten: »Auf jeden Fall bin ich jetzt in der 5. Du kannst Dir denken, wie erstaunt ich war, als ›Pappi Harless‹ mir das mitteilte. Ich muß mich zwar ziemlich anstrengen, daß ich mitkomme, weil die Schülerinnen der 5. Klasse ja schon ein ½ Jahr mir voraus sind! Aber das macht nichts. Es muß eben gehen!!«[141]

Und es ging auch – so lange gut, bis Querschüsse aus Linz und Wien dazwischenkamen. Nora hatte Lottes Vater vom Zusammenbruch seiner Tochter gar nicht informiert. Ob sie sich damit Vorwürfe ersparen wollte oder ob sie ihn wegen seiner neuen Freundin nicht kontaktierte, wissen wir nicht. Karl Tobisch erfuhr von Lottes Problemen jedenfalls erst, als sie bereits in Marquartstein einquartiert war. Er zeigte sich in einem Brief an Lotte ein wenig gespielt überrascht:

> Ich wäre doch sofort nach Wien gekommen, um mein Mädel zu sehen und mit ihr zu sprechen. Vielleicht wäre dann manches bittere Erlebnis der darauffolgenden Monate bis zum heutigen Tage erspart geblieben und ich hätte in meinem Töchterl mich selber wiedererkannt und meine tiefinnersten Empfindungen und Gedanken.[142]

Verdächtig ist unter anderem, dass er nicht schrieb: »... wäre *Dir* ... erspart geblieben«. Dass er seinerseits nichts von sich hatte hören lassen, begründete er mit seiner hohen Arbeitsbelastung. Der Brief traf zu einem Zeitpunkt ein, als Lotte sich auf dem Weg der Erholung befand. Sie schätzte den Unterricht und genoss die besondere Betreuung durch das Ehepaar Harless. Sie antwortete ihrem – wie er seinen Brief unterschrieben hatte – »eigentlichen Papa« deshalb auch freundlich und ausführlich. Inzwischen waren auch die beiden »Väter«

miteinander in Kontakt getreten. Im Oktober 1940 antwortete der Institutsleiter Hermann Harless auf Karl Tobischs Beschwerde hin Folgendes:

> Wie Sie wissen werden, kam Lotte durch eine seelische Erschütterung und weil sie in ihrer Heimatlosigkeit überhaupt wurzellos geworden war, nach wenigen Tagen ihres Hierseins in seltsame Lagen der Bewusstseinsstörung. Wir haben sie in Verbindung mit dem Wiener Arzt in dieser Zeit betreut und auch wieder in Ordnung gebracht, in der man mit dem begabten Kind in jeder Weise neu aufbauen kann. In ihrem Trance-Zustand hat Lotte alles herausgeschleudert, was sie beschäftigt: es ist für ein so junges Leben viel Schmerzliches.[143]

Kurz danach muss Hermann Harless jedoch ein Brief Eddas erreicht haben, in dem sie beklagte, dass Nora offenbar einen Keil zwischen sie und Karl Tobisch treiben wolle: »Etwas sorglich machte mich ein Brief von Frau G. an mich, aus dem hervorging, dass sie in der größten Angst lebt, Lotte's Mutter und Lotte selbst suchten sich zwischen Sie und Frau G. zu drängen.«[144] Offenbar wusste Karl Tobisch aber nichts von dieser »Intervention« seiner Freundin. Eddas Brief war dann aber der Grund, weshalb ihn Hermann Harless brieflich dazu aufforderte, Lotte »aus dem üblichen Gesellschaftsspiel des Mannes zwischen zwei Frauen« herauszuhalten. »Lotte hat schon viel zu viel Trauriges erlebt und ist als empfindsamer Mensch dadurch bereits schwer geschädigt. Sie hat von kleinauf alles mittragen müssen, was das bewegte Leben ihrer Mutter erfüllte, und hat alles viel tiefer empfunden, als man es bei einem kleinen Mädchen annehmen sollte«[145], analysierte Hermann Harless die Psyche Lotte Tobischs zutreffend.

Lottes Psyche reagierte auf die Reibereien ihrer Eltern mit einer weiteren Erkrankung: Sie erlitt eine Blinddarmentzündung und musste in Traunstein operiert werden. Folge: neuerliche Rekonvaleszenz. Hermann Harless forderte daraufhin beide Elternteile dazu auf, Abstand zu dem Mädchen zu halten. Auch seinen Schützling wird er gebeten haben, erst einmal auf Kontakt zu den Eltern zu verzichten. Das ist dem Brief zu entnehmen, den Karl Tobisch im Dezember an den Schulleiter sandte, und worin er sich beschwerte, keine Mitteilung von seiner Tochter zu erhalten: »Ich kann doch nicht glauben, dass Lotti darum, dass ich auf ihre Nachricht von ihrer Erkrankung nicht gleich zu ihr kam, sich so gekränkt fühlt, dass sie mir nicht schreiben will.«[146] Warum er sein krankes Kind im nicht allzu weit von Linz entfernten Marquartstein nicht besucht hatte, begründete er mit der »Mahnung« des »Seelenbildners«, nur mit seinem Einverständnis mit ihr zusammenzutreffen. Kern des Briefes war aber nicht, den Gesundheitszustand seiner Tochter in Erfahrung zu bringen (danach fragte er erst im PS), sondern etwas anderes: »Ich dürfte wohl nicht fehl gehen, wenn ich Lottis Schweigen auf meine Briefe hin auf ein Verbot Frau Noras zurückführe«, mutmaßte Karl Tobisch.[147] Und dazu hätte er von Hermann Harless gern eine Bestätigung erhalten. Er schloss den Brief mit den besten Grüßen, »denen ich auch Grüße meiner Verlobten anschließe«.

Auch für Nora Tobisch waren die Herbstmonate zweifellos eine schwere Zeit. Sie lag im Clinch mit ihrem ersten Mann, hatte keine Nachricht von ihrem zweiten Mann und war drauf und dran, den Zugang zu ihrer Tochter zu verlieren. 1940 war das erste Jahr, in dem sie Weihnachten ohne ihr Kind verbrachte. Erst rund um den 15. Geburtstag besuchte sie ihr Lotterl in Bayern. Die hatte in der Zwischenzeit trotz einer Fußverletzung wieder einigermaßen Tritt gefasst und wäre gern bei ihrem »Pappi drei« geblieben. Dort hätte sie – vom Kriegsverlauf einmal abgesehen – erfolgreich die Matura ablegen können. Doch dazu sollte es aus verschiedenen Gründen nicht kommen.

Bald nach der Zusammenkunft mit ihrer Mutter traf sie sich mit ihrem Vater in Salzburg. »Wir waren im Mirabellpark, im Dom – Orgelkonzert, auf der Festung und in Hellbrunn«, ließ sie ihre Mutter wissen.[148] Der Ton ihr gegenüber hatte sich jedoch verändert. Nicht mehr vom »lieben kleinen Mamerl« war zu lesen, die Anrede lautete schlicht: »Liebe Mutter!« Und nach dem kurzen Bericht über den Ausflug nach Salzburg folgte die Aufforderung, ihr den Wäschesack, den sie mit gleicher Post abschickte, umgehend zurückzuschicken, weil »ich habe jetzt nämlich wirklich nichts mehr zum Anziehen!«[149] Einen Monat später gratulierte sie ihrer Mutter zum Muttertag und fragte an, warum sie nichts von sich hören lasse und wann ihr Großvater Geburtstag habe. Beide Elternteile führten natürlich Gespräche mit Hermann Harless, die nicht zu seiner Zufriedenheit verliefen. Die Lage war verworren, wie Hermann Harless an Karl Tobisch schrieb:

> Sie sind mit Frau Nora und resp. unseren Erziehungsformen nicht einverstanden; Frau Nora ebensowenig mit den Ihrigen und den meinigen; ich wiederum genau so wenig mit Ihren und denen von Frau Nora. Dabei kann für das Kind nichts Gutes herauskommen, selbst wenn wir alle zusammen dasselbe Erziehungsziel hätten.[150]

Er sah sich deshalb kaum imstande, Lotte in seinem Institut zu behalten. Hintergrund dieser verzwickten Lage waren aber weniger die unterschiedlichen Ansichten über pädagogische Maßnahmen als die Frage, wer für Lotte aufkommen soll. Die Anstalt in Marquartstein hatte natürlich ihren Preis. Bei den Differenzen des einstigen Ehepaars ging es also wieder einmal auch ums Geld. Karl Tobisch sah seine erste Frau in der Pflicht, die wiederum verlangte einen höheren Beitrag von ihm. Dazu kam, wie Hermann Harless ausführte, dass die Pubertierende auch im Internat ihr Leben als »höhere Tochter« weiterführte und Ansprüche an ihre Eltern stellte. So hatte sie im letzten Tertial 65 Reichsmark (ca. 400 Euro) allein für Kosmetikartikel und Friseurbesuche ausgegeben. Der Schulleiter führte das darauf zurück, dass »das Kind bequem und reich verwöhnt« wäre. »Aber ist es das denn von Wien her anders gewöhnt?«, fragte er den Vater.[151] Nora Tobisch konnte sich die

Extratouren ihrer Tochter aber nicht mehr leisten und entschied deshalb, sie nach Wien zurückzuholen. Damit endete im Sommer 1941 Lottes angenehmste Schulzeit. Bildungsmäßig hatte sie jedoch Lunte gerochen.

Theater und Wirklichkeit

Mit ihrem Pflegevater blieb Lotte auch nach ihrem Abgang aus der Schule in Verbindung. Er hatte ihr attestiert, dass sie für ein Studium durchaus geeignet sei, dass es unter den »obwaltenden Verhältnissen« aber vielleicht besser sei, ihr »in einem der vorzüglichen neuen Mädchenheime« mit sportlich-hauswirtschaftlicher Ausrichtung einen Bildungsabschluss zu verschaffen. Möglicherweise machte sie auf dem Rückweg nach Wien Station bei ihrem »eigentlichen« Vater in Linz. Karl Tobisch war in der Landesbaudirektion inzwischen zum »Gaulandschaftsplaner« aufgestiegen und auf Theaterbauten spezialisiert. Eines seiner Projekte war der Umbau der Linzer Redoutensäle, ein anderes die Entwürfe für das Volksspielhaus in Höritz.[152] Er war inzwischen auch wieder verheiratet, mit einer »handfesten tüchtigen Person«, wie Lotte Tobisch Edda im Rückblick bezeichnete.[153] Die hatte ihm, in der Einschätzung seiner Tochter, die Fantastereien, aber auch seine Kreativität ausgetrieben. Eine Art Déjà-vu muss er gehabt haben, als Hermann Harless ihm gegenüber vermutete, Lotte werde ohnehin bald heiraten, schon um über sich bestimmen zu können. Das wollte Karl Tobisch in schmerzlicher Erinnerung an seine eigene Geschichte verhindern und drängte auf einen Schulabschluss seiner Tochter. Bei ihren derzeitigen Interessen schien die Idee einer Modeschule nicht abwegig. Für das neue Schuljahr wurde Lotte deshalb in der Höheren Lehranstalt für Mode und Wirtschaft Michelbeuern angemeldet.

Es scheint, dass Lotte in der Zeit, die sie dort verbrachte, ihr handwerkliches Geschick entdeckt hat. Denn später wurde sie von ihren Bekannten für Basteleien aller Art geschätzt. Lotte

Tobisch schnipselte nicht nur zeitlebens an ihren eigenen Kleidern herum, sondern übernahm für Freunde gern auch Reparaturarbeiten an allerlei Gegenständen. Doch letztlich klappte es auch in der in Wien despektierlich »Schneiderakademie« genannten Schule nicht. Das lag auch daran, dass sich der ideologische Druck erhöhte, je mehr das »Dritte Reich« in die Bredouille geriet. Wie seit je wollte sie nicht »mitmachen«.

> Wir waren keine Widerstandshelden, aber ich bin ein Beispiel dafür, dass man nicht einmal zum BDM (Bund Deutscher Mädel, Anm.) musste. Als man sich im Gymnasium nach dem Unterricht dafür anmelden sollte, bin ich einfach nicht hingegangen und mir ist nichts passiert.[154]

Dass die obstinate Schülerin diese Phase ohne staatliche Disziplinierung überstanden hat, verwunderte sie in späteren Jahren selbst. Es scheint, als habe sie in gewisser Weise auch ihre Herkunft geschützt. Als Architekt in der »Führerstadt« hatte ihr Vater bei den Nazis eventuell ein gewisses Ansehen. Auch wenn Lotte Tobisch später bereute, im Unterricht wenig aufgepasst zu haben, hatte sie für die Schulen in Wien wenig übrig. Das mag auch daran gelegen haben, dass ihre Interessen dort nicht bedient wurden. Die gingen längst in eine andere Richtung: Die Welt des Theaters hatte es ihr angetan.

Zu ihrem großen Vorbild wurde die weltbekannte Schauspielerin Eleonora Duse. Die hatte nicht nur Anton Tschechow in Alexander Dumas' d. J. Stück *La femme de Claude* in St. Petersburg bewundert, sondern ebenso Hermann Bahr. Der hatte daraufhin eine begeisterte Rezension an die *Frankfurter Zeitung*[155] geschickt und »die Duse« damit im deutschen Sprachraum erst bekannt gemacht. Vielleicht hat Lotte Tobisch davon von ihrem späteren Lebensgefährten Erhard Buschbeck erfahren. Der Theatermensch war jedenfalls eine Fundgrube von solchen Geschichten. Und das waren die Bildungsinhalte, die das Mädchen faszinierten und über die sie in ihren Schulen nichts erfuhr. Sie flüchtete deshalb in eine Traumwelt.

Die Gegenwart im Jahr 1942 war für Lotte trister denn je: Der Rosenkrieg ihrer Eltern (um ihre Zukunft) schwelte weiter, ihr schulisches Fortkommen war ungewiss, und der allgemeine Krieg rückte allmählich näher. In dieser Gemengelage wurde die Jugendliche aufgerieben. In einem undatierten Brief hatte ihre politisch kurzsichtige Mutter, die sich wieder einmal im »Altreich« aufhielt, ihr geschrieben: »Über den Krieg mit Russland brauchst Du Dich nicht aufzuregen, Papa ist immer ein alter Miesmacher. (…) In ganz kurzer Zeit werden wir mit Russland fertig sein. (…) Ein Bombardement von Wien ist ausgeschlossen.«[156] Diese Zeilen zeigen den Zwiespalt, in den selbst eine Gegnerin des Regimes mittlerweile geraten war: Auch wenn sie sich politisch andere Verhältnisse wünschte, so stand sie im Hinblick auf die Sowjetunion doch auf dessen Seite. Noch flogen keine Bomber über Wien, aber der Kriegswinter 1942/43 brachte die Wende.

Lotte wusste inzwischen, wohin sie wollte, nämlich ans Theater. Für ihre Eltern eine Art pubertäre Spinnerei. Für Nora stellte sich immer dringlicher die Frage, wie es mit ihrer Tochter weitergehen solle. Die Mutter hatte die Familienkrise ihrer eigenen Jugend im Kopf und dachte an eine Lösung à la Harless. Der Vater hingegen legte aus leidvoller Erfahrung größten Wert auf Unabhängigkeit und bestand deshalb auf einem Schulabschluss seiner Tochter. Einig waren sich die einstigen Eheleute nur in der Skepsis gegenüber Lottes Theaterleidenschaft. Lottes Liebe zur Duse inmitten des an die »Ostmark« heranrückenden Krieges wird jedoch plausibel, wenn man weiß, dass die Italienerin mit Rollen berühmt wurde, in denen sie meist leidende, aber willensstarke Frauen verkörperte. Da gab es allem Anschein nach großes Identifikationspotenzial für das unglückliche, aber selbstbewusste Mädchen. Sie bediente sich ausgiebig des immer noch vorhandenen Burgtheater-Abonnements ihrer Mutter, um aus dem bedrückenden Alltag auszusteigen. In ihrem Nachlass erhalten haben sich Theaterzettel aus dieser Zeit. Danach besuchte sie am 1. Mai 1942 eine Vorstellung von *Don Karlos*, am 11. Juni von *Torquato Tasso*, am 25. Juni sah sie sich *Was ihr wollt* an und am 30. Jänner 1943 *Ein Bruderzwist im Hause Habsburg.* Jeweils mit Raoul Aslan in den Hauptrollen. Ihrem Vater ging ihre Theatermanie inzwischen offenbar zu weit, zumal sie keinerlei schulische Ambition zeigte. Er meldete sie kurzerhand zum »Reichsarbeitsdienst« an. Eine weitere Kränkung! Dass ihre Mutter hilflos dabei zusehen musste, wie Lotte in den Zug ins südmährische Znaim stieg, lässt eine Briefpassage vermuten, in der es heißt, »... es war ein großer Schmerz auch für mich, vor allem, weil ich das erstemal zusehen musste, wie Du eine schwere Enttäuschung erleben mußtest, ohne Dir helfen zu können«.[157] So kam Lotte Tobisch in der ersten Jahreshälfte 1943 todunglücklich in einem Arbeitslager für Mädchen an. Davor hatte sie noch Fritzl kennengelernt, mit dem sie sich anfreundete und in der Folge korrespondierte.

»Ich war in meiner Kindheit ein unglaublich trauriger Mensch. So viel ans Sterben gedacht wie ich mit 15! Wenn ich die Sachen, die ich damals geschrieben habe, nachlese. Diese Gedichte ...«[158] Gedichte spielten in dem folgenden Briefwechsel mit Fritz Obenaus eine große Rolle. Den Sommer 1943 musste sie also in dem Arbeitsdienstlager im Grenzort Höflein an der Thaya verbringen – und wurde prompt wieder krank. Im Juni berichtete Lotte dem im »Gaumusikzug« engagierten Freund von einer Halsentzündung, im August von Zahnweh. Allerdings: »Wenn eine Führerin hereinkommt, muß ich Papier und Bleistift schleunigst unter der Decke verschwinden lassen!«[159] Vielsagend ist, dass in den Briefen mehr von Literatur und »Liebesdingen« die Rede ist als vom Lageralltag oder dem Kriegsgeschehen. Altklug wird darin etwa über Oscar Wildes *Lady Windermeres Fächer* philosophiert. »Die Rolle der Mrs. Erlynne (die zwar viel zu alt für mich ist) hab ich einmal studiert und habe in ihrer Oberflächlichkeit und – ihrer ungeheuren Tiefe, die an Wilde selbst gefunden«, schreibt Lotte an Fritzl.[160] Er wiederum berichtet ihr von seinem Aufenthalt in Salzburg bei den Festspielen und dass er die *Zauberflöte* mit Paul Hörbiger und Gusti Huber als Papageno und Pagagena gesehen habe.[161]

Viel ist in der Korrespondenz auch von Fritzls Freund Horst die Rede, der sich als Lyriker versuchte und dessen Verse Fritzl als dilettantisch einschätzte, weil ihnen die rhythmische Ausgeglichenheit fehle. Lotte antwortet, Horst müsse erst das Wichtigste eines Künstlers lernen: »Demut, vor dem großen Unendlichen, und hiermit die Erkenntnis des eigenen Unwertes«.[162]

Aus den Briefen geht unverkennbar hervor, dass Lotte in ihrem achtzehnten Lebensjahr ein ebenso zorniges wie tieftrauriges Mädchen war. Sie fühlte sich von allen verlassen und hatte, wie in der Pubertät nicht ungewöhnlich, selbst begonnen, Gedichte zu schreiben.[163] Eines, das sich im Nachlass erhalten hat, aber erst nach dem Krieg geschrieben wurde, mag ihre damalige Stimmungslage paradigmatisch wiedergeben:

Dürre Blätter,
Welke Blumen,
Traurige Lieder,
Zittern im Wind.
Duftender Weihrauch –
Dunkles Geläute:
Grabgesänge –,
Ein weinendes Kind.

Nichts ist geblieben:
Freuden verklangen,
Leiden versanken.
Kalt ist das Herz.
Nebel küsst leise
Die tote Erde:
Mutter von Liebe
Ach – und von Schmerz.[164]

Von ihrem Schmerz, der Einsamkeit und Traurigkeit ist in der Korrespondenz mit Fritzl ausführlich die Rede. Zugleich aber auch von allerlei Vergnügungen, denen sie nachgeht, etwa von Kaffeehausbesuchen in Znaim und Kinobesuchen oder Tanzveranstaltungen im Lager. Wie das mit ihren hehren Idealen zusammenpasse, fragte Fritzl sie in einem Brief von Ende Juli. Noch waren die beiden per Sie. Aus ihrer Antwort lässt sich erkennen, wie sich damals Lotte Tobischs Lebenseinstellung herausgebildet hat:

> Eigentlich wollte ich Ihnen niemals Näheres von mir selbst schreiben, aber Sie fragen mich, und ich werde Ihnen antworten. (...) Ja, Sie haben recht: ich rauche. Rauche gern und viel, wenn ich Zigaretten habe. – Auch bin ich »roter Unterhaltung mit Jazz« nicht abgeneigt; (obwohl ich Jazz im Allgemeinen hasse); aber ich werde entsetzlich traurig bei solchen Abenden – solchen »Betäubungsabenden«, – denn ich kann nicht »flirten«. (...) Wenn irgendjemand krampfhaft versucht mit mir anzubandeln –, dann kommt der Menschheit ganzer Jammer über mich.[165]

Das war genau das, was Fritzl versuchte: mit ihr anzubandeln. Dazu schickte er ihr unter anderem Gedichte seines Freundes Horst und bat sie um das Du. Als sie ihm Mitte August schreibt, dass sie Ende des Monats »abrüsten« dürfe, hofft er auf ein Treffen in Wien. Dabei ist es, seinen darauffolgenden Briefen nach zu schließen, auch zu einer Annäherung gekommen. Auch in ihrem Brief schreibt sie, dass sie nicht wisse, wie's weitergeht. Ihre Mutter sei sehr nervös, sodass sie »die Hölle zu Hause« hätte. Geplant sei, dass sie erst einmal auf das Gut ihres Großvaters nach Ternberg fahre. Dazu kam es dann aber nicht, worüber sie froh war, »denn ich hab es furchtbar satt, dieses ›gnadenweise‹ aufgenommen werden ... Ich vertrage mich nämlich nicht immer mit meiner ›lieben Familie‹ – oder besser: Ich kann die ganze Gesellschaft nicht ausstehen.«[166]

Zu ebendieser »Gesellschaft« gehörte nun auch ihr Vater, der sie zum Arbeitsdienst verpflichtet hatte und sich dann darüber erstaunt zeigte, dass sie sich »ausschweigt«. In einem vier Seiten langen Brief ging er mit seiner Tochter hart ins Gericht.

Du bist ein Faulpelz, das weisst Du selbst am besten ..., aber Du bist nicht unfähig – nur grenzenlos verwöhnt und in Illusionen gewiegt, die nicht nur nicht zeitgemäß, sondern einfach falsch sind.[167]

Karl Tobisch nahm auf den Krieg Bezug, wenn er zu Lottes Illusionen in erster Linie ihre Bühnensehnsucht rechnete. Er sei sich nämlich nicht sicher, ob »es am Ende dieses Kampfes überhaupt noch ein Burgtheater oder eine deutsche klassische Bühne geben« werde. Auch zweifelte er an ihrem Talent und der Stimmqualität. Deshalb drängte er erneut darauf, dass sie sich auf einen bürgerlichen Beruf vorbereite, der »unter allen Verhältnissen Giltigkeit hat«. Sehr zu Herzen nahm sich Lotte die Mahnungen ihres Vaters nicht. Im Gegenteil, sie sah sich überall nach Auftrittsmöglichkeiten um. Ihrer in Regensburg weilenden Mutter hatte sie geschrieben, dass sie sogar im Arbeitslager in Höflein werde Theater spielen können. In ihrer Antwort berichtete Nora Tobisch en passant, dass sie herrliche Spaziergänge an der Donau machen könne, weil hierorts noch keine Fliegerangriffe stattfänden.[168] Zur angekündigten Darbietung gratulierte sie ihrer Tochter und schätzte, dass es sich dabei um ihr »Bühnendebüt« handle. Da Nora Tobisch um das große Vorbild Lottes wusste, bestärkte sie ihre Tochter darin, indem sie ihr mitteilte, dass auch die Duse zuerst auf Provinzbühnen aufgetreten sei. Sie hatte es (im Gegensatz zu ihrem Exmann) vorerst aufgegeben, Lotte disziplinieren zu wollen.

Noch im Herbst 1943 wurde Fritz Obenaus eingezogen und musste im Jahr darauf an die Front in der Slowakei. Eine Weile schrieben sie einander noch, aber der letzte erhaltene Brief von ihm an Lotte stammt vom Dezember 1944. Sie schlug nach ihrer Rückkehr vom Reichsarbeitsdienst die Einwände ihres Vaters in den Wind. Ihre Reaktion auf seine Vorwürfe: Sie wurde dabei beobachtet, wie sie im Haus in der Lannerstraße am offenen Fenster Sprechübungen machte und laut deklamierte. Sie hatte sich im Konservatorium Horak, einer Privatlehranstalt für Musik, Tanz und dramatische Kunst, für das Schauspielfach angemeldet. Verständnisvoller als »Papa eins« reagierte »Pappi drei« auf ihre Theatermanie. Hermann Harless gratulierte ihr dazu, dass sie vom Arbeitsdienst losgekommen sei, und riet ihr: »Geh Du nur neben Deinen musischen Dingen in den Handelskurs – es ist nicht nur nützlich, sondern macht den Blick für die Realitäten des Lebens freier.«[169] Der »Handelskurs« war im Übrigen eine Idee ihres Vaters. Von »Pappi drei« ließ sie sich eher unangenehme Dinge sagen: etwa, dass es ihr an Realitätssinn mangle, und zwar sowohl was ihre persönliche, als auch was die politische Zukunft anbelangte. Den Krieg nahm Lotte zu diesem Zeitpunkt noch kaum wahr. Sogar ihr Freund Fritzl schrieb ihr im Oktober: »All Deine Berichte von Konzerten, Theateraufführungen etc. klingen für mich wie aus einer anderen Welt.«[170] Und das waren sie auch.

Lotte lebte fernab der politischen Wirklichkeit. Doch auch ihre Mutter war nicht mehr gewillt, ihre Eskapaden hinzunehmen. Zumal auch bei ihr der Rubel nicht mehr rollte, sondern russische Panzer in Richtung Deutsches Reich. Aus Ansbach schrieb Nora Tobisch ihrer Tochter »mit großer Erbitterung«, dass sie ihre Lügen nicht mehr hinnehmen werde.

> Am Nachmittag warst Du angeblich um eine Karte angestellt, in Wahrheit ließest Du Dir die Augenbrauen färben und mit diesen schwarzen Raupen geschmückt, bleich geschminkt mit Schönheitspflästerchen bespickt, gingst Du dann ins Theater.[171]

Daran anschließend erstellte Nora Tobisch eine »Hausordnung«, an die sich Lotte zu halten hätte. Sie enthielt nicht nur die Anweisung, dass »die Schminkerei« zu unterbleiben habe, sondern auch einen genauen Tagesablauf. Darauf reagierte Lotte Tobisch trotzig, wie sie in ihren Erinnerungen eingestand:

> Dann habe ich beschlossen, mich von der elterlichen Gnade unabhängig zu machen. Dazu meinte mein

Lehrer im Konservatorium, am besten sei es, wenn die Schule für mich bei der Reichstheaterkammer um ein Stipendium ansucht. Davon habe ich niemandem erzählt, nur meinem Vater, der den Antrag der Schule unterschreiben musste.[172]

Bevor Karl Tobisch dem Ansinnen seiner Tochter nähertrat, verlangte er von ihr, eine Talentprobe abzulegen – und hoffte darauf, dass sich die Sache damit erledigen werde. Da er im Zuge seiner Bauten mit Theaterleuten zu tun hatte, erkundigte er sich im Linzer Landestheater nach den diesbezüglichen Möglichkeiten. Dort teilte man ihm mit, dass im Februar 1944 Hans Abrell, der Leiter der Berufsberatung der Reichstheaterkammer in Berlin, nach Linz kommen werde, um unter der Leitung des am Linzer Landestheater tätigen Schauspielers und Regisseurs Wolf von Hebenstreith Begabtenprüfungen abzunehmen. Deshalb schlug Karl Tobisch seiner Tochter vor, sich dort mit einem Empfehlungsschreiben ihres Lehrers am Konservatorium, Julius Karsten, anzumelden. Nicht ohne hinzuzufügen, dass sie auch die Handelskammerprüfung ablegen solle.

Der Prüfungstermin kam aber erst einmal nicht zustande. Lotte hatte dazwischen versucht, im »Schönbrunner Seminar« (heute Reinhardt-Seminar) zu reüssieren, war aber gescheitert. Karl Tobisch hatte nun aber akzeptiert, wie ernst es seiner Tochter mit einer Film- und Theaterkarriere war, und wollte sie nicht auf sich allein gestellt lassen. Er reiste deshalb nach Wien, um sich darüber zu informieren, wie es mit ihr weitergehen könnte. Er sprach bei der Berufsberatungsstelle des Arbeitsamtes vor und nahm Kontakt mit dem Sprechlehrer Zdenko Kestranek auf. Seine Tochter selbst traf er nicht, sondern schrieb ihr am Tag danach einen Brief, in dem er folgende Vorgangsweise vorlegte:

Der Vormittag gilt dem Arbeitseinsatz. Die Horak-Schule wird selbstverständlich weiter besucht und im Herbst die Abschlussprüfung angestrebt. Außerdem

> wirst Du – wenn die Abrell-Prüfung in Linz günstig ausfällt … – noch einmal zur Prüfung beim Schönbrunner Seminar antreten.[173]

Der am Reinhardt-Seminar tätige Zdenko Kestranek hatte sich bereit erklärt, Lotte stimmlich zu trainieren. Um die Bezahlung, so ließ Karl Tobisch seine Tochter wissen, bräuchte sie sich nicht zu kümmern, die sei abgesprochen. Sie möge nur bei Horak nichts davon erzählen, »weil das nur Beleidigungen zur Folge haben müsste«.

Um die Unterschrift unter das Stipendiumsansuchen von ihm zu erhalten, fügte sich Lotte und nahm an dem »Casting« in Linz teil. Wider die Erwartungen ihres Vaters machte sie dabei eine gute Figur und kam in die engere Auswahl. Um in die Gunst der staatlichen Förderung zu kommen, mussten die Probanden aber noch die Theatergranden in Berlin überzeugen. Wem das gelang, der konnte dann auf Staatskosten in Mannheim eine NS-Schauspielschule besuchen. Dass Karl Tobisch diesbezüglich keine Bedenken hatte, mag nicht überraschen, arbeitete er doch auch in der Landesbaudirektion mit Nazis zusammen. Dass die so vehement antinazistische Lotte diesbezüglich keine Skrupel hatte, ist einerseits mit ihrer ungeheuren Theaterleidenschaft, andererseits mit ihrer politischen Blauäugigkeit zu erklären. Diese Naivität teilte sie mit etlichen älteren Schauspielerinnen und Schauspielern, die dachten, sie könnten einfach nur Theater spielen, ohne sich damit in den Dienst des Regimes zu stellen. Vielleicht zeigte sich Lotte Tobisch als Mitglied des Burgtheaters deshalb später auch nachsichtig gegenüber Kolleginnen und Kollegen, die unter den Nazis Karriere gemacht hatten. Sie selbst aber bereute ihr »Gastspiel« in Berlin.

Nach ihrer Rückkehr aus Linz tat sich eine Weile nichts, was wohl mit dem Kriegsverlauf zu tun hatte. Doch dann erhielt sie ein offizielles Schreiben aus Berlin, in dem sie dazu aufgefordert wurde, sich an einem bestimmten Tag am Flughafen Aspern einzufinden.

> Da meine Mutter gerade bei Freunden in Bayern war, konnte ich unbemerkt auf Kosten der Reichstheaterkammer für zwei Tage aus Wien nach Berlin verschwinden. (...) In der Prüfungskommission saßen alle von mir angebeteten Granden des Theaters, Heinrich George, Eugen Klöpfer, Gustaf Gründgens, Werner Krauß und noch jede Menge höchste künstlerische und politische Prominenz.[174]

Von den politischen Implikationen abgesehen, war sie damit auf dem Olymp jener Traumwelt gelandet, in die sie aus der bedrückenden Gegenwart geflüchtet war. Entgegen ihren Erwartungen musste sie dann vor der Kommission in Berlin keinen einstudierten Klassiker-Monolog rezitieren, sondern einen Baum darstellen, im Frühling, Sommer, Herbst und Winter.[175] Nach der Darbietung soll Eugen Klöpfer, der nicht nur in Wien und Salzburg gastiert, sondern auch in Veit Harlans berüchtigtem Propagandafilm *Jud Süß* mitgespielt hatte, sie dazu aufgefordert haben, nach dem Studium zu ihm (an die Berliner Volksbühne) zu kommen.

Dazu kam es zu ihrem Glück nicht mehr. Denn nach dem D-Day (6. Juni 1944) war es mit den Theatern vorbei. Das Deutsche Reich führte einen Zweifrontenkrieg und musste alle Reserven mobilisieren. Goebbels verfügte per 1. September 1944 die Schließung der Theater, und in der Folge wurden auch Künstlerinnen und Künstler zu Kriegseinsätzen herangezogen. Im Sommer 1944 häuften sich die Angriffe alliierter Bomber auch auf Wien. Lotte aber vergaß nie die Reaktion, als sie ihrer Mutter den »Berliner Ausflug« gestand.

> Ich sehe noch das entsetzte Gesicht meiner Mutter vor mir, ihren Tobsuchtsanfall ... wie sie auf mich losgegangen ist, mich gehaut, richtig geprügelt und immer wieder gebrüllt hat: »Bist du wahnsinnig geworden? Hast du überhaupt nicht an mich, an uns alle gedacht? Was fällt dir ein, von dieser Nazibagage ein Stipendium zu wollen?«[176]

Ihr diesbezüglich schlechtes Gewissen mag mit ein Grund dafür gewesen sein, warum Lotte ein paar Monate später auf Aufforderung des Komikers Franco Steinberg hin kurzfristig einen abgesprungenen englischen Fliegersoldaten in der Lannerstraße beherbergte.[177] Im Nachhinein war Lotte Tobisch heilfroh, keine Förderung vom NS-Regime in Anspruch genommen zu haben. Ihre Theaterpläne hatte sie aber keineswegs aufgegeben.

4. Kapitel

Vom Albtraum in die Traumwelt

In Vorbereitung auf das Lager in Höflein hatte Lotte Tobisch ihrer Freundin Alice Lauterbach euphorisch geschrieben, dass das nächstgelegene Arbeitsdienstlager der Männer plane, »demnächst den *Zerbrochenen Krug* von Kleist« aufzuführen.[178] Man hatte ihr angeboten, darin die Eve zu spielen. Einen Monat später, im Juni 1943, forderte Lotte Tobisch ihre Freundin dazu auf, ihr »Interessantes in punkto Wissenschaft und Kunst« zu schicken[179], wenn sie in Zeitungen darauf stoße. Ihrerseits berichtete sie der Freundin, dass sie an der Universität einen Hölderlin-Vortrag gehört habe, und anschließend habe Raoul Aslan aus dem einzigen Drama des Dichters, dem *Empedokles*, rezitiert. Die humanistische Bildung, die Lotte Tobisch in Marquartstein zum ersten Mal genossen hatte, hatte offenbar verfangen. Im Sommer erhielt Alice Lauterbach die Nachricht von der Herzmuskelerkrankung ihrer Freundin in Höflein.[180] Zur Erholung, kündigte Lotte Tobisch darin an, solle sie für fünf Wochen auf das Gut ihres Großvaters nach Ternberg fahren. Dazu ist es dann (siehe Kapitel 3) nicht gekommen.

Stattdessen wird sie im Herbst 1943 selbst zur Rezitatorin. Vermutlich auf Vermittlung ihres Vaters las sie etwa bei einem Kulturabend in der Abteilung für Bauwesen des Reichsstatthalters von Wien am damaligen »Josef-Bürckel-Ring« (heute Dr.-Karl-Renner-Ring) vier Texte von Franz Karl Ginzkey[181], der mit seinem rassistischen Kinderbuch *Hatschi Bratschis Luftballon* berühmt geworden war. Am 22. April 1944 las sie dann im Rahmen eines Chorkonzerts sogar den Text *Festspruch* des deutschnationalen Autors und Priesters Ottokar Kernstock, der 1923 ein *Hakenkreuzlied* verfasst hatte. Kernstock war zwar bereits 1928 verstorben und deshalb kein Mitglied der NSDAP geworden, aber seine Werke legen einen aggressiven Deutsch-Nationalismus offen, der Lotte Tobisch kaum behagt haben könnte – wenn sie denn darüber sinniert hätte. Das scheint damals aber noch nicht der Fall gewesen zu sein; auch der Krieg war für sie noch kein Thema. Er war im Cottage-Viertel noch nicht angekommen. Erreicht hatte die theaterbegeisterte 17-Jährige jedoch der Ruf ihres Idols Raoul Aslan. Über ihren Lehrer am Horak-Konservatorium, Julius Karsten, lernte sie den ungekrönten König des Burgtheaters persönlich kennen.

Ein Jahr nach seiner Hölderlin-Rezitation wurde die Karriere des Mimen jedoch jäh unterbrochen: Nach der Schließung der Theater ab Herbst 1944 war Raoul Aslan arbeitslos. In Wien waren die ersten Bomben gefallen, als Nora Tobisch ihre Tochter aufforderte, »unbedingt zeitlich früh in die Stadt in die Habsburgergasse Katakomben« zu gehen.[182] Das widerspenstige Mädchen schlug im Herbst 1944 aber eine andere Richtung ein, nämlich jene zur Strudlhofstiege, in deren Nähe Raoul Aslan logierte. Da er nicht mehr auftreten konnte, hatte er sich entschlossen, ein paar Schülerinnen und Schüler in seiner Wohnung im neunten Bezirk privat zu unterrichten. Als Lotte davon erfuhr, machte sie sich auf, um bei ihm vorzusprechen. Ihrem Freund Fritzl berichtete sie dann Folgendes: »Als ich fertig war, sagte er zu mir – in seinem berühmten Pathos: ›Sehr gut, sehr charmant – aber Ihnen fehlt das Wichtigste: das Leid –, die Liebe‹ – und er hat damals recht gehabt – das weiß ich heute.«[183] Wie schon ihrem Vater dürfte dem gefeierten Schauspieler auch Lotte Tobischs stimmliche Schwäche aufgefallen sein. Er schickte sie deshalb erst einmal zum Sprechunterricht zu seiner Bühnenfreundin Erni Hrubesch. Damit war Lotte in seinen Wirkungskreis eingedrungen und konnte eine ihrer Stärken ausspielen. Sie gab nicht nur das »süße Wiener Mädel«, sondern spielte sich auch als Managerin in das Herz – beziehungsweise den Magen – des bewunderten Lehrers.

> Ich war auch ein bissl der Hofnarr beim Aslan. Ich habe alles besorgt, auch für ihn. Es war doch am Ende

des Krieges und wenn er sich gewünscht hat, er möchte gern Spargel essen, dann habe ich geschaut, wo ich Spargel auftreibe. Ich habe ihn sozusagen angebetet.[184]

Ihre Furchtlosigkeit und ihr Vergnügen am Organisieren kamen ihr in dieser Zeit der Not sehr zugute. Als Aslans Kollegin Erni Hrubesch im Februar 1945 starb und sich der Schauspieler händeringend an seine Schülerin wandte, weil es keinen Sarg mehr für die Verstorbene gebe, hat sie sich darum gekümmert und »auf wundersame Weise auch einen aufgetrieben«.[185] Damit war die Sache allerdings nicht ausgestanden. Denn der tiefkatholische Aslan wollte die Bühnenfreundin auch bestatten und an ihrem Grab beten. Eine ziemliche Herausforderung in einer Zeit, in der es in Wien nahezu täglich Bombenalarm gab und Tote meist in Papiersäcken in Massengräber geworfen wurden. Doch auch diese Aufgabe meisterte Lotte Tobisch und brachte Aslan in einer abenteuerlichen Tour auf den Zentralfriedhof, wo er vor Hrubeschs Grab sein Vaterunser beten konnte.[186]

Eine Weile davor war es zu einem weiteren Eklat mit ihrem Vater gekommen, der wieder einmal unzufrieden mit ihrer »Performance« war. Lottes Mutter überlegte sogar, sie zu ihrem Vater nach Linz zu »überstellen«. Dieses Wort verwendete Karl Tobisch in einem Brief an seine Exfrau. Darin legte er Nora allerdings dar, dass er Lotte unmöglich in seine Wohnung aufnehmen könne, in der es neben einem Schlafraum nur noch einen Arbeitsraum gebe, »in dem täglich bis Mitternacht und darüber hinaus Maschine geschrieben und diktiert wird und wo ... nicht selten dienstliche Besprechungen abgehalten werden«.[187] Bald danach meldete er seine Tochter wieder zum Arbeitsdienst an, da sie die Prüfung bei der Handelskammer nicht, wie gewünscht, abgelegt hatte. Daraufhin musste Lotte Akkordarbeit in einer Blechdosenfabrik in der Heiligenstädter Straße leisten. Sie quittierte diese »Strafversetzung« mit einem Brief an ihren Vater, in dem sie sich dafür »bedankte« und meinte, er habe damit ihrer »sowieso schon verbrauchten Stimme sehr geschadet«.[188] Sie machte ihm unmissverständlich klar, dass sie sich dadurch nicht davon werde abhalten lassen, »etwas Unanfechtbares und Haltbares beim Theater – resp. Film« – zu suchen. Bis sie etwas gefunden habe, bat sie ihn um finanzielle Unterstützung, da sie in der Fabrik – »abzüglich der Steuer und Straßenbahn« – monatlich nur 33 Reichsmark (ca. 195 Euro) verdiene. Ihr Hauptwunsch sei aber, dass er sie zu ihrem kommenden Geburtstag großjährig erklären lasse. »Wenn es Dir nicht recht ist«, so endete der Brief, »bliebe noch etwas übrig: das Kloster!«

Dass Karl Tobisch diese Drohung sehr ernst genommen hat, darf bezweifelt werden. Möglicherweise hat er ihrem Wunsch aber trotzdem entsprochen. Das würde erklären, warum sie die letzten Kriegsmonate allein mit der Hausmeisterin in der Lannerstraße verbracht hat, anstatt mit der Krassl-Familie vor der Roten Armee in den Westen zu fliehen. Im Übrigen ging sie in der Fabrik in »passive Resistenz«. »Allerdings habe ich so viel Ausschuss produziert, dass man mich strafweise zur Firma Bosch an der Spittelauer Lände versetzte.«[189] Als im Winter 1945 die Bombeneinschläge immer näher kamen, beschlossen die Krassls, sich und ihr Vermögen in Sicherheit zu bringen. Zuerst übersiedelte die Familie auf Friedrich Krassls Gut in Ternberg, Nora Tobisch zog dann weiter nach Bayern. Dort wollte sie mit so vielen Wertgegenständen wie möglich die Ankunft der Amerikaner abwarten. Selbstverständlich hätte Lotte mitkommen sollen, doch von ihr kam das übliche Njet. Sie wollte in Wien bleiben – nicht zuletzt, weil sie keine Vorstellung davon hatte, was sie erwartete. Nora Tobisch drohte ihrer Tochter daraufhin, den Geldhahn zuzudrehen, und hoffte, dass sie sich dadurch eines Besseren besinnen würde. Immer noch unterschätzte sie den Widerstandsgeist ihrer Tochter – und ihr Organisationstalent.

Das Jahr 1945 geriet für Lotte Tobisch zum Crashkurs in Sachen Leben. »Der Traum des Theaters wich allzu bald dem politischen Albtraum des ›Totalen Krieges‹, der auch diese Scheinwelt im Schein der Flammen untergehen ließ.«[190] Beim Luftangriff vom 21. Februar fielen mehrere Bomben in unmittelbarer Umgebung des Burgtheaters. Dabei zerbarsten die Fenster der beiden Foyers sowie der Flügeltrakte. Noch mehr Schaden richtete jedoch ein Flugzeugabsturz am selben Tag an. Die herabfallenden Teile des Bombers und die Explosionen der Bordmunition setzten das Burgtheater in Brand. Während der vom Luftschutzleiter des Hauses unter Lebensgefahr aufgenommenen Löscharbeiten explodierte eine noch im Flugzeug lagernde Bombe und richtete den schwersten Schaden an.

Das heftigste Bombardement auf die Innenstadt erlebte Lotte Tobisch live mit Raoul Aslan. Zum Jahrestag des Einmarsches der deutschen Wehrmacht in Österreich am 12. März 1938 flog die US-Luftwaffe mit weit über 700 Flugzeugen den schwersten Fliegerangriff auf Wien. Innerhalb von eineinhalb Stunden wurden zentrale Gebäude der Inneren Stadt getroffen, darunter das Burgtheater, das Parlament, der Ballhausplatz, die Staatsoper, die Albertina und der Philipphof, der einstürzte und Hunderte Menschen unter sich begrub. Lotte Tobisch hatte Aslan an diesem Tag im Burgtheater aufgesucht. Dort dürfte sie dann der »Ruf des Kuckucks«, wie der Fliegeralarm genannt wurde, überrascht haben. Als die Entwarnung kam, so erinnerte sich der Augenzeuge Thomas Chorherr an diesen Tag, »bot sich in der Innenstadt ein Bild der Verwüstung«.[191] Lotte Tobisch ging mit Raoul Aslan den Ring entlang, und sie kamen zur brennenden Oper. Ein Schock. Auch wenn sie damals noch nicht ahnte, dass sie dort dereinst über fünfzehn Jahre lang ein und aus gehen würde.

Ab da ging es relativ rasch. Am 7. April erreichten die von Wiener Neustadt heranrückenden Truppenteile der Roten Armee die westliche Stadtgrenze Wiens und rückten über Gersthof (18. Bezirk) in die Innenstadt vor. Vom Wienerwald und Klosterneuburg her drangen die Russen am 9. April über Nussdorf, Sievering und Grinzing ins Stadtzentrum vor. Den Lärm der rollenden T-34-Panzer wird man auch in der Lannerstraße gehört haben. Wenig später beschlagnahmte der Stadtkommandant von Wien, Generalleutnant Alexej W. Blagodatow, das Haus vis-à-vis der Lederer-Villa. Den Offizier erlebte Lotte Tobisch als netten, feinen Herrn.[192] Danach kam aber auch die russische Soldateska, die sich rächen wollte für die Gräueltaten von SS und Wehrmacht in der Sowjetunion. »Da darf man sich nicht wundern, dass die sich hier auch nicht sehr fein benommen haben. Ich war dann allein in der Villa mit einer alten böhmischen Hausmeisterin. Die hatte den Vorteil, dass sie Tschechisch und sich deshalb auch mit den Russen verständigen konnte.«[193]

Noch waren die Kämpfe, vor allem jenseits der Donau, nicht beendet, als am 12. April im Rathaus erste Gespräche zwischen Russen und Österreichern über die Zukunft des Landes stattfanden.

> Ich weiß, dass der Aslan dann ins Rathaus beordert wurde. Da saß ein Major Levitas, der war Kulturbeauftragter, später kam dann der Matejka (der spätere Kulturstadtrat Viktor Matejka, Anm.) dazu, und da hieß es: Spätestens am 1. Mai hat das Burgtheater aufzusperren. Daraufhin haben der Aslan und der Buschbeck gesagt: Was heißt aufsperren, das ist hin. Es wird sich ein Theater finden: Es hat aufzusperren. Nun war es bei den Russen nicht sehr ratsam zu sagen, das geht nicht.[194]

Inmitten der Feuerhölle des ausbrennenden Krieges eröffnete sich für Lotte Tobisch eine neue Welt. Denn über Raoul Aslan lernte sie auch Erhard Buschbeck kennen, der seit über einem Vierteljahrhundert die graue Eminenz am Burgtheater war. Während im Rathaus konferiert wurde, brach an jenem 12. April im Burgtheater neuerlich ein Brand aus, dessen Ursache ungeklärt blieb. Man musste sich also auf die Suche nach einem Theater machen. Das Theater an der Wien blieb der Staatsoper vorbehalten, das Volkstheater fiel wegen ungeklärter Pachtverhältnisse aus, das Akademietheater kam für eine Festpremiere nicht infrage. Bald verfiel man auf das intakte Etablissement Ronacher am anderen Ende der Inneren Stadt. Nach tagelangen Verhandlungen mit dem Besitzer und etlichen Vorsprachen bei den Behörden konnte Aslan – rechtskundig assistiert von Buschbeck – einen Mietvertrag zustande bringen.

Als Lohn für seine Mühe wurde der Primus inter Pares des Ensembles von ebendiesem am 20. April zum provisorischen Leiter des Burgtheaters gewählt, nachdem der Direktor der Nazi-Ära, Lothar Müthel, zurückgetreten war. Innerhalb von zehn Tagen musste nun ein Stück auf die Bühne gebracht werden. Man entschied sich für Grillparzers *Sappho* in der Regie von Adolf Rott, ein Stück, das bereits seit dem Sommer 1943 im Repertoire stand. Zu überwinden galt es allerdings die technischen Probleme, die das Haus mit sich brachte. »Die Beleuchtungsmöglichkeiten waren primitiv, die Garderoberäume mehr als bescheiden, Probenräume waren nicht vorhanden, die Akustik war an manchen Plätzen des Zuschauerraumes sehr schlecht, und die Ausstattung des Innenraums, der bisher für Varietévorführungen gedient hatte, war für das klassische Drama so gar nicht entsprechend. Nicht einmal das Dach war dicht.«[195]

Eine tragende Rolle konnte Aslan seiner Schülerin Lotte Tobisch nicht anbieten. Aber er schickte ihr eine Nachricht folgenden Inhalts: »Frl. Tobisch wird gebeten, morgen 9 Uhr früh im Ronacher-Gebäude zu erscheinen zur Probe von Sappho.«[196] Sie durfte eines der Mädchen geben, die zu Ehren der antiken Dichterin Blumen streuten und »Hoch, Sappho! Hoch!« deklamierten. Damit hatte sie einen Fuß in der Tür des ausgelagerten Burgtheaters. Bevor die Aufführung über die Bühne ging, ereignete sich noch ein Zwischenfall: Vor dem Bühneneingang zum Ronacher lag ein erschossener Mann. Der Portier berichtete von einer Schießerei. Da ein Russe geschossen hatte, wagte es niemand, auch die Polizei nicht, etwas zu unternehmen. Andererseits konnte man auch nicht einfach über den Toten drübersteigen.

> Sämtliche Männer haben sich dann beraten: »Man könnte, man sollte …« Irgendwann kam der Moment, wo man beschloss, man muss den wegbefördern. (…) Ich

bin dann hinunter und habe ihn hinters Theater gezogen. Es hat Monate gedauert, bis ich das verarbeitet hatte. Ich bin aber so erzogen worden, dass man sich nicht alles anmerken lässt. (...) Die Männer machen das immer. Stundenlang beraten.[197]

Die Szene beschreibt gut Lotte Tobischs beherzte Art bei der Problembewältigung. Bald danach ertönte im Radio erstmals seit dem 6. April wieder das bekannte Pausenzeichen der RAVAG (Radio-Verkehrs-AG). Am 27. April verkündete der Sender *Radio Wien* die Unabhängigkeitserklärung Österreichs: »Die demokratische Republik Österreichs ist wiederhergestellt und im Geiste der Verfassung von 1920 einzurichten.« Für die einen Monat davor 19 Jahre alt gewordene Lotte Tobisch ein Freudentag: »Was mich zum Weinen gebracht beziehungsweise gerührt hat, das war im Jahr 45. (...) Irgendwo kam im Radio eine Stimme: Hallo, hallo, hier ist Radio Wien, Österreich. Da hab' ich gedacht, der Krieg ist aus: Österreich gibt's wieder.«[198]

Ganz war es leider nicht vorbei. In den noch nicht befreiten Gebieten Österreichs kam es noch zu etlichen Erschießungen seitens nationalsozialistischer Fanatiker. Im Roten Salon des Wiener Rathauses versammelte sich jedoch am Sonntag, dem 29. April, die Provisorische Stadtverwaltung. Bürgermeister Theodor Körner und Bundeskanzler Karl Renner dankten dem sowjetischen Stadtkommandeur. Am Tag danach sollte mit der Wiederaufnahme des Burgtheater-Spielbetriebs im Ausweichquartier Ronacher das Wiedererstehen Österreichs gefeiert werden. »Die Protagonistin Maria Eis befand sich in Wien, Aslans Lebenspartner Tonio Riedl studierte in wenigen Tagen den Phaon ein, Julia Janssen übernahm die Melitta. Als Dekoration diente eine mit schwarzen Samtvorhängen ausgeschlagene Stilbühne.«[199] Die Vorstellung war für 17.30 Uhr angesetzt, weil nach 20 Uhr Ausgangssperre galt.

Da saßen nun jede Menge hochdekorierter Militärs in den vordersten Reihen des Zuschauerraums, als Raoul Aslan vor den Vorhang trat und eine Ansprache hielt:

> Das Burgtheater ist eine Idee, und sie ist verkörpert in seinen Künstlern, in seinen Arbeitern und nicht zuletzt in seinem Publikum. Damit diese Idee jedoch lebendig bleibe, muss sie wirken und Zeugenschaft ablegen. Deshalb war es unsere brennende Sorge, möglichst bald mit den Vorstellungen wieder zu beginnen.[200]

In Anbetracht der vielen mit Orden behängten Militärs hatte niemand danach gefragt, ob auch der »Befreier Wiens«, Marschall Fjodor Iwanowitsch Tolbuchin, schon anwesend war. Er hatte sich verspätet und traf erst ein, als die Vorstellung schon zehn Minuten lief. Sie musste bei seinem Eintreffen sofort abgebrochen und die ganze Prozedur von Neuem begonnen werden. Wie Tolbuchin Aslans Rede aufnahm, erfuhr man nicht. Beeindruckt davon war jedoch Lotte Tobisch. Aslans Worte, dass das Burgtheater »ein Theater der schauspielerischen Persönlichkeiten« sei, durch »Kunstwillen zusammengeschlossen zu einem festen Ensemble«, hat sie als Auftrag verstanden und in die Zeit mitgenommen, in der sie im Betriebsrat des Burgtheaters saß. Von da her auch ihre spätere Gegnerschaft zu Claus Peymann, der sich als Zertrümmerer ebenjener Tradition gerierte, die Aslan beschworen hatte.

Mental und emotional war das Kriegsende für Lotte Tobisch somit eine der auf- und anregendsten Zeiten ihres Lebens. Trotz der folgenden Notzeit bereute sie nie, in Wien geblieben zu sein.

> Da wurde ich eigentlich mit dem Leben, wie es wirklich ist, konfrontiert. In dem Jahr habe ich das Leben kennengelernt, wie es ist. Ich bin sehr froh, dass ich diese Zeit erlebt habe. Sie hat mein Leben geprägt, sie hat mir überhaupt erst gezeigt, was es heißt zu leben, auch wie dankbar man zu sein hat für das, was man bekommt, und dass letztlich alles, was man bekommt, nicht verdient, sondern geschenkt ist.[201]

Körperlich erfuhr sie in diesen Monaten erstmals, was es heißt zu darben. Zwar hatten die Sowjets der Wiener Bevölkerung eine »Maispende« angekündigt: 800 Tonnen Mehl, 7000 Tonnen Getreide, 1000 Tonnen Bohnen und ebenso viel Erbsen sowie weitere Lebensmittel sollten verteilt werden.[202] Bei Lotte Tobisch kamen aber nur die Erbsen an. Die hat sie dann abends ins Wasser gelegt. »In der Früh konnte man dann die oben schwimmenden toten Würmer abschöpfen. Danach wurden diese Erbsen viele Stunden in frischem Wasser gekocht, bis sie ganz weich waren. Dann hat man sie ein bisschen gesalzen, und wenn man irgendwo im ›Schleich‹ (Schleichhandel, Anm.) eine Spur von Fett bekommen hat, hat man das dazugegeben. Ich kann Ihnen sagen, wenn man Hunger hat: eine glänzende Erbensuppe«, erzählte sie im Interview für Hugo Portischs Dokumentation *Österreich II*. Zugute kam ihr, wie sie immer wieder betonte, dass sie nach dem Motto erzogen worden war: Was auf den Tisch kommt, wird gegessen. Es war die Art von Bescheidenheit, die sie zeitlebens lieber zum Heurigen als in Gourmettempel gehen ließ.

Kurz nach dem Eröffnungsabend erkrankte Margarethe Dux, die in der Wiederaufnahme einer Produktion von 1941 die Thecla in Nestroys *Mädl aus der Vorstadt* hätte spielen sollen. Man fragte Lotte Tobisch, ob sie übernehmen könne, und so sprang sie spontan ein und rettete die Vorstellung vom 5. Mai. Der Einsatz lohnte sich: Danach bot Aslan dem »Mädl aus der Vorstadt« einen Vertrag an.

Alles Theater

Innerhalb weniger Wochen war Lotte Tobisch von einer Schauspielschülerin zum Ensemblemitglied des ehrenwürdigen Burgtheaters aufgestiegen. Eine steile Karriere inmitten der Kriegswirren. Sie dockte damit an eine Kulturgeschichte an, die von zwei Männern repräsentiert wurde, die fast gleichzeitig an das Haus am Ring gekommen waren: Erhard

Buschbeck und Raoul Aslan. In den letzten Kriegsmonaten des Ersten Weltkriegs hatte Hermann Bahr bereits nach zwei Monaten als Direktor hingeschmissen. Geblieben war Erhard Buschbeck, den Bahr als Assistenten an die Burg geholt hatte. Zu dieser Zeit spielte Aslan am Deutschen Volkstheater in Wien. Er war dort aber nicht sonderlich glücklich, weil kaum die großen Klassiker auf dem Programm standen. Darüber beklagte er sich gelegentlich bei Hermann Bahr. Der unterrichtete seinen Nachfolger Albert Heine davon. Heine sah in der Zeit unmittelbar nach dem Krieg aber keine Chance für Neuaufnahmen. Doch dann brachte ihn die Absage eines ersten Mitglieds in Verlegenheit. Und so entschloss sich der neue Direktor kurzerhand, Raoul Aslan ab 1. September 1920 ans Burgtheater zu verpflichten.

Aslan und Buschbeck kamen aus der Tradition des k. k. Hofburgtheaters. Die beiden hatten noch Josef Kainz als Mortimer erlebt, Hedwig Bleibtreu als Jungfrau von Orleans oder Adolf von Sonnenthal, bei dem Aslan einst vorgesprochen hatte, als Philipp II. Auch wenn die junge Schauspielerin Lotte Tobisch diese Welt selbst nicht erlebt hatte, so war sie doch in der Atmosphäre der bürgerlichen Kultur des 19. Jahrhunderts aufgewachsen. Dieses Flair beschwor Erhard Buschbeck in seinem Band *Raoul Aslan und das Burgtheater*, nicht zuletzt, um die Nazi-Ära vergessen zu lassen.

> Grazie des Geistes und des Herzens, Vornehmheit der Lebenshaltung, sowohl in Erscheinung wie Ausdruck, und das beziehungsreiche Spiel eines erhöhten Daseins ... schenkten den entzückten Zuschauern eine Ahnung von Würde und Schönheit einer besseren Welt.[203]

Bei allen Unterschieden hatten Nora und Karl Tobisch eines gemeinsam: Die Kunst diente ihnen dazu, das Leben zu bereichern und zu verschönern. Damit seine Existenz zu bestreiten, war nicht vorgesehen, weshalb Lottes Vater, trotz seiner sängerischen Ambitionen, einen »ordentlichen Beruf« erlernt hatte. Die Welt der Väter war nach den Verheerungen des Zweiten Weltkriegs endgültig zu Ende gegangen, es brach die Welt der Töchter an. Lotte Tobisch sah nicht ein, wieso sie von der Kunst nicht leben können sollte. Andererseits übte die Fin-de-Siècle-Kultur, die ihre Mutter geprägt hatte, eine Faszination auf sie aus. Entsprechend berauscht war sie von den beiden Männern, die diese Welt als eine »bessere Welt« repräsentierten. Als 1946 Buschbecks Buch über Aslan als Signum eines rückwärtsgewandten Neubeginns erschien, konnte Lotte Tobisch darin die Ideale finden, die ihrem Kunstverständnis entsprachen. Zugleich durfte sie darauf hoffen, mit dem künstlerischen Beruf ihre Selbstständigkeit zu erlangen.

Tatsächlich war der Alltag auf den Brettern, die vor allem den Tragöden und Komödianten die Welt bedeuten, den hehren Ansprüchen Buschbecks noch nie gerecht geworden. Nach über einem Vierteljahrhundert am Burgtheater wusste das kaum einer besser als er. Buschbeck ging es in seinem Buch aber nicht um die Schilderung des Bühnenalltags, sondern um ein Ideal, nach dem man zu streben hatte. Mit der Praxis hatte das wenig zu tun. Immer schon fanden sich im Repertoire des Burgtheaters zu einem nicht unbeträchtlichen Teil Boulevardstücke, die der bloßen Unterhaltung, der Ablenkung des Bürgers vom Erwerbsleben dienten. Zu einem besseren Menschen machte ihn das kaum. Vom Ideal des Theaters als einer »moralischen Anstalt« blieb da nicht viel übrig. Es gilt, was der spätere Burgtheater-Direktor Gerhard Klingenberg in seinem Buch über das Haus am Ring notiert hat: »Politische Einflüsse auf das Theaterleben sind unvermeidlich, Einflüsse des Theaters auf die Politik sind Illusion.«[204]

Das Jahr 1945 brachte Österreichs Staatsbühne in eine besondere Lage. Der Holocaust bedeutete einen Zivilisationsbruch, an dem auch das Theater nicht vorübergehen konnte. Ganz abgesehen davon, dass es in den KZ oder durch Vertreibung auch einen Teil seines Publikums verloren hatte, unter anderem das Ehepaar Gustav und Nora Lederer. Doch davon wollten nach dem Krieg weder die Akteure auf der Bühne noch das Publikum im Zuschauerraum etwas wissen. Sie einte, wie Klingenberg analysierte, »das überwältigende Glücksgefühl, den Krieg lebend überstanden zu haben. Daher gab es auch am Burgtheater, wie fast überall, keinerlei Gespräche oder Diskussionen – oder Gedanken – zur ›Vergangenheitsbewältigung‹«.[205] Angesichts der fremden Soldaten im Land fühlten sich selbst Gegner des Nationalsozialismus nicht »befreit«, sondern »besetzt« – und trachteten eher danach, die Besatzer loszuwerden als die Schuld.

Wie gingen nun Erhard Buschbeck und Raoul Aslan mit dieser Situation um? Sie hatten schließlich einige NS-Parteigenossen wie zum Beispiel Richard Eybner, Fred Hennings oder Direktor Lothar Müthel in ihren Reihen. Der durch Elfriede Jelineks Stück *Burgtheater* wohl prominenteste Fall war Paula Wessely, die sich bei der Volksabstimmung 1938 öffentlich zum Deutschen Reich bekannt, 1941 in dem Propagandafilm *Heimkehr* die Hauptrolle gespielt und sich wie Richard Eybner auf der von Goebbels erstellten »Gottbegnadeten-Liste« Hitlers wiedergefunden hatte. Von diesem Fall waren Buschbeck und der offen antinazistische Katholik Aslan insofern nicht betroffen, als Wessely in der Zeit ihrer NS-Nähe noch kein Mitglied des Burgtheaters war. Das wurde sie erst 1953.

Wenn auch der Titel von Jelineks *Posse mit Gesang* über Paula Wessely deshalb unzutreffend gewählt ist, die mangelnde »Entnazifizierung« am Burgtheater ist durchaus ein Faktum. Denn zu den Ensemblemitgliedern, die sich mit dem NS-Regime eingelassen hatten, gab es seitens der Intendanz keine Berührungsängste. Auch von Lotte Tobisch nicht. Schließlich kannte man die Menschen und traute ihnen höchstens eine Verirrung zu.

> Die Nazis – meistens Mitläufer, die niemandem etwas Böses angetan haben – meinen daher, sie bräuchten kein schlechtes Gewissen zu haben, und je nach ihrem Charakter bekennen sie sich entweder zu ihrem »Irrtum« oder aber sie wollen nie etwas vom Nationalsozialismus gehört haben.[206]

Diese Einstellung herrschte aber nicht nur am Burgtheater vor, wie Klingenberg ausführt, sie zog sich durch die gesamte Bevölkerung. Warum sollte also eine 19-jährige Schauspielerin, die ihren Platz sowohl im Ensemble als auch in der Gesellschaft erst finden musste, trotz ihres Antinazismus zu Kollegen auf Distanz gehen? Das tat Lotte Tobisch nach dem Krieg auch nicht. Erst in den Sechzigerjahren, als sich die 68er-Bewegung formierte und sie sich mit linken Intellektuellen anfreundete, erwachte ihr politisches Bewusstsein. Nach der Uraufführung von Jelinkes Stück *Burgtheater* im November 1985 in Bonn hat sie sich unter anderem mit Achim Benning darüber ausgetauscht. Nachdem Elfriede Jelinek der Literaturnobelpreis zuerkannt worden war (2004), las sie sogar deren Roman *Lust*, attestierte der Autorin »große Wortgewalt«, war aber entsetzt über den »destruktiven Hass«[207], der aus dem Buch sprach.

Die Besatzungszeit dagegen schweißte – insbesondere in der sowjetischen Zone – auch Bevölkerungsgruppen verschiedener politischer Anschauungen zusammen. So freundete sich Lotte Tobisch etwa mit dem schon lange vor Kriegsende vom Nationalsozialismus ernüchterten Fred Hennings an. Den für sie als Theatermann über alle Zweifel erhabenen Lothar Müthel besuchte sie noch 1963, als sie anlässlich des sechzigsten Geburtstags von Theodor W. Adorno nach Deutschland reiste.[208] Ihr war zu Ohren gekommen, dass Müthel an Multipler Sklerose litt, und sie fühlte sich durch ein besonderes Ereignis mit ihm verbunden: War es doch Müthel, der bei der ersten Neuinszenierung des Burgtheaters nach dem Krieg Regie geführt hatte: Bei dieser Aufführung war Lotte Tobisch Teil der *Tischgesellschaft* in Hofmannsthals *Jedermann*. Bei der Premiere am 13. Juni 1945 gab Raoul Aslan den Jedermann, Oskar Werner sah man in der Rolle des Spielansagers. Solcherart beschworen Aslan und Buschbeck also Kontinuität – so als hätte es die sieben Jahre »Ostmark« nicht gegeben. Diese Linie scheint den Nerv des Publikums getroffen zu haben: Die Inszenierung brachte es auf 130 Aufführungen.

Gerhard Klingenberg hat den Spielplan der drei Jahre Direktion Aslan analysiert: Von den fünfzig Dramen der klassischen Literatur waren nur 16 das erste Mal am Burgtheater zu sehen, an zeitgenössischen anspruchsvollen Stücken wurden Anouilh, Bahr, Bruckner, Claudel, Ibsen, Schnitzler, Scribe, Shaw, Wedekind und andere gespielt. Auf die meisten Vorstellungen brachten es übrigens die 15 Boulevardkomödien im Repertoire. Interessant ist aber, welche Autoren es nicht ins Ronacher schafften: kein einziger Russe, kein Gogol, kein Gorki, kein Tschechow. »Von den Exilautoren«, so ergänzt Hilde Haider-Pregler[209], »standen Franz Theodor Csokor, Ferdinand Bruckner, Carl Zuckmayer und vor allem Fritz Hochwälder auf dem Spielplan. Vor Bertolt Brecht und Ödön von Horváth schreckte man jedoch bis zum Beginn der Sechszigerjahre zurück.« Klingenberg zieht folgenden Schluss:

> Das Burgtheater ist ein Theater mit einer Gesinnung geworden! Das ist viel! Viele werden damit zufrieden sein, und man kann, wenn man will, auch ja dazu sagen. Aber es ist eine *rückwärtsgewandte* Gesinnung.[210]

Fritz Hochwälder und Erhard Buschbeck wurden in dieser Zeit enge Freunde. Auch Carl Zuckmayer gehörte dann zum Freundeskreis des Burgtheater-Dramaturgen und seiner Lebensgefährtin Lotte Tobisch. Auch das ein Zeichen von Kontinuität: Man pflegte »seine« Autoren (aus der Zeit vor der NS-Diktatur) wie auch »seine« Schauspieler. In seinem Aslan-Band sah Buschbeck den Vorzug des Burgtheaters darin, »dass sich auf ihm die charakteristischen Eigenarten eines Schauspielers stets zur vollen Ausbildung seiner Persönlichkeit entwickeln konnten«.[211] Es war eben ein Star-Theater und keine Experimentierbühne. Klingenberg fasste diese Art der Traditionspflege folgendermaßen zusammen: »Der Spielplan ist auf Renaissance ... ausgerichtet und nicht auf den Beginn einer neuen Epoche!«[212]

Einen ersten Schritt in Richtung der Entfaltung ihrer Bühnenpräsenz konnte Lotte Tobisch im Herbst 1945 machen. Wenn die Staatsoper den Aufführungsort nicht benötigte, spielte man nun zeitweise auch im Redoutensaal in der Hofburg. Dort hatte dann am 30. September Eugène Scribes Lustspiel *Ein Glas Wasser* in der Regie Oscar Fritz Schuhs Premiere. Rosa Albach-Retty gab die Herzogin von Marlborough, Raoul Aslan den Viscount von Bolingbroke. Als Königin Anna konnte Lotte Tobisch ihre Stärken ausspielen. Es scheint kein Zufall zu sein, dass man ihr als erste Hauptrolle eine Monarchin zutraute, war ihr das Aristokratische doch auf den Leib geschrieben. Im *Neuen Österreich* war dann zu lesen:

> Die glückliche Hand, mit der Direktor Aslan in letzter Zeit so manches junge, spezifisch österreichisch anmutende Bühnentalent ausfindig machte ..., blieb ihm auch bei dieser Neuentdeckung treu. Mit Schönheit, Grazie und Haltung, mit jener Sicherheit des Auftretens, die bei Anfängerinnen so selten ist, weiß Lotte Tobisch das Schicksal einer Frau nachzuempfinden, die ihr eigenes Gefühl der Staatsraison unterordnen muss, und sich als echte, vielversprechende Theaterbegabung der vorbildlichen Burgtheateratmosphäre ... einzufügen.[213]

Man kann sagen: Sie hatte es geschafft! Schönheit, Grazie und Haltung: Diese drei Eigenschaften verkörperte die junge Schauspielerin nicht nur auf der Bühne, sondern auch im Leben. Insofern war diese Rolle ein Symbol für den weiteren Verlauf ihrer Karriere. Der Bühnenklassiker lief so erfolgreich, dass man 1947 damit auf Tournee nach Bregenz und in die Schweiz ging.

Die Spielplangestaltung war für Lotte Tobisch insofern von Belang, als es um die Frage nach Rollen für sie ging. Die Frauenrollen in zeitgenössischen Stücken traute man ihr nicht so recht zu. Dramen mit Regentinnen wiederum waren rar, hatte es davon in der Geschichte doch bei Weitem nicht so viele gegeben wie Kaiser und Könige. Lotte Tobisch kam deshalb mehr in unbedeutenden Gesellschaftskomödien zum Einsatz, etwa in Klara Biharys *Die andere Mutter* oder in Frederick Lonsdales *Einmal ist genug*. Ausgelastet war sie damit nicht. Trotz oder vielleicht gerade wegen der vier Besatzungszonen »hat das Burgtheater sehr bald Einladungen erhalten, sich auch in den Bundesländern als willkommenes österreichisches Nationaltheater zu präsentieren«, notierte Heinrich Kraus in seinen Erinnerungen.[214] Er sollte im Auftrag von Aslan und Buschbeck diese Gastspiele organisieren. Einer dieser zum Teil abenteuerlichen Bundesländer-Auftritte führte im Sommer 1947 ans Volkstheater in Linz-Urfahr. Mitgebracht hatte man Louis Verneuils Schwank *Meine Cousine aus Warschau* in der Regie von Heinrich Kraus. Die Hauptrolle der Cousine durfte dabei Lotte Tobisch spielen. Mit der Theaterkritik konnte sie zufrieden sein:

> Lotte Tobisch rückte die Cousine durch ihr reizend natürliches, weiblich-verführerisches und zugleich burschikoses Temperament in den Mittelpunkt des Spiels. Reizend, wie sie verführerisch, gutmütig und unbekümmert dreist zugleich sein konnte.[215]

Ein Durchbruch konnte ihr mit solchen Rollen allerdings nicht gelingen. Den hatte sie eher auf privatem Gebiet. Im Sommer 1947 war die Liebesbeziehung zwischen ihr und dem 37 Jahre älteren Burgtheater-Dramaturgen Erhard Buschbeck weit gediehen. In gewisser Weise, so reflektierte sie später, war sie nach drei verlorenen Vätern auf Vatersuche gewesen.

Väterwechsel

Vielleicht saß auch Karl Tobisch im Sommer 1947 auf einem Sitzplatz im Urfahrer Volkstheater und war stolz auf seine Tochter. Nachdem in den letzten Kriegsmonaten die Verbindung der beiden abgebrochen war, hatte er im Juni 1945 wieder Kontakt gesucht. Einem amerikanischen Offizier, der nach Wien beordert worden war, gab er einen Brief an Lotte mit. Darin berichtete er ihr, dass beim letzten Fliegerangriff auf Linz am 25. April sein Wohnhaus nur knapp von einer Bombe verfehlt worden war. Edda und er waren daraufhin aufs Land gezogen und hatten dort das Kriegsende abgewartet. Danach hoffte er, in der neuen Landesregierung tätig bleiben zu können. Von ihrem Burgtheater-Engagement wusste er noch nichts.

> Hoffentlich kommt bald der Tag, an dem ich Dich wiedersehen kann. Es geht mir furchtbar nahe, dass Du so plötzlich geradezu vor die Sorge um das tägliche Brot gestellt wurdest, ohne dass eine Unterstützung möglich wäre. Ich lege Dir etwas Geld bei.[216]

Für den Fall, dass die Verhältnisse in Wien unerträglich werden würden, so schloss Karl Tobisch den Brief, solle sie nach Linz kommen. Auch würde er, sobald er Nachricht von ihr erhielte, ihre Mutter verständigen. Damit hatte sich das Verhältnis von Vater und Tochter einigermaßen entspannt.

Nora Tobisch war, wie erwähnt, zu Beginn des Jahres 1945 erst einmal auf das Gut ihres Vaters in Ternberg geflohen. Es scheint, als hätte die Familie dort den Kauf eines Hauses in Kirchberg bei Kitzbühel erwogen. Das Kriegsende verbrachte sie in Bayern, von wo aus sie versuchte, telefonisch Kontakt mit ihrer Tochter aufzunehmen. Heinz Sichrovsky erzählte Lotte Tobisch: »Als ich nach dem Krieg noch kurz allein in der Villa war und die Telefonrechnung gekommen ist, war ich völlig verblüfft, dass man fürs Telefonieren bezahlen muss.«[217] Die Monate rund um das Kriegsende waren auch für Nora Tobisch eine prägende Schule des Lebens. In den folgenden Jahren kam für sie noch eine Art Kulturschock hinzu. Der Kontaktversuch Gustav Lederers mit ihr via Lieutenant Rothblum (siehe Kapitel 3) hatte Erfolg. 1946 schaffte es Gustav Lederer, zurück nach Europa zu kommen und Nora wieder in die Arme zu schließen. Seine Besitzungen zurückzubekommen, war aber aussichtslos. Deshalb wurde in Nitra zwar wieder geheiratet, aber bleiben konnte und wollte das neue alte Ehepaar weder in der sowjetisch besetzten Tschechoslowakei noch im Vierzonen-Österreich. Das bedeutete, dass Nora – nur wieder Lederer – mit ihrem Mann in die USA gehen musste.

Aus den Briefen, die Lotte Tobisch aus San Juan auf Puerto Rico von ihrer Mutter erhielt, wird deutlich, wie schwer sie sich damit tat.

> Amerika ist die bitterste Medizin, die ich je einnehmen musste. Täglich sag ich mir vor, dass sie gesund für mich ist. (...) Wir beide sind Geschöpfe für die Jahrhundertwende u. 50 Jahre zu spät auf die Welt gekommen.[218]

Mit Eiscreme versuchte sie sich über die Kulturlosigkeit auf der Karibikinsel hinwegzutrösten. Ihr »Gustl«, so berichtete sie ihrer Tochter, musste mit siebzig noch einmal als Angestellter in einer Kokosnussfabrik arbeiten. Doch er vertrug das Klima nicht und erlitt zwei Herzinfarkte. Im Herbst flog das Paar deshalb nach New York, wo Gustav Lederer sich behandeln ließ. Die Ärzte rieten ihm dringend, sich in einer anderen Klimazone niederzulassen. Nora Lederer dürfte das nicht ungelegen gekommen sein, war ihr im Urlaubsparadies doch sterbenslangweilig. So entschloss man sich zuletzt zur Rückkehr nach Europa.

Kurz vor ihrem 22. Geburtstag hatte auch Lotte Tobisch wieder einmal gesundheitliche Probleme. Ihre Mutter hoffte, dass »ihr harter Husten ein bisserl geschmolzen und die raue Kehle gesprengt« worden sei.[219] Wie sie erst später erfuhr, litt ihre Tochter an Bronchialasthma. Klar ist, dass sie neben ihrem ständig Virginia-Zigarillos rauchenden Lebensgefährten selbst zu viel rauchte. Da sie als Schauspielerin jedoch auf ihre Stimme angewiesen war, konnte sie sich auch nicht auskurieren, was letztlich zu einer Lungenentzündung führte. Noch aus San Juan forderte ihre Mutter sie deshalb auf, sich in der frischen Alpenluft in Mariazell zu erholen.[220] Offenbar wussten die Eltern damals über ihre Verbindung mit Erhard Buschbeck noch nicht Bescheid, obwohl das Paar bereits in der Wohnung am Opernring zusammenlebte.

Die Beziehung hatte sich langsam entwickelt. Die beiden kannten einander zwar seit den letzten Kriegstagen, hatten anfangs aber nur beruflich miteinander zu tun. »Es war keineswegs Liebe auf den ersten Blick«, erzählte Lotte Tobisch ihrem Biografen Meysels. »Sie entwickelte sich aus einer anfänglich rein beruflichen Beziehung und meinem Interesse an Literatur.«[221] So verabredete man sich erst einmal zu gemeinsamen Spaziergängen im Wienerwald, bei denen er – wie man sich vorstellen darf – viel von den alten Zeiten, von Bahr und Trakl erzählte, und sie aufmerksam zuhörte. Dabei holte Lotte Tobisch, wie sie öfter zu Protokoll gab, jene humanistische Bildung nach, die sie – mit Ausnahme von Marquartstein – in den Schulen so sehr vermisst hatte. Er war ein Fundus an Geschichten *Aus Burg und Oper* (wie die legendäre Radiosendung Heinz Fischer-Karwins ab 1955 hieß). Außerdem strahlte der große, schwere Mann eine väterliche Ruhe aus, die sie bei ihrem stets von Emotionen getriebenen richtigen Vater vermisst hatte. »Erhard Buschbeck hat Ordnung in mein Wesen gebracht. Ich war eine so desolate Person.«[222] Im eiskalten Nachkriegswinter 1945/46 kamen sie sich deshalb allmählich näher. Und darauf folgte das Frühlingserwachen.

Für Erhard Buschbeck war es nicht sein erster Frühling. Er und seine Frau Yvonne (geborene Mercier) hatten sich bereits auseinandergelebt. Geheiratet hatten die beiden 1925, danach waren die Söhne Gandolf und Peter auf die Welt gekommen. Nun entschied er sich, aus der ehelichen Wohnung aus- und zu einem Schulfreund zu ziehen, der am Opernring 8 in einer Garçonnière wohnte. Diese »Umbrüche« sind am Burgtheater natürlich nicht unbemerkt geblieben. Klatsch und Tratsch spielen am Theater nicht nur in Boulevardstücken eine bedeutende Rolle. Die »Affäre« im Haus konnte nicht lange geheim bleiben. Dem Gemauschel und Getuschel konnte und wollte Lotte Tobisch nicht lange zuhören: »Die bösartigen ›Das Baronesserl hat sich den Alten aus Karrieregründen gekrallt‹-Lästermäuler brachte ich zum Schweigen, indem ich meinen Burg-Vertrag sofort kündigte«[223], gab sie ihre Stimmungslage wieder. Beruflich musste sie sich also nach knapp drei Jahren an der Burg beruflich neu orientieren. Privat dagegen fühlte sie sich erstmals in ihrem Leben angekommen.

Als Marta S. Halpert sie später einmal fragte, wie es um die Solidarität unter Künstlern an der Burg bestellt sei, antwortete Lotte Tobisch: »Menschen und ihren Charakter lernt man nicht kennen, wenn es ihnen schlecht geht, da sind wir alle nett. Wenn es ihnen gut geht, lernt man sie wirklich kennen.«[224] So gesehen, ging es den Burg-Stars bald schon wieder recht gut. 1946 hatte sich eine vierköpfige Delegation des Ensembles zu Unterrichtsminister Felix Hurdes aufgemacht, um jenen Mann anzupatzen, den es ein gutes Jahr davor zu seinem Direktor gewählt hatte. »Unmerklich, ganz langsam«, so Gerhard Klingenkling, hatte sich wieder etwas eingeschlichen, was er »das intrigante Klima um den Burgtheaterdirektor« nannte.[225] Buschbeck hatte diese Atmosphäre von Beginn seiner Burgtheater-Karriere an miterlebt und wollte deshalb nie Direktor werden. Nun klagte die Ensemblevertretung im Ministerium über Aslans Vergesslichkeit und dass sie ein Problem für das Haus darstelle.

Tatsache war, dass Aslan überarbeitet und gesundheitlich angeschlagen war. Er führte die Direktionsgeschäfte und zugleich spielte er Abend für Abend, so die Burgtheater-Chronik.[226] Buschbeck versuchte, ihn tatkräftig zu unterstützen, doch er ahnte wohl, dass er sich à la longue nach einem neuen Chef umschauen musste. Der Wunschkandidat des Ensembles, Ernst Lothar, kam deshalb nicht infrage, weil er als amerikanischer Offizier aus der Emigration zurückgekehrt war und als solcher von den Sowjets nie akzeptiert worden wäre. Der Kalte Krieg warf seine Schatten voraus.

Seine Frustration über die Kolleginnen und Kollegen brachte Aslan im Sommer 1947 in einem Brief an Erhard Buschbeck zum Ausdruck, der sich in Lotte Tobischs Nachlass erhalten hat. Nach einer Ensembleversammlung schrieb er seinem Adlatus verbittert, er frage sich, warum gerade Schauspieler (mit wenigen Ausnahmen) »so unberührt vom Geiste der Gerechtigkeit, der Wahrheit und der Weisheit« blieben:

> Warum, mein Gott, sind große Schauspieler so ungeduldig, so undemütig, so geistig behäbig, so doppelzüngig, so selbstgefällig, so überheblich, so vorwitzig? Hat das einen Zusammenhang mit dem Metier selbst? Ist das eine Tragik, die der Beruf mit sich bringt?[227]

Inzwischen war Raoul Aslan gesundheitlich so angeschlagen und des Intrigenspiels so müde, dass er bald darauf sein Rücktrittgesuch einreichte. Das wurde, wie zu erwarten, auch angenommen. Seine Amtszeit endete am 7. März 1948. Es war aber nicht einfach, sämtliche Interessen auf einen neuen Namen zu vereinen. Seit 1. September 1946 leitete der Theater-Maniac Egon Hilbert die Bundestheaterverwaltung. Der tendierte zum Ärger so mancher Direktoren dazu, am liebsten alles selbst zu machen. Das sollte viele Jahre später im Zusammenhang mit der Oper zu einem typisch österreichischen Theaterskandal führen. Über den noch zu berichten sein wird, da Lotte Tobisch daran nicht ganz unbeteiligt war.

Der anerkannte Regisseur am Burgtheater und ehemalige Lehrer am Reinhardt-Seminar, Adolf Rott, hatte als neuen Direktor den Namen Gielen ins Spiel gebracht. Josef Gielen war vor dem Krieg bereits erfolgreich am Burgtheater als Regisseur tätig gewesen, wegen seiner jüdischen Frau nach dem »Anschluss« aber vorsichtshalber nach Argentinien emigriert. In Buenos Aires arbeitete er dann am Opernhaus Teatro Colón. Als Remigrant war er ein Kompromisskandidat, mit dem alle leben konnten. Doch Gielen war vertraglich gebunden und konnte deshalb nicht sofort nach Europa zurückkehren. Was lag näher, als dass der »heimliche Burgherr« Buschbeck interimistisch übernahm.

Als Gielen dann am 16. Oktober 1948 sein Amt antrat, konnte er sich »zunächst kein wirkliches Bild von dem machen, was ich vorfinden würde«.[228] Er knüpfte deshalb an die Zeit vor dem Faschismus an, was zu stilistisch heterogenen Inszenierungen führte. Die erregten bald wieder Unmut. Lotte Tobisch war davon nur mehr indirekt betroffen, da sie ihren Vertrag gekündigt hatte. Sie stand nun nicht mehr auf der

Bühne des Ronacher, sondern saß nur noch des Öfteren in der Kantine, unterhielt sich mit Kolleginnen und Kollegen – und wartete auf Erhard Buschbeck. Wie prägend die folgenden zwölf Jahre mit Erhard Buschbeck für sie waren, kann man ihrem Essay zur Gedenkausstellung über Erhard Buschbecks Zeit im Burgtheater aus Anlass der neunzigsten Wiederkehr seines Geburtstags entnehmen.[229]

> Ein kritischer Verstand, vereint mit dem empfindsamen Herzen eines zutiefst künstlerischen Menschen, prädestinierten ihn schon früh dazu, dem Labilen eine Stütze zu bieten und ein idealer Gefährte zu sein.[230]

Wegen dieser Beziehung zu einem verheirateten, um 37 Jahre älteren Mann sollte es sowohl mit ihrer Mutter (und deren Familie) als auch mit ihrem Vater zu heftigen Auseinandersetzungen kommen. Während Nora Lederer sich vor allem daran stieß, dass sie in »wilder Ehe« lebte, sah ihr Vater die Verbindung zu einem Manne »von zweifellos reicherer Lebenserfahrung als ihr eigener Vater« als problematisch an.[231] Während Buschbecks Amtszeit als Burgtheater-Direktor, also von März bis Oktober 1948, wussten die Eltern aber noch nicht, dass für ihre Tochter eine Liebesgeschichte begonnen hatte, die Fred Hennings nur mit jener von *Romeo und Julia* vergleichbar hielt.[232]

5. Kapitel

Die Ära Buschbeck

Mitten im Atlantik, auf dem Schiff RMS Queen Elizabeth, schrieb Nora Lederer im Frühjahr 1949 ihrer Tochter, dass Gustl und sie sich trotz stürmischer See gut fühlten und voraussichtlich in 14 Tagen in Wien sein würden.[233] Noch bevor die beiden in die USA gereist waren, hatte Nora die Lederer-Villa vermietet und ihrer Tochter eine kleine Wohnung in der Operngasse besorgt. Von dort musste Lotte Tobisch aber bald wieder ausziehen, weil das Haus von den Russen beschlagnahmt wurde. Das Wohnungsamt teilte ihr daraufhin ein Quartier am Schubertring zu. Das musste sie allerdings mit einem Ehepaar teilen, so wie Erhard Buschbeck die Dachwohnung am Opernring mit seinem Freund.[234] Als der überraschend verstarb, war es naheliegend, dass das Paar überlegte zusammenzuziehen. Da Lotte Tobisch den Hausverwalter kannte, überredete sie ihn dazu, ihr die Wohnung zu überschreiben. Dort sollte sie dann den Rest ihres Lebens verbringen. Später nahm sie noch die Nachbarwohnung dazu.

Als Nora und Gustav Lederer nach Wien zurückkehrten, wollten sie wieder eine Wohnung in ihrem Haus in der Lannerstraße beziehen. Da sie das Haus aber vermietet hatten, war das nicht so einfach. Noch in dem erwähnten Brief während der Überfahrt kündigte Nora ihrer Tochter an: »Wir werden uns allerdings nicht abhalten lassen, ev. mit Polizeigewalt unsere Wohnung zu besuchen u. lehnen es ab, woanders zu wohnen. Gustl hat schwere Strapazen hinter sich u. braucht endlich Achtung und Häuslichkeit.«[235] Im Zuge der Wiederinbesitznahme des Hauses von Nora und Gustav Lederer hätte theoretisch auch Lotte Tobisch dort wieder eine Wohnung erhalten können. Doch das kam für sie nicht infrage. Erstens wollte sie nicht zurück in die Vorstadt, zweitens wäre es für Nora Lederer wohl unvorstellbar gewesen, mit dem Lebensgefährten ihrer Tochter unter einem Dach zu leben. Denn nun war Lottes Lebensgemeinschaft mit Erhard nicht mehr zu verheimlichen.

Am 14. April 1950 berichtete die *Wiener Zeitung*: »Wenige Tage vor Erreichung seines 50jährigen Arbeitsjubiläums starb der Großindustrielle und Gutsbesitzer Friedrich Krassl-Traissenegg. Er wird Samstag um 15 Uhr auf dem Friedhof in Mauer in der Familiengruft beigesetzt.« Möglicherweise war es der Umgang der Familie mit Lotte Tobisch beim Begräbnis, der sie tief verletzte. Nach ihrer Mutter wird die gesamte Familie von der Beziehung der »Tochter aus gutem Haus« mit einem viel älteren, verheirateten Mann erfahren haben. Die Verwandtschaft betrachtete diese Verbindung als Mesalliance und damit als Gesellschaftsskandal ersten Ranges. Dementsprechend könnte Lotte Tobisch auf dem Friedhof behandelt worden sein – und die Konsequenzen daraus gezogen haben. Seiner Tochter Nora Lederer, so ist anzunehmen, wird der immer noch gutsituierte Friedrich Krassl etwas hinterlassen haben. Vielleicht hat sie von diesem Erbe das Haus in Tirol gekauft, erstens wegen des für Gustav Lederer zuträglicheren Klimas, und zweitens, weil sie aus der russischen Besatzungszone wegkommen wollte.

Sorgen um seine Tochter machte sich aber auch Karl Tobisch. In dem bereits erwähnten Brief an Erhard Buschbeck[236] ging es ihm aber weniger um den moralischen Aspekt der Liaison als um den existenziellen.

> Nun sehe ich mit wachsender Beunruhigung, daß diese Bühnenlaufbahn für Lotte keine nennenswerten Erfolge bringt, daß sie ferner jeder ernsten Beschäftigung, durch welche sie sich eine unabhängige Existenz schaffen könnte, abhold ist und nunmehr, wie es scheint, psychisch und physisch in eine Bindung, um nicht zu sagen Abhängigkeit geraten ist, welche infolge des Bestehens des bürgerlichen Charakters keine Aussicht auf Erfüllung und – Legalisierung hat.

Im letzten Punkt war er sich mit seiner Exfrau ausnahmsweise einig. Im Anschluss daran fragte Karl Tobisch den Lebensgefährten seiner Tochter, die längst volljährig war, wie er sich »die weitere Entwicklung zur Klärung von Lottes Zukunft« vorstelle. Die Sache mit Lottes Bühnenlaufbahn stimmte so nicht ganz. Richtig war, dass sie sich nach ihrem Ausscheiden aus dem Burgtheater gezwungen sah, zur Sicherung ihrer Existenz so gut wie jedes Engagement anzunehmen. Ein Mangel an Auftrittsmöglichkeiten bestand für sie aber nicht.

Ihr erstes Engagement außerhalb des Burgtheaters hatte Lotte Tobisch im März 1948 im Kleinen Haus des Theaters in der Josefstadt. Als römische Modedame sah man sie in Dela Geyers Komödie *Audienz bei der Gottheit*, einem nicht sehr originellen und nicht sonderlich dramatischen Stück.[237] Zum Jahreswechsel 1948/49 spielte sie im Volkstheater in Richard Duschinskys Schmonzette *Kronprinz Rudolf* die Kronprinzessin Stephanie. Beachtung in der Presse fand bei dieser Aufführung vor allem, dass Hans Jaray nach zehnjähriger Abwesenheit erstmals wieder vor Wiener Publikum auftrat. Das Stück selbst fiel bei der Kritik durch. Der *Weltpresse* war die junge Schauspielerin immerhin eine Erwähnung wert: »Lotte Tobisch gefällt als die wenig sympathische Gemahlin des Kronprinzen.«[238] Zum sechzigjährigen Jubiläum des Volkstheaters im September 1949 wurde in Anwesenheit von Bürgermeister Theodor Körner Raimunds *Verschwender* gegeben. Lotte Tobisch spielte die Nebenrolle der Amalie, der Tochter des Präsidenten von Klugheim. Aufgefallen ist aber nur Karl Skraup als Bettler. Er hätte diese Rolle »seiner großen dramatischen Funktion gemäß spielen können«, meinte die *Österreichische Volksstimme*, »hätte die Inszenierung Gustav Mankers ihm das gestattet. In dieser verniedlichenden, an der Oberfläche des Stückes haftenbleibenden Aufführung scheiterte auch der Valentin des volkstümlichen Paul Hörbiger«.[239] Weitere Beachtung fand die Aufführung nicht.

> Es gibt eine Art von alten Theaterstücken, meist nennen sie sich Lustspiele im Untertitel, die sind von

routinierter Hand so unverbindlich witzelnd, so à la Kintopp und Courths-Mahler geschrieben worden, daß sie, ungeachtet des Staubes, der sie bedeckt, bei einem geistig anspruchslosen Publikum immer wieder Anklang finden.[240]

Diese Zeilen las man in der *Österreichischen Zeitung* anlässlich der Premiere von Frederick Lonsdales Komödie *Eine charmante Frau* am 21. Mai 1949 im Volkstheater. Lotte Tobisch gab darin Mrs Kitty Wynton. Die Kritik sagt nicht nur etwas über die intellektuelle Genügsamkeit des Publikums aus, sondern auch etwas über seine Bedürfnisse in den Fünfzigerjahren. Man wollte vergessen und sich vom Nachkriegsalltag ablenken. Diesem Bedürfnis entsprachen die Spielpläne der Theater. In diese Linie passte auch die Dramatisierung von Franz Werfels Roman *Der veruntreute Himmel*, die man Ende des Jahres als Rührstück auf die Bühne des Volkstheaters stellte. Über Lotte Tobisch hieß es dann, sie sei »die richtig kühl distanzierte Gräfin«.[241] Für solche Figuren war sie prädestiniert und darin gefiel sie. Charakterdarstellerin konnte sie mit solchen Rollen aber kaum werden.

In dieser Weise hatte Karl Tobisch mit seinen Bedenken recht. Sie hatte zwar so etwas wie eine »eigene Marke« entwickelt, konnte damit aber an keine Hauptrollen kommen, weil die Stücke solche nicht enthielten. Andererseits: Auch Romy Schneider hat ihre internationale Filmkarriere mit den *Sissi*-Historienschinken (1955 bis 57) begonnen. Aufgrund ihrer Jugend war für Lotte Tobisch also noch nichts verloren. Karl Tobisch konnte nicht wissen, dass ihr schauspielerischer Ehrgeiz inzwischen nachgelassen hatte. Im PS seines Briefes hatte er es dem Lebensgefährten seiner Tochter »überlassen«, ihr von diesem Schreiben Mitteilung zu machen. Es ist davon auszugehen, dass Buschbeck das getan hat. Lotte Tobisch wird auf ihren Vater wieder einmal nicht sonderlich gut zu sprechen gewesen sein.

Erhard Buschbeck hat dem Vater seiner Geliebten sachlich und freundlich geantwortet. Ein Problem (für beide Elternteile Lotte Tobischs) scheint gewesen zu sein, dass Yvonne Buschbeck sich nicht scheiden lassen wollte. Das legt der Brief nahe, den Karl Tobisch im Jänner 1951 seiner Tochter schrieb. Darin bietet er ihr an, sich »mit Frau Buschbeck in Verbindung zu setzen, um zu erforschen, ob von ihrer Seite eine Scheidung wirklich ganz indiskutabel ist«.[242] In Anbetracht der emotionalen Unberechenbarkeit ihres Vaters darf bezweifelt werden, dass Lotte Tobisch das für eine gute Idee gehalten hat. Karl Tobisch meinte zwar, dass er gerade wegen seiner Uninformiertheit »über die näheren Verhältnisse in der Familie Buschbeck« dazu prädestiniert sei, »eine solche Intervention zu versuchen«, doch wird das Lotte Tobisch kaum von der Sinnhaftigkeit überzeugt haben. Außerdem legte sie auf eine Eheschließung keinen besonderen Wert. Anzunehmen ist, dass sie ihrem Vater nicht die von ihm erwünschte Adresse von Yvonne Buschbeck mitgeteilt, sondern den Kontakt zu ihm erst einmal wieder abgebrochen hat.

Erst zu Weihnachten 1951 erreichte sie – »nach langer Zeit« – wieder ein Brief ihres Vaters. Inzwischen war, wie er schrieb, »vieles geschehen, was mir um Deinet- und um Mamas willen besonders nahegegangen ist«[243]. Er hatte offenbar erfahren, dass sowohl Lottes Großvater als auch Noras Ehemann Gustav Lederer verstorben waren. Inwieweit Lotte Tobisch über die Erbschaftsangelegenheiten im Hause Krassl-Traissenegg informiert war, ist nicht dokumentiert. Erfahren hat sie von ihrer Mutter aber sicher von den komplizierten Nachlassangelegenheiten bei Gustav Lederer, hatte er neben der trauernden Witwe und seiner Ziehtochter doch auch zwei Söhne zurückgelassen. Mit denen versuchte Lotte Tobisch in ein gutes Einvernehmen zu kommen, was nur mit einem von ihnen gelang.

Nora Lederer war zu Beginn der Fünfzigerjahre also mit der Neuorganisation ihres Lebens beschäftigt und kümmerte sich nicht mehr um die Lebensverhältnisse ihrer Tochter. Karl Tobisch wiederum sah sich zu einem beruflichen Neubeginn gezwungen. Er konnte oder wollte nicht im öffentlichen Dienst verbleiben. Im Zuge des Wiederaufbaus hoffte er, selbstständig arbeiten zu können, und suchte deshalb erneut um eine Zulassung als Ziviltechniker an. Das war allerdings mit einigen Hürden verbunden, hatte er doch vor seiner Ausreise nach Leningrad »vergessen«, die Befugnis ruhend zu stellen. Eine Mahnung der Ingenieurskammer auf Bezahlung des Mitgliedsbeitrags im Herbst 1933 hatte seine Exfrau der Kammer derart beschieden, dass der Genannte »seit 1 ½ Jahren in Russland weilt und sein Büro ... abgemeldet ist. Eine Mitgliedsbeitragszahlung kommt infolgedessen nicht mehr in Betracht.«[244] Daraufhin erklärte die Kammer seine Befugnis für erloschen. Hinzu kam, dass er zum Zeitpunkt des Ansuchens noch im besoldeten Dienst der Landeshauptmannschaft stand, was per se ein Ausschließungsgrund von der Zulassung war. Erst nach seinem Ausscheiden aus dem Amt, so die Behörde, könne er um eine Befugnis ansuchen.

Als Karl Tobisch nach einigem Hin und Her dann nochmals seine Zulassung einreichte, hatte man seitens des Ministeriums keinerlei Bedenken bezüglich seiner Befähigung und auch nicht im Hinblick auf das Verbotsgesetz von 1947. Einer Wiederzulassung stand deshalb nichts im Wege. So legte Karl Tobisch im März 1948 nochmals den Amtseid ab und begann als selbstständiger Architekt zu arbeiten. Als solcher schrieb er seiner Tochter im obligaten Weihnachtsbrief zum Jahresende 1952, dass er viel zu tun habe, »u. a. ein größerer Kirchenbau – merkwürdigerweise«.[245] Dabei handelte es sich um die Pfarrkirche in Pühret. Später sollte er unter anderem noch die Pläne für die Pfarrkirchen in Rannariedl und Riedersbach zeichnen.

> Am meisten würde mich allerdings der beabsichtigte Theaterumbau in Linz freuen, über den aber wohl erst nach den Wahlen entschieden werden wird. Eine schöne Aufgabe: das Haus soll, ohne äußerliche Veränderung oder Vergrößerung von 500 auf über 1000 Sitze erweitert werden.

Mit dem Beruf seiner Tochter dürfte er sich zu diesem Zeitpunkt bereits ebenso abgefunden haben wie mit ihrem Lebensgefährten. Lässt er am Ende des Briefes den Wünschen an seine Tochter doch auch welche an den lieben Erhard – »Prof. Buschbeck wird verzeihen«[246] – folgen. Die Familienkrise hatte sich also entspannt, und Lotte Tobisch konnte sans gêne mit Erhard Buschbeck leben.

Die »furchtbaren« Fünfziger

Die Fünfzigerjahre, so ließ Lotte Tobisch rückblickend Medienleute wissen, waren die glücklichste Zeit ihres Lebens. Das lag zum einen daran, dass es wirtschaftlich spürbar bergauf ging und sich dadurch viele Möglichkeiten ergaben, zum anderen daran, dass sie in der Beziehung zu Erhard Buschbeck ihren Liebes- und Bildungshunger stillen konnte. In einem seiner letzten Briefe an Ludwig von Ficker bedankte sich Erhard Buschbeck für die Glückwünsche zu seinem siebzigsten Geburtstag und fügte an:

> Kam er doch wie ein Gruß aus einer Zeit, die trotz vielfacher Schmerzlichkeit von einst heute im Glanz der Erinnerung lebenstief in der Ferne liegt. Ich denke daran, wie ich durch Robert Müller in Ihr Haus kam und wie ich dann Georg Trakl mit Ihnen verbinden konnte.[247]

Vorausgegangen war dieser Reminiszenz an alte Zeiten ein Schreiben des Otto Müller Verlags, das Erhard Buschbeck als den Herausgeber der »Jugenddichtungen« Trakls davon informierte, dass eine »Gesamtausgabe« der Werke des Dichters geplant wäre. Darüber hatte sich Buschbeck bei Ludwig von Ficker beschwert und ihn gebeten, dem Verlag klarzumachen, »dass seine Absicht den Intentionen Trakls und seiner Freunde widerspricht«. Seit 1912, als Buschbeck seinen Freund Trakl dem Gründer und Herausgeber der Zeitschrift *Der Brenner* vorgestellt hatte, korrespondierten die beiden miteinander, wenn auch mit jahrelangen Pausen dazwischen.

Diese Verbundenheit ging nach Buschbecks Tod auf Lotte Tobisch über. Sie kontaktierte Ludwig von Ficker in Vorbereitung auf Trakls fünfzigsten Todestag (siehe Kapitel 1), besuchte ihn ein paar Mal in Innsbruck und schrieb ihm bis kurz vor seinem Tod im März 1967. Aus diesen Briefen ist erkennbar, dass Erhard Buschbeck ihr viel über diese Zeit, die Literatur und das Theater sowie über die Stimmung vor dem Ersten Weltkrieg erzählt hat. Das stieß bei ihr auf große Resonanz, war es doch die Atmosphäre, in der sie aufgewachsen war. Davon zehrte Lotte Tobisch als »Fin-de-Siècle-Mensch« den Rest ihres Lebens.

Des Weiteren lag das Glück dieser Jahre auch an den Möglichkeiten, die der Wiederaufbau der Republik eröffnete. Wer wollte, konnte etwas auf die Beine stellen, wenn auch nur mit einfachen Mitteln. Überall wurden Leute gesucht, ohne dass lang nach Qualifikationen gefragt wurde. Man bekam die Chance, sich zu bewähren. Sie habe immer gehört, dass diese Fünfzigerjahre »verzopft und verklemmt« gewesen wären, sagte Lotte Tobisch einmal[248], und dass es der 68er-Bewegung bedurfte, um die verdrängende Grundhaltung dieser Zeit aufzubrechen. »Das mit den 68ern stimmt schon«, ergänzte sie, »aber da wird etwas ausgelassen: Wir in den Fünfzigerjahren haben den Boden geliefert, auf dem überhaupt etwas wachsen konnte.« Sie war an so manchem »Neuen« beteiligt, das in dieser Zeit entstand, etwa am *Versuchsfernsehen* in einer Schule in der Singrienergasse in Wien-Meidling. In einem kleinen Wirtschaftsraum des Schulgartens hat dort der ORF seine ersten Sendungen ausgestrahlt: »Da haben wir die ersten richtigen Fernsehspiele gedreht. Das war natürlich abenteuerlich.«[249]

Etwas Neues ausprobieren zu können, machte wohl den Reiz dieses Dezenniums aus. Über ihre Kolleginnen und Kollegen im Burgtheater lernte Lotte Tobisch etwa den 1904 in Wien als Rudolph Katscher geborenen britischen Regisseur und Drehbuchautor Rudolph Cartier kennen. Er gilt als Erneuerer des Fernsehdramas und arbeitete damals für die BBC. In deren Auftrag kam er auch in seine alte Heimat und drehte mit Käthe Gold und Adrienne Gessner einen TV-Film, in dem eine Gondelfahrt in Venedig vorgesehen war. Eine kleinere Rolle in dieser Produktion bekam auch Lotte Tobisch. Sie erinnerte sich an die abenteuerlichen Dreharbeiten: Für das richtige Ambiente schoben die Bühnenarbeiter einen Prospekt vom Canale Grande ins Studio.

> Wir sind auf einem Stückerl Gondel gesessen, aber es war kein Licht. Darauf haben die gesagt: Wir brauchen einen Reflex vom Wasser. Es wurde ein Lavoir hereingebracht, Wasser hineingeleert und dann hat einer darin gewurlt. Dann gab's ein Licht drauf und das hat Lichtpunkte auf den Prospekt geworfen – und siehe da: Das hat wunderbar ausgeschaut.[250]

Mitgewirkt hat sie unter anderem auch bei einer Verfilmung des Schauspiels *Die Stadt ist voller Geheimnisse* von Curt J. Braun, das 1947 im Kleinen Haus der Josefstadt seine Uraufführung erlebt hatte. Bekannt wurde dann allerdings erst die Verfilmung von Fritz Kortner aus dem Jahre 1954, unter anderen mit Annemarie Düringer, Paul Hörbiger und Susi Nicoletti. Die Vorlage wurde als »Wirtschaftswunderstück« tituliert und erzählt von den Kündigungsängsten kleiner Angestellter in einer norddeutschen Fabrik. Wie damals üblich hatte der Film ein Happy End. Kommerziell erfolgreich war er trotzdem nicht. Vielleicht hat gerade der Umstand, dass alle wenig Geld hatten, die Quote als weniger wichtig erscheinen lassen als die Lust am Tun. Lotte Tobisch sah darin jedenfalls eine der Qualitäten der Fünfzigerjahre:

> Es war eine Zeit, die den einen großen Vorteil gehabt hat: Sie hat den Menschen zum Denken, zum Probieren, zum Ausprobieren angeregt. Das, woran wir jetzt so leiden, ist, dass man auf einen Druckknopf drückt, und die Geschichte funktioniert. Das verblödet einen mit der Zeit total.[251]

Zugleich blieb sie auch am Theater aktiv. Im Herbst 1949 war sie im Volkstheater in G. B. Shaws Komödie *Pygmalion* in der Rolle der Clara, der Tochter von Eynsford-Hill, zu sehen. In John Patricks Stück *Komische Leute* spielte sie 1951 ebendort die Lily Belle. 1954 wurde der US-amerikanische Autor dann mit dem Pulitzerpreis ausgezeichnet. Im Theater in der Josefstadt trat sie 1952 als Fee Amorosa in Ferdinand Raimunds Zaubermärchen *Der Verschwender* auf und im Jahr darauf unter Ernst Lothars Regie als Lady Basildon in Oscar Wildes Gesellschaftskomödie *Ein idealer Gatte*. Wirklich große Rollen waren nicht dabei, was damit zu tun hat, dass sie sich auf die leichte Muse spezialisiert hatte und in diesen Stücken Frauen stets untergeordnete Rollen einnahmen. Große Beachtung in den Medien fand sie deshalb nicht. Im besten Fall wurde sie in Nebensätzen lobend erwähnt.

Ein erster größerer Erfolg gelang ihr erst, also sie ab 1953 auch im Theater der Courage auftrat. Ihrer Mutter, die sich in der Zwischenzeit mit dem Historiker Heinrich Benedikt angefreundet hatte, schrieb sie im Frühjahr 1953:

> Gestern zum Beispiel hatte ich 3 Vorstellungen – 2 in der Josefstadt und nachher in der »Courage« (...) Beiliegend schicke ich Dir einige Kritiken. Alle sind großartig und endlich habe ich einen geradezu sensationellen Erfolg. Samstag hatte ich ein Interview im Rot-Weiß-Rot-Sender! Bin so froh über den großen Erfolg.[252]

Im Theater der Courage hatte sie in Ladislas Fodors surrealem Schauspiel *Gericht bei Nacht* die Maria Magdalena gegeben. Auch das keine Hauptrolle, aber eine markante. Allmählich fasste sie Tritt und machte sich Gedanken über das Wesen ihres Berufs. Vermutlich aus dieser Zeit stammt ein undatierter Essay *Über die Schauspielkunst*[253], der sich in ihrem Nachlass befindet. Darin unterscheidet sie zwischen einem »exoterischen« und einem »esoterischen« Aspekt ihrer Kunst. Das Äußerliche kann man ihrer Ansicht nach erlernen – und sollte das auch –, das Innerliche aber verlangt »letzte künstlerische

Intensität und Konsequenz in der Darstellung«. Der hehre Anspruch an ihr Metier gipfelte in der Formulierung: »Zum genialen Spiel gehört die völlige Hingabe von Körper und Seele an die darzustellende Figur.« Sie ahnte womöglich, dass ihr diese letzte Konsequenz fehlte. Zum Schluss des Aufsatzes bringt sie die Sache auf folgende Formel: »Im Leben k a n n man Theater spielen, auf der Bühne d a r f man es nicht.«

Lotte Tobisch hatte inzwischen zur Genüge erlebt, dass Schauspielerinnen und Schauspieler dazu neigen, im Leben Theater zu spielen und erst auf der Bühne sie selbst zu sein. Dort können sie aus sich heraus- und im besten Fall über sich hinausgehen – sofern sie es eben können. Vielleicht ist das die Tragik, von der Raoul Aslan vermutete, dass sie der Beruf mit sich bringt (siehe Kapitel 4, Anm. 227). Dass die Kunst so gut wie keinen Einfluss auf den Charakter eines Menschen hat, das hätte man aus dem »Dritten Reich« lernen können – wenn aus der Geschichte je etwas gelernt worden wäre. Und so sah man zum wiederholten Mal, dass die Politik Einfluss aufs Theater nahm, das Theater aber keinen auf die Politik. Wieder einmal begann sich das Burgtheater-Direktor-Ablösekarussell zu drehen. An der Amtszeit Josef Gielens hatte Lotte Tobisch nur indirekt über ihren Lebensgefährten Anteil. Der berichtete ihr aber sicher von dem wachsenden Unmut der Wiener Presse über dessen Spielplangestaltung. Man vermisste zeitgenössische österreichische Dramatiker. Dass es davon nur wenige gab und deren Stücke nach Gielens Ansicht kaum »burgtheaterfähig« waren, galt den Medien nicht als Grund, heimische Gegenwartsdramatik nicht vehement einzufordern.

Mit dem Tod von Josef Stalin im März 1953 ging die Nachkriegsphase zu Ende – mit Auswirkungen auf die Zweite Republik. Zum einen wuchs die Hoffnung auf ein Ende der Besatzung in Österreich, zum anderen machte sich das »Wirtschaftswunder« allmählich bemerkbar. Man konnte darangehen, die österreichischen »Kulturdenkmäler« Burg und Oper zu renovieren. Den »Geist des Burgtheaters« hatte man bereits restauriert, wie aus einem Brief Lotte Tobischs an ihre Mutter hervorgeht. Man zelebrierte das sechzigjährige Burgtheaterjubiläum von Hedwig Bleibtreu.

> Nachher bin ich zur Bleibtreu-Feier ins Ronacher ... Nach der Feier stieg sie in einen Fiaker und die Pferde wurden ausgespannt und die Kollegen und das Publikum zogen sie nachhause über die Kärntner Straße, Graben, Kohlmarkt, Michaelerplatz (mit ununterbrochenen »Hoch-Bleibtreu«-Rufen), Herrengasse – bis vor ihre Haustür in der Landhausgasse. (...) Es war wieder echt Wien – und rührend-charmant.[254]

Lotte Tobisch war zwar nicht mehr Teil des Burgtheater-Ensembles, aber als Partnerin des Chefdramaturgen bei sämtlichen Festivitäten zugegen. So auch bei einer Geburtstagsfeier, an der neben Egon Hilbert auch Julia Janssen anwesend war, die in der legendären *Sappho*-Aufführung 1945 als Dienerin Melitta mit ihr auf der Bühne des Ronacher gestanden hatte. Ebenso mit dabei waren Rosa Albach-Retty, Lilly Stepanek und Adolf Rott. Da war – so scheint's – der Bühnenhimmel über Josef Gielen noch blau. Darüber aber zogen bereits Gewitterwolken auf.

Die Nationalratswahlen vom Februar 1953 hatte die SPÖ zwar knapp gewonnen, doch blieb die ÖVP aufgrund der Wahlarithmetik mandatsstärkste Partei. In der darauffolgenden Regierung Raab I stellte sie wieder den für Kunst und Kultur zuständigen Unterrichtsminister. Der trockene Jurist Ernst Kolb hatte wenig Gespür für künstlerische Angelegenheiten und wenig Sinn für einen fantasiebegabten Menschen wie Egon Hilbert. Der Leiter der Bundestheaterverwaltung wurde von Kolb deshalb – wie in Österreich üblich – ins neu gegründete Kulturinstitut nach Rom weggelobt und Ernst Marboe als Nachfolger eingesetzt. Der gefiel sich im Jahr nach seiner Bestellung darin, bei einer Pressekonferenz seine Absicht zu verkünden, den 1955 auslaufenden Vertrag Josef Gielens nicht zu verlängern. So erfuhr der amtierende Burgtheater-Direktor von seiner geplanten Ablöse aus den Medien. Woraufhin Gielen seinen Rücktritt bekanntgab. Wieder einmal wird Erhard Buschbeck froh gewesen sein, nicht auf dem Direktionssessel zu sitzen.

Zu seinem Rücktritt gab Gielen zu Protokoll, dass er sich in seiner Arbeit behindert fühle, »weil die ungeklärte, zwielichtige, von Gerüchten vergiftete Atmosphäre eine Stimmung der Unsicherheit und des Misstrauens ins Ensemble getragen habe. Dem Tratsch und Intrigenspiel sei auf diese Weise Tür und Tor geöffnet worden«.[255] Obwohl derselben Partei angehörig, waren sich der Minister und der von ihm bestellte Chef der Bundestheater-Verwaltung uneins, wer Gielen nachfolgen solle. Der neue Direktor sollte schließlich die geplante Wiedereröffnung des Hauses am Ring durchführen – und damit im Rampenlicht der Öffentlichkeit stehen. Minister Kolb trat für den katholisch-nationalen Bühnenautor, Publizisten und Kulturredakteur Friedrich Schreyvogl ein, Ernst Marboe hingegen plädierte für den versierten Regisseur Adolf Rott. Die Wahl des Ministers kann man als typisches Zeichen der damals stattfindenden Wiedereingliederung ehemaliger Nazis in die Gesellschaft werten. Denn Schreyvogl hatte, wie sich später herausstellte, noch vor dem »Anschluss« eine äußert unheilvolle Rolle gespielt, indem er ohne Not der Reichsschrifttumskammer in Berlin angeboten hatte, »die Sortierung der eigenen österreichischen Kollegen in genehme und rassisch-verfemte vorzunehmen«.[256] Adolf Rott war seit 1937 als Spielleiter am Burgtheater tätig, ohne besondere Nähe zum NS-Regime. Dass nur zwei im Deutschen Reich aktive Theaterleute als Direktoren infrage kamen anstatt etwa eines Emigranten wie Berthold Viertel, zeigt, wie sehr sich der politische Wind gedreht hatte: An die Stelle der »Entnazifizierung« war der Antikommunismus getreten.

Den gebürtigen Wiener Berthold Viertel hatte übrigens Josef Gielen wieder als Hausregisseur an die Burg geholt. Er ließ, wie Hilde Haider-Pregler analysierte, in seinen »sorgfältig probierten Inszenierungen«, wie zum Beispiel von Tennessee Williams' *Endstation Sehnsucht*, »keinen falschen Ton des zum Teil noch nachwirkenden ›Reichskanzleistils‹

durchgehen«.[257] Mit dem Ehepaar Viertel hatten sich auch Lotte Tobisch und Erhard Buschbeck angefreundet. Mit ihm wäre ein progressiverer Geist in das wiedererrichtete Haus am Ring eingezogen. Es sollte nicht sein. Der innerparteiliche Zwist zwischen den zuständigen politischen Funktionären endete mit einem typisch österreichischen (teuren) Kompromiss: Es kam zur Doppelspitze Rott-Schreyvogl. Allerdings nur auf dem Papier. Tatsächlich nahm Adolf Rott das Heft in die Hand. Es mag als Ironie der Geschichte erscheinen, dass ausgerechnet der Antikommunist und Brecht-Boykottierer Weigel dann von der Burgtheater-Berühmtheit Käthe Dorsch geohrfeigt wurde (siehe Kapitel 1) Die Ära Rott sollte dann bis zum Sommer 1959 dauern. Danach ging auch die Buschbeck-Epoche am Burgtheater allmählich zu Ende. Nun aber stand erst einmal die Wiedereröffnung des Hauses am Ring auf dem Plan. Lotte Tobisch wird bei der Vorbereitung dazu Buschbeck organisatorisch unter die Arme gegriffen haben.

Perspektivenwechsel

Die Republik hatte sich inzwischen so weit konsolidiert, dass die Regierung Raab I 1953 den Beschluss zum Wiederaufbau des Burgtheaters fassen konnte. Für Erhard Buschbeck sicher ein besonderer Moment. Er ging in sein 65. Lebensjahr, dachte aber keine Sekunde ans Aufhören. Es dauerte zwei Jahre, bis der Wiederaufbau abgeschlossen war. Priorisiert hatte man die Staatsoper. Noch war nicht klar, wer dann die Eröffnung vornehmen würde. Dass es nicht Josef Gielen sein würde, war bereits absehbar. Mit der Rückkehr ins alte Haus, so konnte Buschbeck hoffen, würden die Republik und das Burgtheater ruhigeren Zeiten entgegengehen. Wie Meysels in seiner Tobisch-Biografie notierte, war er inzwischen zum Meister der Improvisation geworden, der auch seine Lebensgefährtin als »Einspringerin« heranzog, wenn jemand ausfiel.[258] Entspannt konnte er inzwischen auch den Eltern seiner »Haus-Konkubine«, wie sich Lotte Tobisch in einem Brief an ihre Mutter bezeichnet hatte, entgegentreten. Längst war er für Nora Lederer zum »lieben Buschi« geworden, der sich ausgezeichnet mit ihrem späteren dritten Mann, Heinrich Benedikt, verstand. Sogar Karl Tobisch ließ im Winter 1954 seine Tochter brieflich wissen, »mit überraschender Deutlichkeit empfunden« zu haben, »dass ich Deinen Erhard auch wirklich liebgewonnen habe«.[259]

Im selben Brief fragte er nur besorgt an, ob es in diesem Jahr »in keinem Theater eine Rolle für sie« gebe. Nach ihren Erfolgen im Jahr davor hatte Buschbeck noch befürchtet, dass sie »plötzlich als Star davonfliegen könnte«[260], wie sie ihrer Mutter augenzwinkernd schrieb. Schließlich hatten sie nun sogar Angebote aus der Schweiz und Deutschland erreicht. Doch beide Männer täuschten sich. Weder eroberte sie die Bühnen Europas, noch blieb sie ohne Engagement. Sie spielte etwa in der Uraufführung von Ladislas Fodors Komödie *Miau* in den Kammerspielen die Colette. Die Hauptrolle aber war an die fast gleichaltrige Erni Mangold vergeben worden, mit der sie lebenslang befreundet blieb. Dass sie nun aber weniger auf der Bühne stand, hat mit einem Perspektivenwechsel zu tun.

Zur Weihnacht 1954 erreichte Lotte Tobisch nach langer Zeit wieder einmal ein Brief von Hermann Harless. Er war die Antwort auf ein Schreiben, in dem sie ihrem »Pappi drei« von ihrem Beziehungsglück berichtet hatte. Sie stand im Zentrum der Runden mit ihren gemeinsamen Freunden – entweder beim Heurigen oder in der Wohnung am Opernring. Einer dieser »Stammtische« war vom Autor und Redakteur der *Arbeiter-Zeitung*, Jacques Hannak, an seinem Wohnort in Pötzleinsdorf eingerichtet worden. Dort versammelte sich eine illustre Schar an politisch interessierten Leuten. Auch Erhard Buschbeck und Lotte Tobisch waren dort einige Male zu Gast. Dabei begegneten sie auch dem 1951 aus dem schwedischen Exil zurückgekehrten Bruno Kreisky, der seine politische Karriere als Berater des Bundespräsidenten

Theodor Körner startete. »Wir haben uns danach immer wieder mehr oder weniger zufällig getroffen, doch es war kein enger Kontakt. Bis uns der Hund zusammenbrachte«[261], erzählte Lotte Tobisch.

Über ihren beruflichen Perspektivenwechsel teilte sie Hermann Harless stolz mit, dass sie in einem Spielfilm mitwirken werde. Es läge nahe, dass Buschbeck es war, der den Kontakt Lotte Tobischs zu Georg Wilhelm Pabst eingefädelt hat. Der 1885 in Böhmen geborene »Altösterreicher« hatte beim Theater begonnen, jedoch Anfang der Zwanzigerjahre zum Film gewechselt. 1925 hatte er mit dem Streifen *Die freudlose Gasse* mit Greta Garbo als Hauptdarstellerin seinen ersten großen Erfolg eingefahren. Als Direktor der Neuen Wiener Bühne hatte er nach dem Ersten Weltkrieg ein Engagement an das Burgtheater ausgeschlagen. Doch wird ihm der Name Buschbeck nicht unbekannt geblieben sein.

1954 war G. W. Pabst von der Wiener Cosmopol-Film beauftragt worden, einen Film über Hitlers letzte Tage im »Führerbunker« zu drehen. *Der letzte Akt* war die erste von zahlreichen Verfilmungen von Hitlers *Untergang* (wie Bernd Eichinger seine Verfilmung von 2004 dann nannte) und somit ein kühnes Unternehmen. Mit dem Drehbuch war der österreichische Erzähler Fritz Habeck nach einem Treatment von Erich Maria Remarque beauftragt worden. Als Vorlage herangezogen wurde auch das 1950 erschienene Buch *In 10 Tagen kommt der Tod* (im Original *Ten Days to Die*) von Michael A. Musmanno, der als Richter an drei Nachfolgeprozessen des Nürnberger Kriegsverbrechertribunals teilgenommen und in diesem Band darüber berichtet hatte. Schon damals trat auch Hitlers Sekretärin Traudl Junge als Beraterin auf. Sie hatte über ihre Zeit im »Führerbunker« 1947 ein Manuskript verfasst, das aber erst 2002 unter dem Titel *Bis zur letzten Stunde* veröffentlicht wurde. Produzent des Films war »der Retter Wiens« Carl Szokoll, der schon am Hitler-Attentat vom 20. Juli 1944 beteiligt gewesen war und mit der »Operation Radetzky« versucht hatte, die Zerstörung Wiens durch die im April 1945 abziehende deutsche Wehrmacht zu verhindern.

Er ging 1954 offenbar davon aus, dass die Zeit für eine »Aufarbeitung« reif sei.

Ob den Österreichern »denn nichts Besseres einfalle«, fragte Hermann Harless seine einstige Schülerin in dem Weihnachtsbrief«[262], nachdem er sich erfreut darüber gezeigt hatte, dass sie nun »in einer großen Liebe geborgen« sei. Bedenken hatte er weniger gegen den Film an sich, als dass Lottes cineastischer »Sidestep« sie zu weit davon wegführen könnte, »wo Du hingehörst«. Gemeint war wohl das Burgtheater. Am Schluss des Briefes fragte er sich noch, »ob Du die Belanglosigkeit dieser nicht einmal hübschen Gans treffen wirst?« Keine unberechtigte Frage. Doch im Grunde musste sich Lotte Tobisch, wollte sie die Eva Braun als dumme Gans anlegen, nur zurückversetzen in ihre Zeit in Marquartstein. Dort könnte sie auf Schulkolleginnen getroffen sein, die Hitlers Geliebter nicht unähnlich waren. So gesehen, war sie in dieser Rolle keine Fehlbesetzung.

Zudem hatte G. W. Pabst – vielleicht mithilfe Buschbecks – einen Teil der Mitwirkenden aus dem Personal des Burgtheaters rekrutiert: Albin Skoda verkörperte als erster deutschsprachiger Schauspieler Hitler auf der Kinoleinwand. Im Nachhinein: der Höhepunkt seiner Filmkarriere. Oskar Werner spielte den fiktiven Hauptmann Wüst, Lilly Stepanek gab die Frau Brinkmann. Weitere Österreicher wie Hannes Schiel, Walter Regelsberger, Ernst Waldbrunn und Guido Wieland, die kleinere Rollen übernahmen, kamen von anderen Wiener Bühnen. Gedreht wurde *Der letzte Akt* im Winter 1955 in den Studios der Wien-Film in Sievering, im Flakturm im Arenbergpark, in Baden sowie auf dem Gelände des Schwechater Flughafens, der noch einem Trümmerfeld glich. Die Premiere des 107 Minuten langen Streifens fand am 14. April 1955 in Köln statt, bereits am Tag danach gab es eine Erstvorstellung in Wien.

In Deutschland und Österreich hatte der Film keinen durchschlagenden Erfolg und wurde nach relativ kurzer Zeit wieder abgesetzt. Das hatte mehrere Gründe. Einer war wohl, dass man bei der Kritik im deutschen Sprachraum der Ansicht war, Hitler könne beziehungsweise dürfe man nicht darstellen. Das wiederum mag mit ein Grund gewesen sein, weshalb ihm die Filmbewertungsstelle das Prädikat »besonders wertvoll« verweigerte und damit das Publikum irritierte. Zudem scheint Carl Szokoll die Stimmung in der Bevölkerung falsch eingeschätzt zu haben. Obwohl die Alpenrepublik kurz vor Unterzeichnung des Staatsvertrags und damit vor dem Ende der Besatzungszeit stand, wollte man sich doch noch nicht erinnern. In einem Interview von Werner Urbanek anlässlich der Premiere des Films *Der Untergang*[263] erzählte Lotte Tobisch von der aufgeheizten Atmosphäre während der Dreharbeiten: »Das war die einzige Zeit, in der ich eine Geheimnummer hatte, weil ich am Telefon ununterbrochen sowohl von alten Nazis als auch von Widerstandskämpfern beschimpft wurde.« Es gab Bombendrohungen gegen Kinobesitzer und eine deutliche Warnung an Oskar Werner. Als im September 2004 *Der Untergang* in die Kinos kam, war nicht nur das gesellschaftliche Klima anders, sondern auch die Machart des Films. Kritisch äußerte sich Lotte Tobisch darüber, dass die Neuverfilmung als »Dokufiktion« angelegt war: »Ein Problem des neuen Films ist, dass einem gewisse Dinge so vorgeführt werden, als wäre es so gewesen, und es war halt doch nicht so. Die Männer und auch die Frauen haben sich damals total anders bewegt.«[264]

International lief es für Pabsts Original besser: *Der letzte Akt* wurde weltweit in 52 Ländern gezeigt und in den USA wurde er sogar zum erfolgreichsten deutschsprachigen Nachkriegsfilm. Dass er Lotte Tobisch trotzdem nicht zum Durchbruch als Filmschauspielerin gereichte, lag unter anderem daran, dass die Eva Braun darin nur eine untergeordnete Rolle hatte und viele Szenen mit ihr herausgeschnitten worden waren. Ganz abgesehen davon, wäre Lotte Tobisch kaum nach Hollywood gegangen. Zu sehr war sie Österreich verbunden; abzulesen an der nächsten Filmproduktion, an der sie mitarbeitete, während *Der letzte Akt* noch in den heimischen Kinos lief.

Im Frühjahr 1955 produzierte die Akkord-Film in der Regie von Walter Kolm-Veltée einen Musikfilm zu Mozarts Oper *Don Giovanni* in den Rosenhügel-Studios: *Don Juan*, wie der Film dann hieß, wurde von Cesare Danova gespielt, sein Diener Leporello von Josef Meinrad. Lotte Tobisch fiel die Rolle der Donna Elvira zu, Senta Wengraf gab ihre Magd, und als den Komtur sah man Fred Hennings. Etliche Gesangsrollen waren also mit Theaterschauspielerinnen und -schauspielern besetzt. Der musikalische Part musste deshalb mit den Opernsängerinnen und -sängern vorab geprobt werden. Es hatte natürlich einen Verfremdungseffekt, wenn sich Josef Meinrads Lippen zur von Walter Berry gesungenen »Registerarie« bewegten und Basstöne erklangen. Die opulente Ausstattung des Films konnte das Publikum nicht über diese Playback-Inszenierung hinwegtrösten; es zeigte sich darüber enttäuscht.

Nahezu zeitgleich mit den Filmarbeiten stand Lotte Tobisch im Mai 1955 als Venus in Jacques Offenbachs *Die schöne Helena* auf der Bühne der Volksoper. Axel von Ambesser führte Regie und spielte zugleich den Menelaos. Lotte Tobisch versuchte nun offenbar im Musiktheater ihr Glück, nachdem sie in den renommierten Sprechbühnen Wiens kaum größere Rollen angeboten bekommen hatte. Sie versuchte deshalb einerseits beim Film Fuß zu fassen, andererseits hielt sie Ausschau nach Engagements außerhalb Wiens. Fündig wurde sie erst einmal in der Schweiz. Während an der Donau der *Don Juan* über die Leinwände flimmerte, schritt Lotte Tobisch »mit einnehmendem Gang« (wie es in einer Kritik hieß[265]) über die Bühne der Komödie Basel. Dort hatte William Somerset Maughams Ehekomödie *Finden Sie, dass Constanze sich richtig verhält?*« (im Original *The Constant Wife*, 1927) Premiere. Als Constanze hatte Lotte Tobisch endlich wieder einmal einen großen Auftritt. Die Kritik befand, dass sie »völlig stilecht« agierte und man ihr »mit Entzücken« zusah, merkte jedoch auch Schwächen an:

> Eine winzige Unart, die zu überwinden wäre, ist das überzogene Lächeln mit immerzu weit offenstehendem

> Munde. (...) Sie hat eine ganz besondere Art an sich, auch lange Partien beinahe etwas monoton, immer auf der gleichen Tonhöhe, zu sprechen.[266]

Alles in allem, so das Resümee, vermochte der Gast aus Wien jedoch zu überzeugen. Ob Erhard Buschbeck seiner Geliebten nachgereist ist, um sie als Marie Heink, der betrogenen Ehefrau des Pianisten Gustav Heink, in Hermann Bahrs häufig gespieltem Lustspiel *Das Konzert* zu sehen, ist nicht dokumentiert, aber wahrscheinlich, konnte er sie doch authentisch im Geist dieser Komödie instruieren. Für die *Basler Nachrichten* wirkte sie in diesem Stück »noch bedeutend geschmeidiger und überlegener als bei ihrem ersten hiesigen Erscheinen«.[267] Lotte Tobisch war in Basel also erfolgreich, sodass sie eingeladen wurde, im Jahr darauf wieder in den beiden Komödien aufzutreten.

Reisen war im Sommer 1955 wieder einfacher geworden, musste man doch nicht mehr drei Besatzungszonen überwinden, um in die Schweiz zu gelangen. »Österreich ist frei!«, hallte es am 15. Mai durch den Marmorsaal des Wiener Schlosses Belvedere mit der Stimme von Außenminister Leopold Figl. Danach schritt man auf den Balkon und zeigte der jubelnden Menge den von den vier Besatzungsmächten sowie von Figl mit grüner Tinte unterzeichneten Staatsvertrag. Bis sämtliche alliierten Truppen aus Österreich abzogen, vergingen noch ein paar Monate, in denen sich Erhard Buschbeck mit seinem neuen Direktor Adolf Rott auf die Wiedereröffnung des Hauses am Ring vorbereitete.

Diskussionen gab es, mit welchem Stück das Burgtheater die Wiederaufnahme des Spielbetriebs im alten Haus feiern sollte. Adolf Rott wünschte sich Goethes Freiheitsdrama *Egmont*, was zu einem Sturm der Entrüstung sowohl in den Medien als auch im Parlament führte. Ein Stück, in dem die Niederländer um ihre Unabhängigkeit von der Herrschaft der Habsburger kämpfen, war mit der damals noch fragilen österreichischen Identität unvereinbar. Dem »Shitstorm« beugte sich der Direktor und inszenierte stattdessen

Grillparzers österreichischen Allzeitklassiker *König Ottokars Glück und Ende*. Im Gegenzug setzte er bei Unterrichtsminister Heinrich Drimmel durch, dass das Burgtheater vor der Oper eröffnet werden sollte. »Er berief sich dabei auf die Monarchie, in der das Hofburgtheater, aufgrund der einstigen räumlichen Nähe zur Hofburg, stets vor der Hofoper rangierte.«[268] Dass man die den 26. Oktober 1955 gewissermaßen umrahmende Wiedereröffnung von Burg und Oper damals als »Austrian Coronation« würdigte, daran erinnerte Hilde Haider-Pregler sechzig Jahre danach.[269]

Bei einem feierlichen Staatsakt am 14. Oktober übergab Minister Drimmel Direktor Adolf Rott die Schlüssel des restaurierten Hauses am Ring. Wie zum Opernball zogen am Tag danach die geladenen Herren im Frack und die Damen in Abendroben in den Zuschauerraum ein. Die Haut Couture hatte Hochsaison: Paula Wessely im Brokatkleid, Helene Thimig im Samtkleid mit Riesenstola, Annemarie Düringer in einem schneeweißen Kasack[270] und an der Seite von Erhard Buschbeck auch die elegante Lotte Tobisch. Für sie war ein Traum in Erfüllung gegangen. Dann trat die 86-jährige Hedwig Bleibtreu als Rednerin vor den Vorhang und rezitierte aus Schillers *Prolog zur Wiedereröffnung der Schaubühne in Weimar*, musste allerdings souffliert werden. Nach den üblichen Ansprachen der politischen Honoratioren (anwesend waren unter anderen Bundespräsident Körner, Bundeskanzler Raab, Vizekanzler Schärf) unterstrich Direktor Rott die Bedeutung des Hauses mit den Worten:

> Dieses Theater war nie eine Angelegenheit von ein paar wenigen Leuten, sondern dieses Theater ist wirklich aus dem Herzen Wiens, aus dem Herzen Österreichs und aus dem Herzen Europas gewachsen.[271]

Nach einem Vorspiel begann die Vorstellung mit Ewald Balser als Ottokar, Liselotte Schreiner als Margareta von Österreich und Attila Hörbiger als Rudolf. Otto Basil schrieb über Rotts

Inszenierung, dass es sich um eine »große vaterländische Revue«[272] gehandelt habe. Die großen Medien hielten sich mit Rücksicht auf die Staatsräson zurück. Was hätte geschrieben werden können, hatte ohnehin schon lange vor ihnen Alfred Polgar folgendermaßen formuliert:

> Das Burgtheater wird vielleicht ein besonderes Theater werden können, wenn es endlich ein Theater wie alle anderen werden wird. Wenn es aufhören wird, die hochmütige, protzige Traditions-Zwingburg zu sein, mit einem Heer von Kastellanen, Herolden, Balladensängern, Schlossvögten, weißen Frauen und anderen Gespenstern.[273]

Gerade wegen der identitätsstiftenden Bedeutung des Ereignisses war es auch eine Bewährungsprobe für das junge Fernsehen. Mit dem Eintreffen der prominenten Besucher ab 18 Uhr übertrug der ORF die Veranstaltung mit sieben Kameras. Hier erprobte man offenbar, was bei den späteren Opernball-Übertragungen zum immer exzessiveren Einsatz kam. Senderechte wurden an den Hamburger NDR und die RIAS Berlin verkauft. Als Lotte Tobisch nicht einmal mehr als Gast auf den Staatsball ging, wurde sie gefragt, ob sie sich die Übertragung im Fernsehen ansehe. »Ein bissl den Anfang«, antwortete sie, »und dann wird es langweilig«.[274] Sie sei der Ansicht, so Lotte Tobisch in diesem Gespräch, dass ein Ball einfach nichts für das Fernsehen sei. Im Übrigen hoffe sie darauf, dass ein Besucher auf die Frage, wie er den Opernball finde, in die Kamera sage: »Scheußlich, schrecklich, ich geh jetzt nach Hause.«[275] Das war ihre Art von Selbstironie, mit der sie beim Publikum punktete.

1955 aber feierte sich die befreite Republik selbstverständlich auch im jungen Medium des Fernsehens. Aufgrund des großen Prominenten- und Publikumsandrangs musste der Premierenabend am 16. Oktober wiederholt werden. Drei Wochen später, am 5. November, wiederholte sich die Eröffnungsinszenierung an anderer Stelle des Ringes, als zu den von Direktor Karl Böhm dirigierten Klängen von Beethovens *Fidelio* die wiedererrichtete Staatsoper eingeweiht wurde.

Höhe- und Endpunkte

Ein halbes Jahr vor ihrem dreißigsten Geburtstag hatte Lotte Tobisch in diesem Jahr 1955 zweifellos einen Glücksgipfel ihres Lebens erklommen – privat, gesellschaftlich, künstlerisch. Da darf es nicht überraschen, dass sie die Fünfzigerjahre später verteidigte. Sie führte nun ein Leben ganz nach ihrem Geschmack. Sie wanderte mit Erhard Buschbeck in Österreich oder reiste mit ihm nach Italien, etwa zu Egon Hilbert nach Rom, ging in sämtlichen Theatern Wiens ein und aus, und um das Paar »scharte sich ein geselliger Kreis von Kulturschaffenden: Schauspieler, Literaten, aber auch hervorragende bildende Künstler«.[276] Am Opernring trafen sie unter anderen mit Wander Bertoni, Fritz Hochwälder, Oskar Werner, Fritz Wotruba und Carl Zuckmayer zusammen. Über Hochwälder lernten sie auch den Pionier der Umwelt- und Antiatombewegung Robert Jungk kennen, weil der Dramatiker während des Krieges in Zürich mit ihm unter einem Dach gelebt hatte. Ab 1956 war Lotte Tobisch in vielen Fernsehspielen beschäftigt, auch als Partnerin von Karl Farkas in einigen *Bilanzen der Saison*, in den *Briefen eines toten Dichters* neben Käthe Gold und Adrienne Gessner, in *Brillanten aus Wien*, *Sechs Personen suchen einen Autor*, aber auch in TV-Märchensendungen als Prinzessin oder Königin.[277]

Im Fasching 1956 sollte erstmals nach dem Krieg wieder ein Opernball stattfinden. Für Burgtheater-Führungskräfte war dort natürlich eine Loge reserviert. Obwohl Erhard Buschbeck wie auch seine Lebensgefährtin »Ballmuffel« waren, entschieden sie, sich das anzuschauen. Und so verfolgte Lotte Tobisch in einem weißen Abendkleid neben Erhard Buschbeck am 9. Februar 1956 von einer Loge aus die Eröffnungspolonaise.

Als Organisatorin amüsierte sie sich später darüber, dass in Medien vom Blumenschmuck die Rede war. Wie auf Fotos vom ersten Opernball nach dem Krieg zu sehen, zierte damals aber keine einzige Blume die Balkone. Die berühmten Nelken gab es erst zwei Jahre danach. Schon damals stellte sich nach der Mitternachtsquadrille für das nichttanzende Paar die Frage: Und was machen wir jetzt? Auf dem Gang traf man dann die Zuckmayers, die ähnlich gelangweilt waren.

> Und dann sind wir in die Kantine gegangen – und die haben wir um fünf Uhr früh verlassen. Da gibt's ein wunderbares Bild, der Zuckmayer, die Frau Zuckmayer, die Gusti Wolf, der Buschbeck und ich und die Frau Viertel, die inzwischen Witwe war. Und da sind wir in der Kantine bis fünf Uhr früh gesessen und haben uns gefragt: Dazu haben wir uns das angetan, mit Frack und Abendkleid?[278]

Ihr Bedarf an Partys war damit vorerst gedeckt. Nun kehrte sie wieder auf die Bühne zurück. Ende des Jahres war sie am Volkstheater in der Rolle ihres Lebens zu sehen: Im Dezember wurde Stefan Kamares Lustspiel aus der Zeit Maria Theresias, *Der junge Baron Neuhaus*, aufgeführt. Lotte Tobisch spielte darin unter der Regie von Gustav Manker die Kaiserin. Eine Rolle, wie ihr auf den Leib geschrieben. Das *Neue Österreich* fand, dass sie »in der attraktiven Rolle der feschen und reschen Operetten-Kaiserin im Aussehen eine wahre Surprise«[279] sei und *Die Presse* beschrieb ihren Auftritt folgendermaßen:

> Die Maria Theresia der Lotte Tobisch ist im Morgenneglígé wie in großer Staatstoilette eine milde Regentin, der niemand bös sein kann und die selbst auch niemand Böses tun kann, beglaubigt durch jugendlichen Charme und heitere Liebenswürdigkeit.[280]

Die »heitere Liebenswürdigkeit« scheint eines von Lotte Tobischs Erfolgsrezepten gewesen zu sein. Dass sie auch anders konnte, bewies sie später sowohl als Betriebsrätin als auch als Opernball-Organisatorin. Lange bevor sie zur strengen »Ballmutter« wurde, spielte sie aber noch einmal die milde Regentin Maria Theresia. Im Zuge einer *Bilanz der Saison* führte Karl Farkas ein *Denkmalinterview* mit ihr. Darin erstattete er der Kaiserin launig Bericht über die Entwicklung Österreichs seit 1938: »Im 38er-Jahr haben wir Österreich ohne Krieg verloren und sieben Jahre später durch einen verlorenen Krieg wieder gewonnen.«[281] Darüber zeigte sich Ihre Majestät erstaunt und noch mehr, dass es nun eine Schilling-Währung gab: »Waren wir denn bei England?« »Im Gegenteil«, antwortet ihr der Lakai, »England war bei uns – und Frankreich und Amerika und Russland.« In typisch farkasscher Manier wurde derart die Besatzungszeit veralbert.

Da sie als Schauspielerin nun in mehreren Bereichen tätig war, konnte sie offensichtlich etwas wählerischer sein, was ihre Theaterengagements anbelangt. Sie musste nicht mehr jede (Neben)Rolle annehmen, die ihr angeboten wurde. Im Volkstheater sah man sie erst 1957 wieder, und zwar in Bruno Franks Schauspiel *Sturm im Wasserglas* als Viktoria Thoss. Lotte Tobisch legte die Figur als impulsive, heitere und freie Frau an, die sich trotz der politischen Ambitionen ihres Mannes, der Bürgermeister werden will, Natürlichkeit und Mitgefühl bewahrt. Als das Stück 1959 durch die Außenbezirke tourte, wollte eine Zeitung in der Rolle der Viktoria allerdings ein »elegantes Weibchen mit weichem Herzen«[282] erkennen. Das war sie nun wirklich nicht (mehr). Wie sie später analysierte, war sie »schon 1950 aus der großbürgerlichen Gesellschaft ausgebrochen, weil ich mich selbst verwirklichen wollte. Das hat viel Kraft gekostet.«[283] Aber diese Zeit hat sie zu dem geschmiedet, was sie dann war: *die* Tobisch.

Den ersten Teil des Sommers 1957 verbrachte sie dann in Bad Hersfeld bei den dortigen Festspielen. In der Stiftsruine inszenierte Ulrich Erfurth Schillers *Jungfrau von Orleans*. Neben Elisabeth Flickenschildt, Hilde Krahl, Albin Skoda und

Walther Reyer sah man Lotte Tobisch »in strahlendem Blond und schmiegsam« als königliche Geliebte Agnes Sorel.[284] Danach fuhr das Paar Buschbeck-Tobisch auf Urlaub. Bald nach ihrer Rückkehr starb überraschend Ernst Marboe. Damit hatte Adolf Rott seinen Mentor im Bundestheaterverband verloren. Buschbeck wird geahnt haben, was das bedeutete. Überhaupt stand Rotts Direktionszeit unter keinem guten Stern: »Käthe Dorsch, Hedwig Bleibtreu und Raoul Aslan starben 1957/58, im Oktober 1958 brach Werner Krauß während einer Vorstellung von ›König Lear‹ zusammen und starb 1959«.[285] Rott stand also bald allein einem ihm gegenüber skeptischen Minister und einem neuen Chef der Bundestheaterverwaltung gegenüber. Daneben legte er sich mit der Wiener Presse an. In einem Radio-Interview warf er ihr Inkompetenz und Niveaulosigkeit vor. Es war zu erwarten, dass die Kritiker auf die Gunst der Stunde warteten, um sich zu rächen. Und diese Stunde kam – spätestens, als die Frage einer Verlängerung seines Vertrags anstand. Nun zerpflückte man seine Inszenierungen und Spielpläne. Dass Direktionskollege Ernst Haeusserman vom Theater in der Josefstadt über viel bessere Kontakte zu Minister Drimmel verfügte als er, besiegelte die Ära Rott. Noch ahnte Erhard Buschbeck nicht, dass der 14. sein letzter Direktor sein würde.

Bald nachdem Ernst Haeusserman am 1. September 1959 als neuer Burgherr in das Haus am Ring eingezogen war, bekam Erhard Buschbeck gesundheitliche Probleme. Er klagte über Halsweh. Lotte Tobisch drängte ihn, zum Arzt zu gehen, was er wegen der Schmerzen dann im Oktober auch tat. Die Diagnose: Kehlkopfkrebs. Seinem Patienten gegenüber sprach der Arzt diesen Befund nicht aus, aber Lotte Tobisch ließ er wissen, dass der Tumor nicht mehr operabel wäre. Er verordnete Bestrahlungen, verhehlte ihr aber nicht, dass Erhard Buschbeck das nächste Jahr nicht überleben werde. Den restlichen Herbst über fuhr der Chefdramaturg morgens zur Therapie, bevor er mit einem von Lotte Tobisch verordneten schicken Schal im Burgtheater an die Arbeit ging. Niemand dort ahnte, wie es um ihn stand.

Privatarchiv Barbara Urbanek

Karl sen. und Amalia Tobisch mit Karl jun. und Helga

Wienbibliothek im Rathaus

Die Eltern Nora und Karl Tobisch mit der kleinen Lotte

Privatarchiv Barbara Urbanek

Vater und Tochter

Privatarchiv Barbara Urbanek

Lotte Anfang der Dreißigerjahre

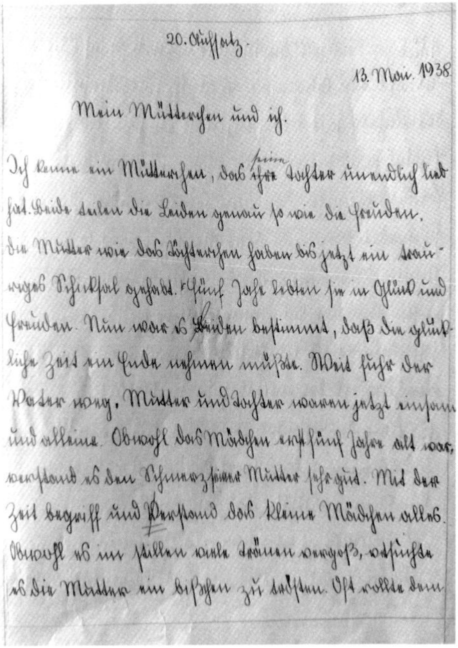

20. Aufsatz.

13. Mai. 1938.

Mein Mütterchen und ich.

Ich kenne ein Mütterchen, das seine ihre Tochter unendlich lieb hat. Beide teilen die Leiden genau so wie die Freuden. Die Mutter wie das Töchterchen haben bis jetzt ein trauriges Schicksal gehabt. Fünf Jahre lebten sie in Glück und Freuden. Nun war es Leiden bestimmt, daß die glückliche Zeit ein Ende nehmen müßte. Weit fuhr der Vater weg. Mutter und Tochter waren jetzt einsam und alleine. Obwohl das Mädchen erst fünf Jahre alt war, verstand es den Schmerz seiner Mutter sehr gut. Mit der Zeit begriff und verstand das kleine Mädchen alles. Obwohl es im stillen viele Tränen vergoß, versuchte es die Mutter ein bißchen zu trösten. Oft wollte dann

Privatarchiv Barbara Urbanek

Schulaufsatz von Lotte, Mai 1938

Privatarchiv Barbara Urbanek

Gustav Lederer

Sylvia Niedermeier, Bund der Altmarquartsteiner e.V.

Lotte in Marquartstein

Privatarchiv Barbara Urbanek

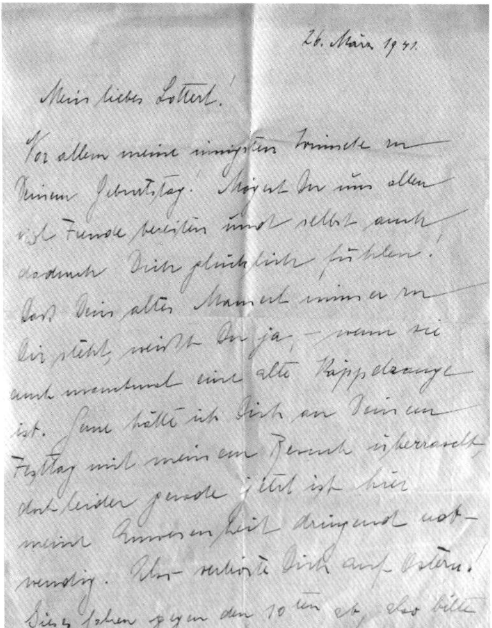

26. März 1941.

Mein liebes Lotterl!

Vor allem meine innigsten Wünsche zu Deinem Geburtstag! Mögest Du uns allen viel Freude bereiten und selbst auch dadurch Dich glücklich fühlen! Daß Dein altes Mamerl immer zu Dir steht, weißt Du ja, – wenn sie auch mitunter eine alte Kappelsange ist. Gerne hätte ich Dich an Deinem Festtag mit meinem Besuch überrascht, doch leider gerade jetzt ist hier meine Anwesenheit dringend notwendig. Aber erwarte Dich auf Ostern! Sie fahren gegen den 10ten ab, also bitte

Brief von Nora Tobisch an Lotte zu ihrem 15. Geburtstag

Privatarchiv Barbara Urbanek

Karikatur Karl Tobisch

Aus Erhard Buschbeck: Raoul Aslan und das Burgtheater, Erwin Müller Verlag, Wien 1946

Raoul Aslan

APA-PictureDesk

Lotte als junge Frau

APA-PictureDesk

Erhard Buschbeck als junger Burgtheaterdramaturg

Privatarchiv Barbara Urbanek

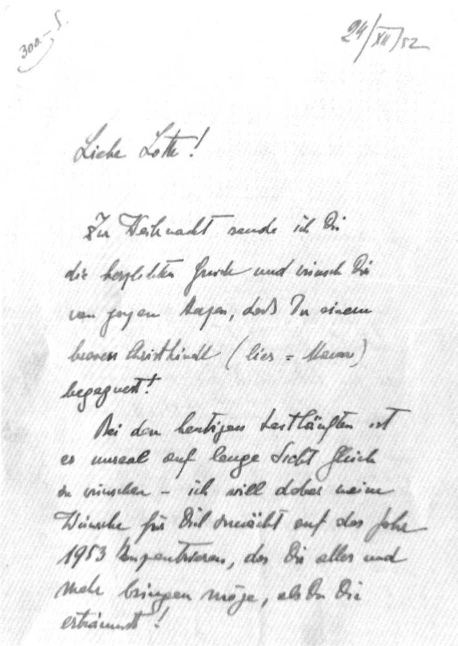
300.– S.

24/XII/52

Liebe Lotte!

Zu Weihnacht sende ich Dir die herzlichsten Grüße und wünsch Dir von ganzem Herzen, daß Du einem braven Christkindl (lies = Mann) begegnest!

Bei den heutigen Zeitläuften ist es unmöglich auf lange Sicht Glück zu wünschen – ich will daher meine Wünsche für Dich zunächst auf das Jahr 1953 konzentrieren, das Dir alles und mehr bringen möge, als Du Dir erträumst!

Brief von Karl Tobisch an Lotte zu Weihnachten 1952

Wienbibliothek im Rathaus

Lotte und Buschbeck auf Reisen in Italien

Privatarchiv Barbara Urbanek

Lotte als Maria Theresia, Volkstheater 1956

Wienbibliothek im Rathaus

Lottes handwerkliches Geschick

Lotte als Agnes Sorel in Schillers »Jungfrau von Orleans«, 1959

Privatarchiv Barbara Urbanek

Lotte und Erhard Buschbeck schauten stets in eine Richtung

APA-PictureDesk

Theodor W. Adorno

Privatarchiv Barbara Urbanek

Lotte mit Achim Benning (links) und Robert Jungbluth (rechts), Siebzigerjahre

Wienbibliothek im Rathaus

Lotte als Betriebsrätin

Wienbibliothek im Rathaus

Michael Simon

Wienbibliothek im Rathaus

Lotte mit ihrem treuen Begleiter Dagobert

APA-PictureDesk

Lotte mit dem Modezaren Fred Adlmüller

Wienbibliothek im Rathaus

Lotte mit dem Opernballgast Prince Philip

imago-images

Lotte als Herrin der Oper

Wienbibliothek im Rathaus

Lotte bei ihrem letzten Opernball 1996

APA-PictureDesk

Lotte mit Annemarie Düringer

APA-PictureDesk

Lotte im Kreise ihrer Kolleginnen und Kollegen: Gusti Wolf, Michael Heltau, Annemarie Düringer und Susi Nicoletti

APA-PictureDesk

Burgtheater-Direktor Claus Peymann

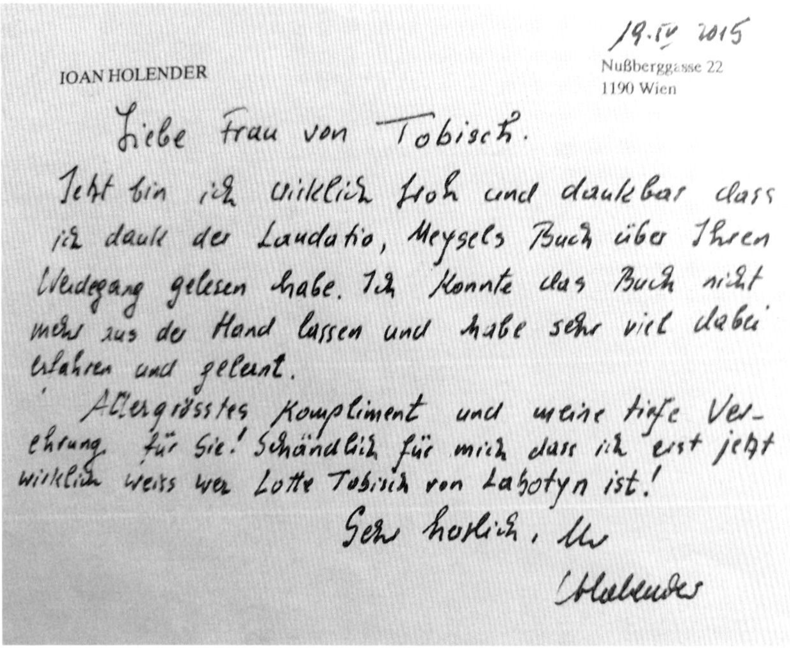

19.IV 2015

IOAN HOLENDER

Nußberggasse 22
1190 Wien

Liebe Frau von Tobisch.

Jetzt bin ich wirklich froh und dankbar dass ich dank der Laudatio, Meysels Buch über Ihren Werdegang gelesen habe. Ich konnte das Buch nicht mehr aus der Hand lassen und habe sehr viel dabei erfahren und gelernt.

Allergrösstes Kompliment und meine tiefe Verehrung für Sie! Schändlich für mich dass ich erst jetzt wirklich weiss wer Lotte Tobisch von Labotyn ist!

Sehr herzlich, Ihr

Holender

Privatarchiv Barbara Urbanek

Versöhnliche Karte von Ioan Holender an Lotte Tobisch, 2015

Zuerst schlug die Therapie an. Zu Weihnachten 1959 ging es Erhard Buschbeck besser. Lotte Tobisch aber wusste um den Ernst der Lage – und er vermutlich auch. Gesprochen wurde darüber nicht. Stattdessen plante sie einen Urlaub. Jemand hatte ihr erzählt, »dass das Schönste, das man auf der Welt sehen könne, die griechischen Tempel von Paestum bei Neapel im Mondlicht seien«.[286] Deshalb verbrachten die beiden im Jänner 1960 noch einmal wunderbare 14 Tage in Italien. Nicht lange danach ging es allmählich bergab mit Erhard Buschbeck. Seine Schluckbeschwerden wurden immer heftiger, er konnte nicht mehr schmerzfrei reden, essen und trinken. Doch bis zu Saisonende im Juni 1960 hielt er am Burgtheater die Stellung. Die Ferienzeit wollte Lotte Tobisch ihm nicht in der heißen Dachgeschosswohnung am Opernring zumuten, sie quartierten sich deshalb im Barockschloss in seiner geliebten alten Heimat in Ursprung im Flachgau ein und verbrachten dort die Sommerwochen. Als eine Lähmungserscheinung im Gesicht auftrat, gab Lotte Tobisch Haeusserman Bescheid, und der schickte einen Wagen. Vom Arzt erhielt sie Morphium, das sie ihm injizierte. Zuletzt, so erzählte es Lotte Tobisch Heinz Sichrovsky, ist er »verhungert und erstickt. Das war die Katastrophe meines Lebens«.[287] Er starb frühmorgens am 2. September 1960.

Damit ging nicht nur eine Ära am Burgtheater zu Ende, die 42 Jahre überdauert hatte, sondern auch die glücklichste Zeit in Lotte Tobischs Leben. In dem von ihr 1962 herausgegebenen Erinnerungsband mit Texten von und über Erhard Buschbeck schrieb sein Freund Carl Zuckmayer in seiner Würdigung:

> Dass hinter dieser klaren und breitgemeißelten Stirn, hinter diesem gelassenen, von nachdenklichen, gütigen und vielleicht ein wenig skeptischen Augen belebten Angesicht der Geist und die Seele, auch die Wortkraft, eines Dichters wohnten, wussten wenige. (...) Im Grunde war er ein Dichter, der »wortlos« dichtete – und fast empfinde ich eine Spur von Neid: welcher Dichter kann sich das leisten?[288]

6. Kapitel

Hundejahre

Der Tod Erhard Buschbecks war eine Zäsur im Leben der Lotte Tobisch. War sie 1945 in jugendlichem Leichtsinn aus der Welt ihrer Kindheit ausgebrochen, so beendete der Abschied von ihm ihre Jugend. Nun war sie mit einem Schlag auf sich allein gestellt. Ihr Eigensinn hatte sie früh zur »emanzipierten Frau« gemacht, die auch in der Partnerschaft darauf geachtet hatte, sich ihre Selbstständigkeit zu bewahren. Das kam ihr jetzt zugute. Später fand sie, dass »wir jüngeren, aufmüpfigen Frauen« nicht für »Selbstbestimmung, Selbstentscheidung und Selbstverantwortung« Spießruten gelaufen sind, damit »dies Gute durch unstillbare Allmachtsgelüste einer verbittert radikalen Minderheit pervertiert wird.«[289] Von der sprachlichen Vergewaltigung durch eine – wie Tobisch das nannte – »Gendercorrectness-Terrordiktatur« abgesehen, die jeden sprachsensiblen Menschen schmerzen muss, beschwerte sie sich bei der Feministin Barbara Tóth über die Diskriminierung von Frauen, »die zu Hause bleiben und drei oder vier Kinder haben« wollen.[290] Sie hätte gern eine Familie gegründet, gab sie zu Protokoll, es habe sich in ihrem Leben halt nicht ergeben. Ob sie zur Mutter nicht ebenso schlecht geeignet gewesen wäre wie ihre eigene, darf man sich fragen. Familienmensch wäre aus Lotte Tobisch wohl keiner mehr geworden; eher eine Art Salonnière wie Berta Zuckerkandl oder Eugenie Schwarzwald, wäre sie fünfzig Jahre früher zur Welt gekommen. In ihrem Salon hätten dann Künstler, Intellektuelle und Wissenschaftler von Theodor W. Adorno über Günther Anders, Elias Canetti, Friedrich Heer, Fritz Hochwälder, Robert Jungk, Gershom (oder wie sie ihn nannte Gerhard) Scholem, Fritz Wotruba bis Carl Zuckmayer verkehrt. Von Filmstars wie Adrienne Gessner oder Oskar Werner ganz abgesehen.

Die Zeit der großen Salons war nach dem Zweiten Weltkrieg aber vorbei. Nicht jedoch die Zeit für Freundschaften. Die suchte und pflegte Lotte Tobisch in ihrem neuen Lebensabschnitt. Zuerst einmal kam sie aber in doppeltem Sinne auf den Hund. Um sie über die große Trauer nach dem Verlust ihres Lebenspartners hinwegzubringen, schlug Susi Nicoletti ihr vor, sich einen Hund zuzulegen. Lotte Tobisch war skeptisch. Als die Kollegin »eines Tages ohne Vorankündigung mit einem kleinen, süßen Boxer im Arm vor meiner Wohnungstüre stand«[291], konnte Lotte Tobisch nicht widerstehen. Offiziell hieß der Welpe Dag von Ilsenstein. Als Rufname war das ungeeignet, weshalb er von Lotte Tobisch den Namen Dagobert erhielt. Im Laufe der darauffolgenden Monate wuchs er zum »größten und schönsten Boxerrüden von ganz Wien«[292] heran und wurde ihr treuer Begleiter. Noch ahnte sie nicht, dass er ihr auch eine wahre »Hundefreundschaft« eintragen würde.

Ein erster Schritt zurück ins Leben ward getan. Zum nächsten verhalf ihr der neue Burgtheater-Direktor Ernst Haeusserman. Noch von Erhard Buschbeck wusste er wohl, dass sich Lotte Tobisch aufgrund ihrer Merkfähigkeit hervorragend dazu eignete, als Ersatz für Kolleginnen zu fungieren, die aus irgendeinem Grund indisponiert waren. Das hatte sie nicht nur zu Kriegsende bewiesen, sondern auch ein paar Mal danach. So teilte sie sich zum Beispiel im Mai 1959 – noch vor Haeussermans Amtsantritt im Burgtheater – auf Bitte Buschbecks hin die Rolle der Agnes Sorel in Schillers Drama *Die Jungfrau von Orleans* mit Elisabeth Höbarth. Den Text konnte sie noch aus Bad Hersfelder Zeiten. *Die Presse* meinte dann, dass sie die Rolle »mit großer Süße«[293] gespielt habe. Eine unprätentiöse Schauspielerin im Talon zu haben, ist für jeden Prinzipal hilfreich. Überdies ist anzunehmen, dass Haeusserman sich nahezu verpflichtet fühlte, die Lebensgefährtin der Burgtheater-Institution Buschbeck auf diese Bühne zurückzuholen. Umgehend bot er Lotte Tobisch deshalb einen neuen Vertrag an, der sie ab 1. Oktober 1960 wieder an das Haus band. Im darauffolgenden Februar stand sie, nun wieder Vollmitglied des Ensembles, als Fürstin von Cythera bei der Uraufführung von Fritz von Herzmanovsky-Orlandos venezianischer Komödie *Zerbinettas Befreiung* im Akademietheater auf der Bühne. Danach ging es Schlag auf Schlag.

Quasi als Trauerarbeit übernahm sie eine Rolle nach der anderen. Ende April 1961 sah man sie nach einem Dutzend Jahren wieder auf der Bühne des Haupthauses, und zwar in der Hauptrolle der Fee Cheristane in Raimunds *Verschwender*, in dem sie Jahre zuvor schon die Amalie gespielt hatte. In der Inszenierung des von Haeusserman zum »Regie-Vorstand« ernannten Franz Reichert standen mit ihr unter anderen Inge Konradi, Wolfgang Gasser, Josef Meinrad, Albin Skoda und Hermann Thimig auf den Brettern. Im Sommer dieses Jahres gab das Burgtheater wieder einmal ein Gastspiel bei den Bregenzer Festspielen. Josef Gielen inszenierte Felix Brauns Tragödie *Orpheus*. Oskar Werner stellte den Protagonisten und Annemarie Düringer die Eurydike dar. Lotte Tobisch huschte nur als »Frauenschatten« über die Bühne. Im Herbst danach wirkte sie noch in ein paar unbedeutenden Stücken längst vergessener Autoren mit. In ihrer Freizeit ging sie mit Dagobert Gassi und sortierte Buschbecks Nachlass. Sie wollte ihm ein ehrendes Andenken bewahren und publizierte im Jahr darauf zur Erinnerung an ihn den Band *Mimus Austriacus*, »nicht nur, um den Dichter Buschbeck zu Wort kommen zu lassen, sondern auch um die außergewöhnliche und für das Burgtheater segensreiche Position Buschbecks darzustellen«, wie sie in ihrem Nachwort festhielt.[294] Darin enthalten sind auch Briefe von und an Erhard Buschbeck, unter anderem von Hermann Bahr, Robert Musil, Rainer Maria Rilke, Franz Werfel und Stefan Zweig. Editorisch beraten hat sie Hans Weigel.

Im Trauerjahr, so reflektierte sie später, »habe ich meinen übertriebenen Ehrgeiz verloren, weil ich mir gesagt habe: Was soll mir jetzt noch Schlimmeres passieren?«[295] Fortan betrachtete sie die Schauspielerei mehr oder weniger als Brotberuf, nicht mehr als Berufung. Sie verlagerte ihre Interessen auf andere Bereiche. Sie entdeckte etwa ihre Bastelleidenschaft. Von Autoreparaturen (an ihrem eigenen Wagen) über Änderungsschneidereien bis zu Installationstätigkeiten übernahm sie für Freunde allerlei Reparaturarbeiten. Ihr handwerkliches Geschick konnte sie auch gut brauchen, als ihre Nachbarn am Opernring wegzogen und sie deren Wohnung übernehmen und renovieren konnte. Damit hatte sie nun ein repräsentatives Domizil an einer der ersten Adressen Wiens. Was lag näher, als dies für gesellige Zusammenkünfte zu nutzen.

> Ich lud mir gern, wie es in der »Fledermaus« so schön heißt, Gäste ein, und zwar zu einem selbst gekochten Essen. Dabei ging es mir vor allem um ein so ungestört wie mögliches Beisammensein, um mich besser mit meinem Besuch unterhalten zu können.[296]

Sie tischte ihren wenigen Gästen (nicht mehr als fünf) deshalb keine mehrgängigen Gourmet-Menüs auf, sondern einfache Gerichte, am liebsten die wienerische »Nationalspeise« Schinkenfleckerl, weil sie die bereits vor Ankunft der Besucher zubereiten konnte und die Unterhaltung nicht durch hausfrauliche Tätigkeiten unterbrechen musste.

Natürlich spielte sie daneben auch Theater, passend zu ihrer seelischen Verfassung etwa eine Witwe in Shakespeares *Der Widerspenstigen Zähmung*. Josef Gielens Inszenierung hatte am 11. Jänner 1962 Premiere. Im November dieses Jahres stand sie noch in Shakespeares *Wintermärchen* als Emilia, der Kammerfrau der Königin, auf der Bühne der Burg; diesmal mit Erhard Buschbecks mit ihr gleichaltrigem Sohn Gandolf. Zwischen den beiden Shakespeare-Aufführungen erschien dann der Gedenkband an den Lebensgefährten, und es kam zu einer prägenden Begegnung.

Beim Stöbern in Buschbecks Schriften tauchte sie ein in die Welt der Wiener Moderne, die auch einen Mann fasziniert hat, den sie bald darauf – eher zufällig – kennenlernen sollte. Noch war Lotte Tobisch nicht geboren, als er sich Mitte 1925 in Wien aufgehalten hatte, um bei Alban Berg Komposition zu studieren und sich mit Arnold Schönbergs Zwölftontechnik auseinanderzusetzen. Während dieses Aufenthalts, so berichtet es Stefan Müller-Doohm[297], hatte ihm eine Zeitzeugin auch die Vorgänge beim legendären Konzert des Akademischen Verbands von 1913 geschildert (siehe Kapitel 1), bei dem Erhard Buschbeck den Operettenkomponisten geohrfeigt hatte. Von dieser Stimmung war in Wien ein Dutzend Jahre später kaum mehr etwas zu spüren. Der 21-jährige Theodor W. Adorno musste erleben, dass »die Stadt der ›großen musikalischen Revolution‹«[298] längst erstarrt war und der »Schönberg-Kreis« sich praktisch aufgelöst hatte. Enttäuscht – vor allem auch von Schönberg persönlich – kehrte er im Geburtsjahr Lotte Tobischs der Stadt seiner (Revolutions)Träume für lange Zeit den Rücken.

> Die Exponenten der von Wien ausgehenden radikalen Bewegung, Individualisten durch und durch, waren im großen Sinn intolerant. Kraus, dessen Beziehung zu Schönberg in späteren Jahren zumindest sich gelockert hatte, wandte sich gegen den Expressionismus als Schule und gebrauchte den Ausdruck Neutöner, den auch Schönberg mit Recht nicht leiden mochte, als Schimpfwort, stellte jedoch exponierte Autoren wie Trakl und Else Lasker-Schüler sehr hoch.[299]

Losgelassen hat die Donaumetropole den späteren Wegbereiter der 68er-Bewegung aber nie. Lotte Tobisch gegenüber betonte er, dass er Wien so liebe, »weil dort steht mein Gartenzwerg«.[300] Was genau das bedeutete, muss offenbleiben, in einem Interview erklärte Lotte Tobisch es sich so: »Dort ist die Jugend, dort sind Träume, unwirkliche Dinge, da stimmt nix. Das Irrationale, das Unberechenbare, das slawische Element.« Dem spürte Adorno seit 1956 wieder nach. Ab da kam er zu Vorträgen und Begegnungen gelegentlich wieder auf Besuch nach Wien. 1962 kam es dann zum ersten Zusammentreffen zwischen ihm und Lotte Tobisch.

Adornos Wien-Korrespondentin

Zwischenzeitlich hatte Lotte Tobisch auch politisch an Statur gewonnen. Aus dem verwöhnten und ahnungslosen Mädchen war eine Frau geworden, die wusste, dass das Private politisch ist. Doch sie war skeptisch, als sie der Shakespeare-Regisseur Josef Gielen im Juni 1962 anrief und fragte, ob sie nicht zum Mittagessen zu ihm und seiner Frau Ruza kommen wolle. Sie hätten seinen alten Freund Theodor W. Adorno mit seiner Frau Gretel zu Gast. »Ich wusste«, so Lotte Tobisch, »dass Adorno ein sehr berühmter Mann war, der komplizierte Bücher schrieb, an denen meine Leseversuche gescheitert waren«.[301] Sie fürchtete deshalb, dass Gielen sich mit ihr blamieren würde. Der wischte ihre Bedenken aber vom Tisch. Ergo wartete sie dann mit den Gielens gemeinsam auf das Ehepaar aus Frankfurt.

Anstelle eines entspannten Gästepaares stand sie dann unvermutet einem desparaten Mann gegenüber, der aufgeregt berichtete, dass seine Frau gestürzt sei, sich am Bein verletzt habe und mit Schmerzen im Hotelzimmer liege. Vielleicht erinnerte sich Lotte Tobisch in diesem Moment an Raoul Aslans Verzweiflung beim Tod seiner Freundin Erni Hrubesch. Sie reagierte jedenfalls in ähnlicher Manier, fuhr mit ihrem Auto ins Hotel, packte Gretel Adorno in den Wagen und brachte sie in die Ambulanz ins Allgemeine Krankenhaus. Dort wurde eine Knochenabsplitterung festgestellt, behandelt und die Patientin in häusliche Pflege entlassen. Nachdem sie Gretel Adorno zurück ins Hotel gebracht hatte, fuhr Lotte Tobisch zurück zu den Gielens und konnte deren Gast beruhigen. Adorno zeigte sich bass erstaunt über Lotte Tobischs souveränes Handeln. Seine Frau

Gretel wiederum lud sie als Dank für ihre Hilfe nach Sils Maria im Engadin ein, wo das Paar den Sommer zu verbringen pflegte.

Ob Lotte Tobisch dieser Einladung bereits in diesem Jahr nachkam, wie Meysels insinuiert[302], ist zu bezweifeln. Im Sommer 1962, »der vollgestopft mit Müh und Plage war«[303], spielte sie nämlich bei den Salzburger Festspielen unter der Regie von Leopold Lindtberg das Hannerl in Nestroys *Lumpazivagabundus*. Im ersten Brief Adornos an die »Baronin Lotte Tobisch von Labotýn« vom 31. Juli wird nur die Wiener Begegnung erwähnt. Bei dieser muss sie Adorno unter anderem gefragt haben, ob er wisse, wer die Rechte auf das Werk von Theodor Däubler innehabe. Sie plante nämlich, den Briefwechsel des Dichters mit Erhard Buschbeck herauszugeben. Die beiden waren zu Beginn des Ersten Weltkriegs miteinander durch Italien gereist und hatten 1916/17 ein paar Monate gemeinsam auf Hiddensee verbracht. Auch in Lotte Tobischs Antwort an den »sehr verehrten Herrn Professor« vom 2. September ist keine Rede von einer weiteren Zusammenkunft. Aus dem Schreiben geht nur hervor, »dass schon diese erste Begegnung durch eine gegenseitige spürbare Zuneigung geprägt«[304] war.

Da Lotte Tobisch sich aus Anlass des hundertsten Geburtstags von Theodor W. Adorno (am 11. September 2003) dazu entschlossen hat, ihre Korrespondenz mit ihm zu publizieren[305], wissen wir über die Beziehung zwischen den beiden recht gut Bescheid. Deshalb soll hier nur insoweit darauf eingegangen werden, als diese Freundschaft in Lotte Tobischs weiteren Lebenslauf hineinspielt. Den von Bernhard Kraller und Heinz Steinert mustergültig edierten Briefwechsel mit Adorno betrachtete sie im Übrigen als das von ihr Bleibende.

> Wenn jemand zehn Jahre nach meinem Tod noch weiß, wer ich bin, dann kann ich sagen: Es gibt eine Korrespondenz mit Theodor Adorno. (...) Da wird sich immer wieder wer wundern: Was ist ihm eingefallen? Darin

> sind vielleicht ein paar Sachen ganz interessant, ... weil der Adorno Wien sehr geliebt hat. Da werden sich viele Intellektuelle, hocherhobene Marxisten, fragen: Wie ist es möglich, dass ein Mann wie Adorno sich in diese merkwürdige, verschlampte, franzisko-josephinische Republik verschaut hat.[306]

Vielleicht war es ja weniger die Republik, in die er sich verschaut hatte, als einerseits in seine »Wien-Korrespondentin«, die ihm in dieser Stadt den roten Teppich ausrollte, andererseits die Reminiszenz an die Wiege der musikalischen Moderne, die ihn anzog und über die er von ihr Wesentliches erfuhr. Es mögen unterschiedliche Motive aufeinandergetroffen sein, die die gegenseitige Attraktivität ausmachten. Adorno traf auf eine junge Frau mit wienerischem Charme, der seine Wirkung auf ihn nicht verfehlte. Sie half ihm bei praktischen Angelegenheiten, die ihn belasteten. Darüber hinaus war sie eine anregende Gesprächspartnerin. Hinzu kam sein »viel belächelter Hang zu den ›besseren Ständen‹«[307], weshalb er sie zur Baronin erklärte. Sie wiederum fand in dem angesehenen Intellektuellen einen Ersatz für ihren verstorbenen Lebensgefährten, der mit seiner legendären Ohrfeige ebenjene »musikalische Revolution« befördert hatte, die Adorno (bei Alban Berg) in Wien gesucht hatte. Im Verlauf des Jahres kamen die beiden einander rasch näher – allerdings nicht so nah, wie er es sich gewünscht und Gretel Adorno es gar nicht ungern gesehen hätte. Es blieb bei der Freundschaft, die sich in gelegentlichen Begegnungen, in Telefonaten und Briefen niederschlug. Es gab für Lotte Tobisch eben auch Gründe, sich nicht in die Liste der Geliebten des berühmten Mannes einzutragen. Sie wurde zu seiner »kleinen Schwester in Wien«.[308]

Der Briefwechsel mit Adorno ist deshalb auch eine Art Erbe Lotte Tobischs an die Nachwelt, weil er nicht den intellektuellen Olympier demonstriert, sondern die menschliche Seite des politischen Vordenkers, mit ein paar seiner Neigungen und Schwächen. Dabei gilt allerdings, was Heinz Steinert festgehalten hat:

> Es gehört ja mit zu den billigsten Anwürfen der Plattköpfe, dass man einem Gesellschaftstheoretiker, der etwas darüber zu sagen hat, wie trist »das Leben« aussieht, hämisch nachweist, er hätte sich in seiner Lebensführung auch nicht an das zu halten gewusst, was er in seinen theoretischen Äußerungen sagte.[309]

Dass Adorno einen bürgerlichen Lebensstil pflegte, bevorzugt in Fünf-Sterne-Hotels abstieg und gern gut aß, sagt absolut nichts über seine Kritik an der »Kulturindustrie« aus. Die sollte in der Freundschaft zwischen Lotte Tobisch und ihm indirekt recht bald eine Rolle spielen. Ob es sein Einfluss war, dass Lotte Tobisch 1962 für den künstlerischen Betriebsrat des Burgtheaters kandidierte, wissen wir nicht. Es beweist aber, dass sie sich politisiert hatte. Ihr »Mittelweg« bestand nun darin, sowohl mit dem antikommunistischen Hans Weigel befreundet zu sein, der Aufführungen von Dramen des Theatermodernisierers Bertolt Brecht am Burgtheater bis 1966 verhindert hat, als auch mit dem kapitalismuskritischen Freund der musikalischen Moderne, Adorno. Der aus dem Schweizer Exil zurückgekehrte Hans Weigel zeigte sich sehr nachsichtig gegenüber Musikgrößen, die kulturelle Stützen des NS-Regimes gewesen waren, während Adorno, der seine Exiljahre in den ungeliebten Vereinigten Staaten verbracht hatte, sie nicht im Kulturbetrieb der Nachkriegszeit sehen wollte.

Auf welcher Seite Lotte Tobisch in der »Ohrfeigenaffäre« zwischen Käthe Dorsch und Hans Weigel (siehe Kapitel 1) stand, ist nicht klar. Was wir wissen, ist, dass sie sich nach Buschbecks Tod für Weigels kenntnisreichen und »seine literarisch-künstlerische Persönlichkeit« würdigenden Nachruf[310] bedankt und ihn danach um Rat und Hilfe für das Erinnerungsbuch gebeten hatte. Im Zuge dessen freundete sie sich mit Weigel an, wie den Mitteilungen an ihn zu entnehmen ist, die sich erhalten haben.[311] In ihrem Namen hat Weigel in der Folge etwa Alexander Lernet-Holenia um einen Beitrag für den Erinnerungsband gebeten.[312] Dazu kam es dann allerdings nicht. Aber nach der Arbeit an dem Gedenkbuch bedankte sie sich bei Weigel dafür, »dass Sie mir in diesem vergangenen Jahr so oft geduldig und lieb und verständnisvoll in meinem ganzen Kummer zugehört haben!«[313] Danach blieben die beiden in losem Kontakt.

Als *Mimus Austriacus* im Sommer 1962 erschien, schickte Lotte Tobisch das Buch zuerst an ihre Mutter, die euphorisch reagierte: »Ich bin tief und schmerzlich berührt, aber auch glücklich u. stolz über Dich u. Deine Liebe u. Treue zu unserem einmaligen unvergesslichen Buschi.«[314] So sehr hatte sich Nora Lederers Urteil über die »Liaison« ihrer Tochter mit dem verheirateten Mann inzwischen geändert. Dass sie immer noch der Ansicht war, dass eine Eheschließung angebracht gewesen wäre, sollte sich noch zeigen. Denn als Lotte Tobisch ihre Mutter ein paar Jahre später fragte, warum sie den inzwischen verwitweten Heinrich Benedikt heirate, antwortete sie schlicht: »Weil man das tut.«[315]

In ihrem oben erwähnten Antwortbrief an Adorno von Anfang September 1962 kündigte ihm Lotte Tobisch die Übersendung des Buschbeck-Bandes an. Der Herr Professor hatte derweil herausgefunden, wer die Rechte am Werk Däublers besaß. Doch nach längeren Verhandlungen mit dem S. Fischer Verlag, die trotz Adornos Vermittlung scheiterten, fand sich kein Verlag mehr, der den Briefwechsel mit Buschbeck herausgeben wollte. Er blieb bis heute ungedruckt. Selbst die Korrespondenz zwischen Lotte Tobisch und Adorno ist nicht ganz vollständig. »Es fehlen ein paar Briefe, von denen ich nicht weiß, wo die verkommen sind«, bekannte sie in einem die Beziehung sehr erhellenden Interview.[316] Als Adorno im Juni 1963 wieder nach Wien reiste, war er längst zu ihrem »Teddy«[317] geworden und sie zur »Lotte, Liebes«. Auf dringende Bitte Lotte Tobischs hat seine Briefe fortan übrigens Adornos Frau Gretel abgetippt, da Lotte seine Schrift kaum entziffern konnte. Auch sie schrieb mit der Schreibmaschine, weil sie um die schlechte Lesbarkeit ihrer Handschrift wusste.

> Gretel hätte gerne gehabt, dass er mir gefällt, weil sie meinte: Dann wären wir die Sorgen los. Gscheit war er ja selbst, und es waren schon sehr viele blöde Weiber dabei, die ihn sich als Berühmtheit umgehängt haben wie eine Federboa.[318]

Zu diesen wollte Lotte Tobisch nicht zählen. Und er hat das sofort respektiert, wie sie dem *Falter* mitteilte. Zwar hat sie ihn im ersten Brief nach seinem Wien-Besuch im Juni 1963 um Nachsicht dafür gebeten, dass es sich bei ihren Zeilen um jene seiner »Maggi-Fernseh-Königin« handle, die »halt nur ›Maggi‹ reflektieren kann«.[319] Tatsächlich wusste sie genau, dass sie ihm so manche Anekdoten über die »musikalische Moderne« erzählen konnte, »die noch vor seiner Zeit in Wien lagen«[320], weil Buschbeck ihr davon berichtet hatte. Ihr Understatement bezieht sich darauf, dass sie im Frühjahr 1963 in einem vom ORF ausgestrahlten Werbefilm für Maggi-Suppenwürfel mitgewirkt hat.

Überhaupt war sie in diesem Jahr mehr fürs Fernsehen als für das Theater tätig. Erst im Sommer trat sie wieder bei einem Gastspiel des Burgtheaters bei den Bregenzer Festspielen auf, und zwar als Gioconda Petrucci, eine Frau aus Assisi, in Max Zweigs Drama *Der heilige Franziskus*. In der Inszenierung von Josef Gielen gab Josef Meinrad, nach Ansicht von Wolfgang Kraus[321] »viel zu grell, zu laut«, den Franziskus. Die junge Erika Pluhar spielte im Übrigen seine Gefährtin Clara. Danach wollte Lotte Tobisch ein paar Tage Urlaub machen und kam auf das Angebot Gretel Adornos zurück, in Sils Maria vorbeizuschauen. Dort verbrachte sie dann ein paar entspannte Tage. Ansonsten war sie im August »wie eine Wildsau durch die Gegend gerast«, wie sie Adorno zu Sommerende schrieb.[322] Sie besuchte wieder Ludwig von Ficker in Innsbruck und ihre Mutter in Gastein. Der dortige Schnürlregen vertrieb sie zu den Salzburger Festspielen, wo sie sich Aufführungen von *Cosi fan tutte* und *Faust II* ansah, die sie beide nicht überzeugten.

Wie sehr sie mittlerweile zu einem kritischen Menschen geworden war, der nicht mehr bereit war, politische Verhältnisse so hinzunehmen, wie sie waren, zeigte sich im Herbst.

Palastrevolutionen

Unterdessen war Egon Hilbert aus seiner »römischen Verbannung« als Intendant der Festwochen nach Wien zurückgekehrt und auf Wunsch Herbert von Karajans ab 9. Juni 1963 Co-Direktor der Wiener Staatsoper geworden. Das war Karajans Bedingung dafür, als »künstlerischer Leiter« an der Oper weiterzumachen, nachdem er im Februar 1962 zum ersten Mal demissioniert hatte. Der damalige Grund seiner Verärgerung war, dass Unterrichtsminister Drimmel in seiner Abwesenheit mit dem Bühnenpersonal einen Kollektivvertrag ausgehandelt hatte, den er für ungeeignet hielt, einen theatergemäßen Funktionsablauf an der Oper aufrechtzuerhalten. Insbesondere die Überstundenregelung hätte es nach Ansicht von Karajan verunmöglicht, »einen geordneten Proben- und Vorstellungsbetrieb zu garantieren«.[323] Der Minister hatte insofern Handlungsbedarf gehabt, als ein Streik in der Luft lag und die Gefahr drohte, den 1956 wiederaufgenommenen Opernball absagen zu müssen. Was Karajan egal gewesen wäre, den Minister aber unter Druck seiner eigenen Partei gebracht hätte. Nach Sympathiekundgebungen für ihn ließ Karajan sich unter zwei Bedingungen dazu überreden weiterzumachen: Erstens wollte er einen Co-Direktor und zweitens weitgehende Unabhängigkeit von der Bundestheaterverwaltung. Diese Voraussetzungen wurden erfüllt, der Opernball abgehalten und in Österreich kehrte Faschingsfriede ein.

Allerdings nicht für lange. Der von Karajan erwünschte Co-Direktor Walter Erich Schäfer trat zwar am 1. April 1962 sein Amt an, wollte aber seine Intendanz in Stuttgart nicht aufgeben. Es war eine Frage der Zeit, wie lange das gutgehen konnte. Bald schon war Schäfer gesundheitlich angeschlagen und »fand sich sicherlich im verwirrenden austriakischen Intrigendschungel nicht zurecht«.[324] Als im Mai 1963 eine kurzfristig angesetzte *Meistersinger*-Vorstellung noch viel kurzfristiger wieder abgesagt werden musste, weil man vergessen hatte, den dafür vorgesehenen Tenor zu verständigen, war die Sache gelaufen. Karajan war – wie so oft – abwesend, weil er davon überzeugt war, »ein Opernhaus sei auch per Telefon zu leiten«.[325] Schäfer gab entnervt auf, kehrte nach Stuttgart zurück, und Karajan wurde zum Minister gebeten.

Was danach geschah, ging als typisch österreichische »Staatsoperette« in die Annalen der Wiener Theaterintrigen ein.

> Allen Interessierten erklärte man, als Nachfolger von Walter Erich Schäfer sei bereits Hermann Juch von der Volksoper bestellt. Und der zum Chef der Bundestheaterverwaltung avancierte Alfred Weikert bestätigte dies auf einer Fahrt von Salzburg nach Wien in Amstetten ... Zwei Stunden später erfuhren er und der Burgtheaterdirektor ... von der Bestellung Egon Hilberts zum neuen Direktor der Wiener Staatsoper.[326]

Das bekam auch Adorno mit, der im Juni 1963 am *6. Europagespräch* in Wien teilgenommen und mit Lotte Tobisch eine Vorstellung der *Götterdämmerung* in der Staatsoper besucht hatte. Regisseur und Dirigent der Aufführung: Herbert von Karajan. Der hatte Egon Hilbert die administrative Leitung der Oper angeboten, weil er hoffte, der Theaterfreak werde ihm weitere Vorstellungspannen ersparen, und weil sich der einstige KZ-Häftling Hilbert nach dem Krieg dafür eingesetzt hatte, das NSDAP-Mitglied Karajan zu pardonieren. In 28 Punkten hatte Karajan ein Übereinkommen mit Hilbert ausgehandelt, das im Rückblick wenig Hoffnung auf eine gedeihliche Zusammenarbeit erlaubte. Diese Vereinbarung legte Karajan dem Minister Drimmel vor, der sich weitere Unbill ersparen wollte und seinen Segen dazu gab. Für Hilbert aber war klar, »dass er unter allen Umständen einmal Staatsoperndirektor werden wollte, und zwar alleiniger«.[327]

Nun waren die Herren Direktoren nicht nur vom Typus her völlig verschieden, sie hatten auch unterschiedliche Vorstellungen davon, wie es mit der Wiener Oper weitergehen sollte. »Bekannt war, dass Herbert von Karajan vom hierzulande tradierten, lokal festgeschmiedeten Ensemble, aus dem jeweils (fast) alle Rollen zu besetzen waren, nicht allzu viel hielt.«[328] Er wollte »Generalmusikdirektor« Europas werden und Opernstars aus aller Welt für eine Inszenierung zusammenbringen und damit auf Tournee gehen. Er war ein Verfechter des »Stagionesystems«. Anders Hilbert, der ein Verteidiger eines fixen Ensembles war, und hauseigene Inszenierungen – je nach Erfolg – möglichst lange im Repertoire halten wollte. In diesen jahrelangen Streit mischte sich in der Folgezeit auch Adorno publizistisch ein – aufseiten Hilberts und mit tatkräftiger logistischer Unterstützung Lotte Tobischs.

Adorno kannte Karajan nicht persönlich, aber der Tausendsassa war ihm nicht nur wegen seiner Nazi-Nähe suspekt, sondern auch als Beförderer ebenjener Kulturindustrie, der er den Kampf angesagt hatte. In Karajans Faszination für alle Arten der technischen Reproduktion paare sich »seine organisatorisch unvermeidliche Modernisierungstendenz mit künstlerischer Reaktion«, so Adorno.[329] Diese auch nach Hilberts Tod weitergehende Auseinandersetzung nimmt im Briefwechsel zwischen Adorno und Lotte Tobisch keinen geringen Raum ein. Nach Hilberts Amtsantritt berichtete Lotte Tobisch Adorno erst einmal von einem Nebenschauplatz des Wiener Intrigentheaters: »Von Hilbert ist zu berichten, daß er Böhm und Karajan versöhnt hat und im Übrigen – um mit Deinen Begriffen zu operieren: wie ein Wildeber umeinanderschießt!«[330] Karajans in Unfrieden aus dem Amt geschiedener Vorgänger als Staatsoperndirektor, Karl Böhm, hatte sich geweigert, dort unter seinem Nachfolger zu dirigieren. Bevor es zum großen Eklat kam, herrschte zu Herbstbeginn erst einmal Ruhe.

Lotte Tobisch war aber nicht nur für Adorno Beobachterin der Vorgänge an der Oper, sie war als Betriebsrätin natürlich auch interessiert an einer guten Stimmung im eigenen Haus. Mit der dürfte es nicht zum Besten gestanden haben. Das hatte unter anderem damit zu tun, dass Direktor Haeusserman sich dem karajanschen Starprinzip verschrieben hatte und möglichst viele Spitzenschauspieler als Gäste ins Burgtheater bringen wollte. Damit vergraulte er selbstverständlich sein Ensemble. In der Burg rumorte es also – und Lotte Tobisch war als Vertreterin der Kolleginnen und Kollegen erstmals gefordert. Anfang Februar 1964 schickte sie einen Brief nach Frankfurt, in dem sie Adorno unter dem Siegel der Verschwiegenheit davon unterrichtete, »eine größere Palastrevolution«[331] vorzubereiten. Geplant war, Gastauftritte von Filmstars wie Curd Jürgens oder Heinz Rühmann am Burgtheater zu verhindern. Vergleichbares wiederholte sich zwei Jahrzehnte später, als Claus Peymann »seine Bochumer« an die Burg holte.

Zum Aufstand animiert worden war Lotte Tobisch wohl durch die Ereignisse an der Oper im Herbst davor. Da war es, wie sogar der *Spiegel* dann beim zweiten, endgültigen Rücktritt Karajans vermeldete, zu seinem »dritten Streich« gekommen:

> Im November 1963 wollte Karajan den Souffleur der Wiener Oper bei einer größtenteils mit italienischen Sängern besetzten Aufführung von Puccinis »La Boheme« durch einen italienischen »Maestro Suggeritore«, eine Art Subdirigenten, ersetzen. Das Wiener Arbeitsamt verweigerte dem »unnötigen Italiener« die Arbeitserlaubnis. Als er bei der Premiere dennoch im Souffleurkasten saß, streikte das technische Personal. Die Vorstellung, zu der Bundespräsident Schärf erschienen war, fiel aus.[332]

Ein Operndrama ersten Ranges! Doch das war noch nicht alles. Nach der Streikansage des Bühnenpersonals traten Karajan und Hilbert vor den Vorhang und Letzterer verkündete »im vor Erregung brodelnden Opernhaus« und bei steinerner Miene von Ersterem die Absage der Vorstellung.[333] Danach umarmte er seinen Co-Direktor. Diese Umarmung ging als »Judaskuss« Hilberts in die Operngeschichte ein. Das kam nicht von ungefähr, war das Verhältnis der beiden zu diesem Zeitpunkt doch bereits zerrüttet. Karajan etwa bestand darauf, dass Hilbert sich nicht mehr »Staatsoperndirektor« nennen sollte, da dies impliziere, dass es nur einen gebe. Die korrekte Bezeichnung müsse »Direktor der Staatsoper« lauten. Karajan selbst wollte als »künstlerischer Leiter der Staatsoper« bezeichnet werden. Mit solchen Spitzfindigkeiten führten die Kontrahenten einen Hahnenkampf, der zu Lasten des Hauses ging und keine Zukunft hatte.

Kurz nachdem eine schriftliche Erklärung Karajans beim neuen Unterrichtsminister Theodor Piff-Perčević eingegangen war, in der er mitteilte, seine Tätigkeit an der Oper mit Auslaufen der Spielzeit aus gesundheitlichen Gründen zu beenden, informierte Lotte Tobisch am 14. Mai 1964 Adorno von den Vorgängen. Sie beobachtete Karajans Hop-on-hop-off-Verhalten nicht nur im Hinblick auf Adornos Vorbehalte gegen den »Maestro« mit Argusaugen, sondern auch im Hinblick auf ihre eigene Agenda.

> Der Karajan ist schon auch ein schrecklicher Kerl! Nun hat er, als künstlerischer Leiter, demissioniert, und stellt die kindischsten Bedingungen für den Fall, daß er in Wien dirigiert, droht Wien nicht mehr zu betreten, falls Hilbert im Zuschauerraum sitzen würde usw.[334]

Zwischen Karajan und der Bundestheaterverwaltung gab es aber keinen Vertrag. Diesen Umstand nutzte Hilbert, um dem Minister deutlich zu machen, dass er gewillt sei, ohne Karajan weiterzumachen. Adorno hielt das offenbar für chancenlos, brachte er Lotte Tobisch gegenüber doch Anfang Juli einen neuen Namen ins Spiel: »Vielleicht ist es nicht zu frech von mir, wenn ich den Namen meines Freundes Solti in die Debatte werfe.«[335] In der Tat wurde nach einem Mann gesucht, der Hilbert zur Seite gestellt werden konnte. Doch Adornos Vorschlag war zwar gut gemeint, in Anbetracht der »Wiener Verhältnisse« aber unrealistisch.

Der mit Kunstangelegenheiten unvertraute Minister bemühte sich zwar – nicht zuletzt wegen des starken Drucks bestimmter Medien und Lobbys –, Karajan zumindest als Gastdirigent in Wien zu halten, doch die Atmosphäre war zu vergiftet. Dazu hatte Karajan selbst beigetragen, indem er in einem *Spiegel*-Interview sagte, dass er Wien aufgegeben habe, »weil kein Pferd mehr da ist, sondern nur ein Ackergaul«.[336] Er sollte erst 13 Jahre später wieder in Wien auftreten. Hilbert aber sah seine Stunde gekommen und veranlasste den Minister mit Berufung auf gültige Verträge, ihn im Amt zu bestätigen. Er sollte es – trotz vielfacher Anfeindungen – bis zu seinem Tod am 18. Jänner 1968 ausüben. Am Tag davor hatte er nach monatelangem Tauziehen seine Beurlaubung mit 1. Februar unterzeichnet. Adorno zeigte sich von Hilberts Ableben Lotte Tobisch gegenüber »tief traurig« und überlegte, »was man tun kann, um dem Toten einige Gerechtigkeit widerfahren zu lassen, gegen die Bande, die ihn zur Strecke gebracht hat«.[337]

Ergebnis seiner Reflexionen war dann ein Vortrag, den er zu Ehren Egon Hilberts am 24. Oktober 1968 in der Grazer Musikakademie zum Thema *Konzeption eines Wiener Operntheaters* hielt.[338] Vorausgegangen war dieser Rede Adornos eine von Lotte Tobisch mitorganisierte Podiumsdiskussion zum Thema *Stagione- oder Ensemble-Oper* im Wiener Palais Pálffy im Mai 1966, die als Anti-Karajan-Veranstaltung angelegt war und im starverliebten Wien schlecht ankam. Unter dem Titel *Schöne Stimmen, schöne Weisen?* hatte etwa Hermi Löbl, Gattin des Anführers der »Karajan-Clique« Karl Löbl, in der Boulevardzeitung *Express* einen satirischen Kommentar veröffentlicht, in dem »die Haltung, die Adorno so heftig kritisiert, dargestellt und auf ihn selbst angewendet wird«.[339]

Als »Anwältin« Adornos wandte sich Lotte Tobisch hilfesuchend an Günther Nenning, den Chefredakteur der von

Friedrich Torberg und Alexander Lernet-Holenia begründeten Zeitschrift *FORVM*:

> Ich sende Ihnen diesen Artikel, ... weil ich nicht blöd genug bin, um dem gezielten Schwachsinn der Frau Dr. Löbl ... zu erwidern und weil ich glaube, daß Sie, lieber Herr Doktor, der einzige Mensch sind, der dazu geeignet ist, diese Kulturschande für Österreichs Intellektuelle aus der Welt zu schaffen.[340]

Nenning reagierte auf ihr Ersuchen höflich, aber ablehnend. Er berief sich auf Goethes Äußerung gegenüber Eckermann, dass man Gazetten nur erwidern solle, »wenn sie behaupten, man habe silberne Löffel gestohlen«. Da er Adorno aber als Beiträger seiner Zeitschrift nicht verlieren wollte, lud er ihn zu einem Essay ein. Das Ergebnis war dann der Vortrag, den Adorno in Graz hielt, der aber nicht im *FORVM* erschien. Darin relativierte er seine Position von 1966. »Die Repertoire-Oper in ihrer traditionellen Gestalt ist offenbar nicht zu retten«, hieß es in der Grazer Rede.[341] Er hatte eingesehen, dass die Wirklichkeit seinen Vorstellungen eines Opernbetriebs keine Chance mehr gab. »Die Oper – und schon gar eine wie die Wiener mit ihrer soliden Tourismus-Funktion – ist Bestandteil der Kulturindustrie«, resümiert Steinert.[342] Karajan hatte gewonnen.

Deutlich wird aus der ganzen Affäre jedenfalls, wie sehr sich Lotte Tobisch – wohl auch durch Adornos Einfluss – in kulturpolitische Belange einmischte. Gegen Ende ihres Lebens sagte sie bei einer Podiumsdiskussion sogar, »wenn ich noch jung wäre, würde ich in die Politik gehen, nicht mehr ins Theater«.[343] Für eine politische Funktion geübt hatte sie als Betriebsrätin am Burgtheater. Zu mehr als zur Unterstützung von Irmgard Griss im Präsidentschaftswahlkampf von 2016 reichten ihre Kräfte damals aber nicht (mehr) aus. Ihre hauseigene »Palastrevolution« hingegen gestaltete sich eher zäh. Im Mai 1964 schilderte sie Adorno etwas erschöpft, »dass ich mich viel herumärgere, sehr viel Arbeit habe und die Hoffnung nicht aufgebe – wenigstens ein paar Dinge durchzusetzen, die ich mir vorgenommen habe«.[344] Eine gute Voraussetzung dafür sei, wie sie festhielt, dass sie nichts für sich selber wolle und keinen Dank erwarte.

Freundin bedeutender Männer

In dieser Zeit nahm die politische Bewegung der 68er Fahrt auf. Und die ging – in mancherlei Hinsicht – nicht (mehr) über Lotte Tobisch hinweg. Adorno hatte sie nicht nur auf Werke wie den 1956 erschienenen Band *Die Antiquiertheit des Menschen* seines Freundes Günther Anders aufmerksam gemacht, er vermittelte ihr auch den Kontakt zu allerlei Denkern, die den 68ern Stoff für ihre Proteste lieferten. Über den als streitbar geltenden Anders, dessen erste Frau die politische Philosophin Hannah Arendt gewesen war, sagte Lotte Tobisch in noblem Understatement: »Warum ich mit Anders bis zu dessen Lebensende befreundet war? Wahrscheinlich hat er mich gar nicht für würdig befunden, sich mit mir zu überwerfen.«[345] Dagegen spricht seine brieflich dokumentierte Einschätzung von Lotte Tobisch: »Immer strahlend, immer freundlich – wie macht sie das? Sie ist doch eine intelligente Person.«[346] Was Anders aber fehlte, war die Einsicht in die Verletzbarkeit des Menschen. Nach Adorno war er ein anständiger Mensch mit einem großen Fehler: Er hat geglaubt, »dass er der einzige Anständige auf der Welt ist«.[347] Das mag ein Grund sein, weshalb ihm, wie er Hannah Arendt einmal schrieb, »kein Kontinuum, außer dem der Arbeit, geglückt«[348] war. Auch Lotte Tobischs antrainierte Disziplin, die ihren Preis hatte, nahm er nicht zur Kenntnis.

Auf den Punkt gebracht hat ihre Qualitäten der jüdische Religionsgelehrte Gershom Scholem, den sie bei einem Besuch bei Adorno in Sils Maria kennengelernt hatte. »Sie hört gern zu, ausgiebig, dann fragt sie intelligent – und dann kann man mit ihr lachen.«[349] Diese Beschreibung erklärt gut, warum sie zur »Freundin bedeutender Männer« wurde. Das hat eben damit zu tun, dass sie deren mitunter ausgeprägter Neigung zum Extemporieren und Dozieren entgegenkam und als anregende und aparte Zuhörerin geschätzt wurde. Angefangen hat die Freundschaft zwischen Scholem und ihr keineswegs verheißungsvoll. Adorno stellte sie ihm als »Baronin Tobisch« vor, was Scholem mit dem typisch berlinerischen Satz »Mensch, det och noch!« quittiert haben soll.[350] Adorno fand das zeitlebens ungehörig. Scholem aber genoss es, den Frankfurter Großbürger zu provozieren. »Er hat sich immer schrecklich benommen, aber nur in Gegenwart Adornos«, so Lotte Tobisch in diesem Interview. Über ein gemeinsames Essen im Nobelhotel Waldhaus in Sils Maria erzählte sie folgende Anekdote:

> Der Adorno? Oooh! Der war ein Gourmet!! Scholem … hat im Essen herumgestochert, bemäkelt, dass es nicht koscher sei – wobei jeder wusste, dass es ihm völlig wurscht war –, und es in die Küche zurückgeschickt, nur um den Teddie in den Wahnsinn zu treiben.«[351]

Als Lotte Tobisch bereits mit Michael Simon zusammenlebte, wollte Scholem Friedrich Torberg kennenlernen. Sie lud deshalb ihm zu Ehren ein paar Intellektuelle zu sich ein und hoffte auf einen interessanten Abend. Als Scholem dann verspätetet auftauchte, warf er in die Runde, »heute is'n Maigret im Fernsehen«[352] – und alle saßen vor dem Bildschirm.

Am Tag vor Heiligabend 1962 stand Lotte Tobisch im Akademietheater als Frau Föderl in Schnitzlers dramatischer Historie *Der junge Medardus* gemeinsam mit Alma Seidler und Walther Reyer noch einmal auf der Bühne. Ab 1963 kam Elias Canetti, meist auf Einladung von Wolfgang Kraus von der Österreichischen Gesellschaft für Literatur, gelegentlich wieder nach Wien. Da saß der 1938 aus Österreich vertriebene Canetti dann am 10. September 1964 gemeinsam mit dem »Säckelwart des NS-Bundes deutscher Schriftsteller Österreichs«, Friedrich Schreyvogl, im Palais Pálffy auf dem Podium und las aus seinen Dramen. Canetti hoffte insgeheim, dass das Burgtheater auf diese Weise auf sein dramatisches Werk aufmerksam werden würde. Denn trotz des Echos, das sein 1960 erschienenes Buch *Masse und Macht* unter Intellektuellen ausgelöst hatte[353], war er als Theaterautor in Wien weithin unbekannt. Möglich, dass Lotte Tobisch auf Anregung Adornos bei dieser Veranstaltung im Publikum saß und ihn ansprach. Ab Mitte der Sechzigerjahre schaute Canetti jedenfalls gern auf einen Kaffee am Opernring vorbei, wenn er in Wien war. Ein von Lotte Tobisch für ihn arrangiertes Gespräch mit einer jungen Journalistin wurde leider nie publiziert.[354] Es waren aber gerade solche Dinge, bei denen Lotte Tobisch in einer unvergleichlichen Kombination von Grazie und zupackender Art ihren Freunden unter die Arme griff – und sie in ihren Bann zog.

Nach ihrer Zeit als »Opernball-Lady« wehrte sie sich in einigen Interviews dagegen, »Wiener Muse« berühmter Gelehrter gewesen zu sein. Erstens waren die meisten noch wenig bekannt, als sie sie kennenlernte, und zweitens legte sie Wert darauf, eine echte Freundin gewesen zu sein:

> Ich war nicht die Muse vieler Männer, ich war mit vielen befreundet. Ich bin ein Mensch, der offenbar dazu geeignet ist, ein guter Freund zu sein. Diese Menschen haben sich zu mir hingezogen gefühlt, und ich habe für die alles Mögliche gemacht, woran es ihnen gemangelt hat.[355]

Männern behilflich zu sein stand für sie in keinem Widerspruch dazu, eine emanzipierte Frau zu sein. Und diese nahmen ihre Gefälligkeiten natürlich gern in Anspruch. In Artikeln und Preisreden zitiert wurde Canettis Ausspruch über sie: »Wenn Lotte Tobisch in den Raum kommt, wird es heller.«[356] Ein Stück Canettis auf die Bühne des Burgtheaters zu bringen, gelang ihr allerdings nicht. Noch 1975 beschwerte sich der Schriftsteller beim damaligen Unterrichtsminister Fred Sinowatz darüber. Der hatte Canetti eingeladen, die Festrede zum 200-jährigen Bestehen des Burgtheaters zu halten. Seine Absage begründete Canetti damit, dass ihm ein paar

Jahre zuvor eine Aufführung seiner *Komödie der Eitelkeit* am Burgtheater in Aussicht gestellt worden war.

> Auf wie verletzende Art mir da mitgespielt wurde, möchte ich Ihnen nicht nochmals berichten. Ich hatte die Naivität, noch zu glauben, dass ... sozusagen als Überraschung zu meinem 70. Geburtstag etwas dort geplant werden würde. Es ist nichts Derartiges geschehen und auch dieses Jahr ist wie jedes andere so vorübergegangen, als hätte ich mit Wien, das ich in der ganzen Welt als meine literarische Heimat bezeichne, nicht das Geringste zu tun.[357]

Ausdrücklich ausgenommen von den Vorwürfen hat Canetti in diesem Brief Lotte Tobisch sowie den Minister selbst; er bestätigte jedoch, seinem Unmut über diese Behandlung gegenüber Bundestheater-Generalsekretär Robert Jungbluth freien Lauf gelassen zu haben. Als er Lotte Tobisch nach Erscheinen des zweiten Teils seiner Autobiografie, *Die Fackel im Ohr*, und wenige Monate vor Verleihung des Literaturnobelpreises an ihn (1981) ein Exemplar schickte, fand sie darin die Widmung: »Für Lotte Tobisch, die ich so gern wiedersehen möchte. In herzlicher Freundschaft.«[358]

Immer mehr war sie am Burgtheater nun mit Organisatorischem befasst und immer weniger mit der Schauspielerei. Die wurde zur Routine für sie. 1963 spielte sie zwar im Akademietheater die Repertoire-Stücke weiter, aber ihr Herz hing nicht mehr daran. Sie gab sich mit den Nebenrollen zufrieden. So sah man sie in den Sechzigerjahren zwar noch in Lernet-Holenias Komödie *Glastüren* (1964), in Oscar Wildes Intrigendrama *Ein idealer Gatte* (1964) als Lady Basildon, nach längerer Zeit wieder im Haupthaus am Ring in Grillparzers Drama *König Ottokars Glück und Ende*, diesmal in der Rolle der Kammerjungfrau Elisabeth (1966), in Carl Sternheims Skandalstück *Die Kassette* (1966) als Dienstmagd Emma, in Bahrs *Konzert* (1966), in Shakespeares *Wie es euch gefällt* (1966), in Franz Molnárs Schauspiel *Der Schwan* wieder als Kammerjungfrau (1966), als Fernsehreporterin in Otto F. Beers Dramatisierung seines Romans *Christin-Theres* (1967) und im selben Jahr sogar als Teil der Hofgesellschaft in Goethes *Faust II*. Des Öftern wird sie in der Burgtheater-Chronik aber nur als »auch Tobisch« angeführt, was bedeutet, dass sie »in der Serie eingesetzt worden ist, wenn die Erstbesetzung ausgefallen ist«, erläutert Reinhard Urbach.[359] Der spätere Burgtheater-Dramaturg meint auch, dass sie immer kleinere Rollen gespielt habe. Für die Lady Macbeth hätte man sie zum Beispiel nicht eingesetzt.

Einen größeren Auftritt hatte sie in dieser Zeit nur bei der Aufführung von Shakespeares *König Heinrich V.* im Mai 1964 als Isabelle, der Königin von Frankreich. Eine Paraderolle für sie. Inszeniert hatte das Stück Leopold Lindtberg, mit ihr auf der Bühne standen unter anderen Annemarie Düringer und Achim Benning, der spätere Burgtheater-Direktor. Erst unter seiner Leitung kam die *Komödie der Eitelkeit* 1979 auf die Bretter des Hauses am Ring. Nicht unbedingt zur Freude der Wiener Presse. Achim Benning erinnert sich, dass der Tenor der Berichterstattung lautete: »Was weiß dieser bulgarische Autor über Wien?«[360] Ein paar Monate später, so Benning, nach der Verleihung des Nobelpreises an Canetti, hieß es dann: »Unser österreichischer Autor Elias Canetti.« Diese »Wendigkeit« der Wiener Presse war es, worüber sich Benning und Lotte Tobisch austauschten und aufregten. In betriebsrätlichen Fragen, so berichtet Barbara Urbanek, waren sie sich während Bennings Amtszeit als Direktor weniger einig. Auch mit ihren Bemühungen, Einfluss auf die Spielplangestaltung zu nehmen und ein (weiteres) Stück des noch mit Hugo von Hofmannsthal befreundeten Dramatikers Felix Braun zur Aufführung zu bringen, hatte Lotte Tobisch keinen Erfolg. Ende 1964 schrieb sie dem Dichter, dass sie »alles versuche, um die zuständigen Leute an ihre Pflicht zu gemahnen und Ihnen endlich die gebührende Achtung entgegenzubringen«.[361] Vergeblich.

Nach all den Begegnungen mit jüdischen Intellektuellen war es nur konsequent, dass sie 1965 auch zur politischen Aktivistin gegen Antisemitismus wurde. Der Schatten, den die

68er-Bewegung in Österreich vorauswarf, hatte einen Namen: Taras Borodajkewycz. Der Professor an der Hochschule für Welthandel war nicht nur für seine Nazi-Vergangenheit bekannt, sondern auch für die unverhohlen antisemitischen Äußerungen in seinen Vorlesungen. Dagegen formierte sich Protest linker Studentinnen und Studenten. Einer davon: der spätere Finanzminister Ferdinand Lacina. Er protokollierte ab 1961 die Aussagen seines Professors. Diese Mitschrift gelangte in die Hände des damaligen Kabarettisten Oscar Bronner, der in der ORF-Sendung *Zeitventil* vom 18. März 1965 daraus einen Beitrag in Form eines Interviews mit Borodajkewycz gestaltete. Die Folge: eine parlamentarische Anfrage der SPÖ. Damit erreichte die Angelegenheit eine größere Öffentlichkeit. Aus den Reihen von Burschenschaftern kam es zu Pro-Borodajkewycz-Kundgebungen, auf der anderen Seite zu Demonstrationen sozialistischer Studentinnen und Studenten. Die Situation eskalierte.

Bei einem Protestmarsch gegen Borodajkewycz am 31. März 1965 kam es zu Zusammenstößen mit Gegendemonstranten, bei denen der Widerstandskämpfer Ernst Kirchweger schwer verletzt wurde und zwei Tage später verstarb. Kirchweger war das erste politische Todesopfer der Zweiten Republik. Die Unruhen gingen auch am Burgtheater nicht spurlos vorüber, marschierte doch ein Demonstrationszug der Borodajkewycz-Anhänger am Ring vorbei. Lotte Tobisch, Achim Benning und Otto Kerry, mit dem Lotte Tobisch im Betriebsrat saß, kamen von der Oper über den Ring zum Burgtheater. Sie hatten von dem Attentat auf Kirchweger gehört, wie Benning sich erinnert.[362] Als einer der Demonstranten auf das vor dem Gebäude geparkte Auto Lotte Tobischs stieg und ein Transparent entrollen wollte, schoss sie zu ihm hin und packte den jungen Mann an den Füßen. Woraufhin er ihr das Transparent auf den Kopf schlug: »Es ist nicht viel passiert, aber Sie glauben nicht, wie eine Platzwunde am Kopf blutet«[363], spielte sie die Ereignisse im Alter herunter.

Mehr als sie selbst erschrak Lotte Tobischs Mutter über die Verletzung. Nora Lederer war immer noch der Ansicht:

»Wenn sich das Pack schlägt, macht man die Türe zu.«[364] Im Gegensatz zu ihrer Tochter und trotz ihrer Ehen mit Gustav Lederer hatte sie die Lehren aus der Zwischenkriegszeit und deren Folgen nicht gezogen. Lotte Tobisch dagegen hatte inzwischen – nicht zuletzt aufgrund des Intellektuellenkreises, in dem sie sich bewegte – dazugelernt und war bereit, gegen Menschenverachtung aufzustehen. Sie entgegnete ihrer Mutter deshalb: »Das Schweigen und Sich-Verstecken ist schon einmal schlecht ausgegangen. Manchmal muss man vor die Türe gehen und sich hauen lassen.«[365]

Hunde- und andere Begegnungen

Die Schwerpunkte von Lotte Tobischs Tätigkeiten hatten sich verlagert. Bereits im Juni 1964 hatte sie Adorno mitgeteilt, mit »Filmarbeit und massenhaft Radio«[366] beschäftigt zu sein. Daneben hatte sie auch angefangen zu schreiben, nicht nur den Gedenkartikel zum hundertsten Todestag von Georg Trakl, sondern auch Buchrezensionen, die laut *Spiegel*-Korrespondentin Inge Santner-Cyrus zu den »Glanzlichtern der ansonsten ›langweiligen Literaturkritik‹ des ORF«[367] zählten. Ab 1969 besprach sie auch in Janko Musulins Sendung *Die Welt des Buches* und in der *Furche* belletristische Werke.

Den *Furche*-Essay zur Erinnerung an Trakl schickte sie vorab an Ludwig von Ficker mit der Bitte, »Milde walten zu lassen beim Lesen«, weil ihr bewusst sei, »dass mir für ein derartiges Unternehmen sowohl die Sachkenntnis als auch die Ausdrucksmöglichkeit an allen Ecken und Enden fehlt«.[368] Das war eine ihrer typischen Bescheidenheitsgesten, was ihre Bildung anbelangt. In seiner Antwort wies Ludwig von Ficker diese Untertreibung ebenso zurück wie all ihre anderen hochgebildeten Freunde: »Schön, wirklich schön, wie lebendig Sie das alles auch im Wort meistern! Es wird vielen zu Herzen gehen und die Augen öffnen!«[369] Am 9. November 1964 fand dann in Salzburg eine Gedenkfeier für Trakl statt, an der neben Ludwig von Ficker auch die Trakl-Preisträgerin Christine Lavant teilnahm. Trotz Terminschwierigkeiten ließ es sich Lotte Tobisch nicht nehmen, der Veranstaltung beizuwohnen. Im Anschluss daran saß sie bei einem Essen im Österreichischen Hof neben Christine Lavant am Tisch. Nachher schickte sie ihr und Ludwig von Ficker Fotos von dem Treffen: »Ich finde das verschwommene Bild von Ihnen und Frau Lavant, das mit der Handbewegung von ihr, das beste; ausdrucksmäßig natürlich, nicht photographisch!«[370] Lavant bedankte sich dafür und merkte an: »Sie sind – von mir empfunden – ein sehr lieber, warmherziger Mensch.«[371]

Ihr treuer Begleiter bei allen Unternehmungen war Dagobert. Mit ihm ließ sie sich auch gern fotografieren. Ludwig von Ficker hatte etwa in einer *Radiozeitung* ihr Foto »mit dem verwöhnten Liebling« entdeckt.[372] Längst war sie rund um die Oper zur »Frau mit dem Riesenhund« geworden, der »bei Passanten Bewunderung, bei den vor der Wohnungstür stehenden Gästen Furcht auslöste, obwohl er nach Meinung seiner Herrin »die Seele eines Singvogels hatte«.[373]

> Auf das Kommando: Beissi holen, Beissi holen, springt Dagobert, der wohlgenährte und enthusiastische Boxer, wild davon, nimmt seinen Maulkorb ins Maul und apportiert ihn seiner schönen Herrin. Vorform der Freiwilligen Selbstkontrolle; allerdings, ohne daß Theologen dazu bemüht würden.[374]

So philosophierte Adorno über den verspielten Hund. Auch die übrigen Freunde stießen sich nicht an dem »Riesenbaby«. Um Dagobert nicht zu überfordern, sorgte Lotte Tobisch stets dafür, dass ihre Gesellschaften nur im kleinen Kreis stattfanden, wie sie Ludwig von Ficker nach Adornos Wien-Besuch im Frühjahr 1966 berichtete.[375] Sie hatte inzwischen eine Brieffreundschaft zwischen den beiden weltanschaulich so weit auseinanderliegenden Männern gestiftet. Während Adorno in Wien weilte, gaben sich innerhalb weniger Tage Elias Canetti, Friedrich Heer, »der mir etwas odiose Hacker« (der Psychiater

Friedrich Hacker, Anm.), Robert Jungk, Fritz Wotruba sowie die »sehr besondere Frau, die Malerin Marie-Luise Motesitzki (das ist Marie-Louise von Motesiczky, Anm.), die mir ganz besonders gut gefiel«, die Klinke zur Wohnung am Opernring in die Hand. Von dem Trubel hoffte sich Lotte Tobisch im Sommer in Griechenland erholen zu können. Auch Flugreisen mit Dagobert scheute sie nicht. Danach wollte sie über Innsbruck wieder zu den Adornos nach Sils Maria fahren.

Ihr bester Freund trug ihr nun auch eine echte »Hundefreundschaft« ein. Dagobert hatte in der Nachbarschaft eine »Freundin«, eine Boxerhündin namens »Lady«. Meist tollten die beiden allerdings nur durch die Gegend, der erwünschte Nachwuchs ließ auf sich warten. Irgendwann war es dann aber doch so weit und »Lady« warf einen blütenweißen Welpen in die Welt. Davon erfuhr der Boxer-Liebhaber Bruno Kreisky über seine Freundin Marietta Torberg. Auch Lotte Tobisch kannte er ja bereits (siehe Kapitel 5) Da einer seiner beiden Boxer gerade gestorben war, ließ er via Marietta Torberg bei Lotte Tobisch anfragen, ob die weiße Pracht denn zu haben sei. Lotte Tobisch verneinte. Doch Kreisky blieb hartnäckig und erkundigte sich, ob er sich Bianca, wie die Hündin sinnigerweise benannt wurde, wenigstens ansehen dürfe. Dagegen sprach freilich nichts.

Noch war nicht absehbar, dass Kreisky Kanzler werden würde, als er in Lotte Tobischs Wohnzimmer dann am Boden saß und mit Bianca spielte. Eine Szene, die die Hausherrin rührte. Ein paar Tage danach traf ein Strauß gelber Rosen bei ihr ein. Kreisky hatte in Erfahrung gebracht, was ihre Lieblingsblumen waren. Es folgte die per Telefon vorgetragene Bitte, Bianca nochmals besuchen zu dürfen. Bei Kreiskys Eintreffen am Opernring führte Lotte Tobisch die Hunde gerade Gassi. Was sich danach zutrug, schildert Meysels so: »Biancas Pfoten waren ganz schmutzig – schon mehr schwarz als grau. Da sagte sie: ›Damit aus dem weißen Hund kein schwarzer wird, schenke ich ihn Ihnen‹.«[376] Das trug ihr – noch bevor Kreisky Bundeskanzler wurde – Einladungen zum Heurigen Zimmermann in Neustift am Walde ein.[377] Im Vorfeld seiner

Kandidatur hatte Kreisky – wie einst Jacques Hannak – begonnen, Leute aus verschiedenen kulturellen Bereichen zu »informellen Abendessen« einzuladen. Bis 1988 immer wieder mit dabei auch seine »Hundefreundin«.

Die Gespräche zwischen dem nachmaligen Bundeskanzler und der Betriebsrätin Tobisch drehten sich aber weniger um Politik als um Privates. Kreisky wusste, dass Lotte Tobisch sich parteipolitisch nicht punzieren lassen wollte. Es wurde, wie sie angab, viel über Hunde geplaudert. Das war auch noch so, als Kreisky, dann bereits Altkanzler, Lotte Tobisch auf seinen Alterssitz auf Mallorca einlud und sie gemeinsam dem Treiben seiner Boxer zusahen. Sie schätzte aber seine politische Weitsicht. Er war ihrer Ansicht nach »der letzte Politiker, der den Opernball als gesellschaftliche Plattform zu nützen verstand«.[378] Einmal wurde es allerdings dann doch politisch, als ihn die Ballchefin auf seinen vor der Oper demonstrierenden Sohn Peter ansprach. Auf die Demos ging Kreisky dabei gar nicht ein, sondern grummelte nur: »Allmählich wird er zu alt dafür.« Ihr Verhältnis zu Österreichs »Sonnenkönig« fasste Lotte Tobisch in den Worten zusammen: »Ich wär' gern Hund beim Kreisky gewesen.«[379]

Heimliche Botschafterin Israels

> Wie traurig ist es aber um eine Welt bestellt, in der der Beweis, daß die Juden kämpfen können, uns weit größeren Respekt und größeres Ansehen in der Welt verschafft hat als die Ausübung jener friedlichen Tugenden, zu deren Meisterung und Bewahrung der Judenstaat gegründet worden ist![380]

So kommentierte Gershom Scholem den Sechstagekrieg gegenüber Lotte Tobisch. Im Frühjahr 1967 beschloss der ägyptische Präsident Gamal Abdel Nasser, die Straße von Tiran für israelische Schiffe zu sperren, und schickte zigtausend

Soldaten und Panzer auf die Halbinsel Sinai. Eine todernste Bedrohung für Israel, die von martialischen Tönen Nassers gegenüber dem Nachbarland begleitet wurde. Die israelische Regierung entschloss sich zu handeln. Am Morgen des 5. Juni 1967 flog die Luftwaffe Angriffe auf ägyptische Flugplätze und vernichtete die dort stationierten Kampfflugzeuge. Danach eroberte die israelische Armee innerhalb von sechs Tagen Ostjerusalem, den Sinai, den Gazastreifen, das Westjordanland und die Golan-Höhen. Die arabische Welt war geschockt. Die Folgen dieses Sechstagekriegs prägen die Geschichte des Nahen Ostens bis heute.

Im Westen war man von der Schlagkraft der israelischen Armee ebenso überrascht wie die Araber, mit denen man es sich aus wirtschaftspolitischen Gründen nicht verscherzen wollte. Etliche westliche Staaten verlangten die Rückgabe der besetzten Gebiete. Dem wollte Lotte Tobisch eine Solidaritätsadresse für Israel entgegensetzen. Am 2. Juli 1967 schrieb sie an Adorno:

> Außerdem hatte ich die Idee, eine Prominentenmatinee für Israel zu organisieren, was mir ungeahnte Plage machte, weil es nichts Schlimmeres gibt, als 60 Theatermenschen auf einen Nenner zu bringen. (...) Das Ganze war aber ein Riesenerfolg für die gute Sache, und ich persönlich gelte seither als Organisationsgenie.[381]

Dieser Ruf hat sie seitdem nicht mehr verlassen. Obwohl auch ihr nicht alles gelang, wie noch zu sehen sein wird. Die Benefiz-Veranstaltung für Israel, die Lotte Tobisch gemeinsam mit ihrer Kollegin Eva Kerbler auf die Beine gestellt hatte und die am 25. Juni 1967 im Volkstheater über die Bühne ging, war aber ein voller Erfolg. Ein Erfolg, der das Leben Lotte Tobischs nachhaltig verändern sollte.

Die beiden Initiatorinnen der Matinee wurden beauftragt, den Reinertrag in der Höhe von 83 470 Schilling dem israelischen Botschafter zu übergeben. Der hieß seit 1963 Michael Simon. Der gebürtige Berliner hatte Vorfahren in Österreich, etwa den Oberrabbiner Jomtow Lipmann Heller, der von Kaiser Ferdinand II. das Privileg der Ansiedlung von Juden in der Leopoldstadt erhalten hatte. Unter Leopold I. wurden sie 1670 allerdings wieder vertrieben. Ein Teil der Familie siedelte sich im Burgenland an, ein anderer floh nach Deutschland. Der am 19. September 1901 zur Welt gekommene Michael Simon hatte in Berlin Geschichte, Kunstgeschichte und Pädagogik studiert und sich in dieser Zeit der zionistischen Bewegung des Korrespondenten der *Neuen Freien Presse*, Theodor Herzl, angeschlossen. Nach der Promotion hatte Michael Simon deshalb 1924 Deutschland Richtung Palästina verlassen, Hebräisch und Arabisch gelernt und an einer Realschule in Haifa unterrichtet. 1927 wechselte er nach Jerusalem und heiratete die aus einer einflussreichen Familie stammende Hermona Kalvarisky, mit der er einen Sohn und eine Tochter hatte. Seine Frau war eine »Sabra«, eine in Palästina geborene Jüdin mit wenig Bezug zu Europa, und deshalb an Wien und seinem Gesellschaftsleben nicht sonderlich interessiert. Was der Ehe nicht guttat.

»Es besteht kein Zweifel, dass von den zahlreichen Veranstaltungen, die in letzter Zeit um und für Israel stattfanden, Ihre Matinee die schönste und herzerquickendste war«[382], bedankte sich Michael Simon bei Lotte Tobisch nach der Übergabe der Spende für das Israelische Rote Kreuz. Die Schönste und Herzerquickendste war für ihn, wie sich bald zeigen sollte, aber Lotte Tobisch selbst. Er umgarnte sie heftig in Briefen mit selbst verfassten Liebesgedichten und – anders als bei Adolf Rott, den sie einmal ohrfeigte, als er ihr zu nahekam[383] – ließ sie es sich gefallen. Auch sie fand den Mann attraktiv. Das legt ein Brief nahe, den sie von ihrer Mutter erhielt – als Antwort auf ein Schreiben von ihr aus Innsbruck, wo sie wieder einmal Ludwig von Ficker besucht hatte.

> Eben kam Dein sybillinisches Brieflein aus Innsbruck an. Ein bisserl besorgt bin ich schon über Deinen plötzlichen Szenenwechsel. … Irgendwie hab ich das Gefühl, daß es der Richtige sein wird – vielleicht sogar jemand

ganz Bestimmter – einst von mir für Dich Bestimmter? Es wäre so schön Dich glücklich zu wissen u. eine große Beruhigung für mich![384]

Ein von ihrer Mutter für sie Bestimmter war Michael Simon gewiss nicht. Aber diesmal hätte sich Nora Lederer schwergetan, den Altersunterschied als Hinderungsgrund für die Verbindung anzuführen, heiratete sie in diesem Jahr doch im Alter von 61 den verwitweten 81-jährigen Historiker Heinrich Benedikt und schwelgte, wie ihre Tochter meinte, »im jungen Liebesglück«. »Nun ja«, kommentierte Lotte Tobisch das Ereignis gegenüber Adorno, »ich war ja auch einmal jung, und versuche mich nun daran zu erinnern, damit ich diesen Unsinn begreifen kann!«[385] Verhalten deutete sie dem Freund in Frankfurt auch »die unlösbare Verwirrung« an, die sie angerichtet hatte. Adorno befürchtete, dass sie dem Werben des neuen Chefs der Bundestheaterverwaltung, Erwin Thalhammer, erlegen wäre. Das wies sie in ihrer Antwort weit von sich. Bei Lotte Tobischs zweiter Liebschaft ging die Skandalisierung nicht mehr von ihren Eltern aus. Auch aus Linz drohte keine Gefahr mehr, hatte sich Karl Tobisch doch längst damit versöhnt, wie seine Tochter lebte. Als Opernenthusiast besuchte er mit ihr sogar gerne Opernaufführungen und unterstützte sie in ihrem Kampf für Hilbert mit einem Leserbrief.[386] Darin beklagte er die »langen Absenzen« Karajans und lobte eine Aufführung von Paul Hindemiths Oper *Cardillac* im Theater an der Wien – ganz ohne Zutun des Maestros.

Anstoß an der Verbindung nahm nun einerseits Wiens Hautevolee, die den israelischen Botschafter des Öfteren in Begleitung der Burgtheater-Schauspielerin bei diversen Kulturveranstaltungen sah, und zweitens – verständlicherweise – Michael Simons Ehefrau. Am Ende des Jahres 1967 sollte seine Amtszeit ablaufen und er nach Israel zurückkehren. Das tat er auch und versuchte dort die Angelegenheit mit seiner Frau zu klären. Anfang 1968 schrieb Lotte Tobisch an Adorno, dass in Jerusalem »die Bombe geplatzt« sei, Michael Simon sich endgültig von seiner Frau getrennt habe und sie sich schuldig fühle, »diesem geliebten Menschen sein Leben kaputtgemacht zu haben«.[387] Erst ein Jahr später sollte Michael Simon wieder nach Wien kommen. Noch bevor er Wien verlassen hatte, gab er Schraga Har-Gil ein Interview[388], im Zuge dessen er stolz seine maritime Bibliothek vorführte und aus seinem bewegten Leben erzählte, unter anderem die Anekdote, wie er während des Sechstagekriegs zum »Chef des israelischen Protokolls« ernannt worden war, obwohl er das Einzige, was er auf diesem Gebiet wusste, in den Memoiren des letzten französischen Botschafters am Hof des russischen Zaren gelesen hatte. Jeder vornehme Jude aus Mitteleuropa musste sein Beglaubigungsschreiben in Tel Aviv mit einem Zylinder einreichen.

> Die Fahrt nach Tel-Aviv wurde auf einem Lastwagen vorgenommen, der unterwegs von den Arabern beschossen wurde. Dr. Simon betete, dass nur der Zylinder heil ankomme. Er kam heil an, und unser neuer Chef des Protokolls begab sich schnurstracks zum ersten russischen Botschafter in Israel (...). Der sowjetische Botschafter war mit allen Einzelheiten des Protokolls einverstanden, zum Glück wusste er nicht, dass es sich noch um ein reaktionäres zaristisches Protokoll handelte.[389]

Michael Simon war also auch in Israel kein Unbekannter. Die »Geliebte« des ehemaligen Botschafters beschäftigte sogar die israelische Presse. Was die Sache weder für ihn noch für Lotte Tobisch einfach machte. Anfang 1968 schrieb sie an ihren Frankfurter Freund: »Die letzten Wochen sind eine einzige Katastrophe gewesen.«[390] Michael Simon stand unter Druck seitens seiner Frau, seiner Kinder und deren Onkel Ernst, dem Senior der Familie; sie musste es sich gefallen lassen, von der High Society als Femme fatale angesehen zu werden. Unterstützung bekam sie von ihrer Freundin Annemarie Düringer und dem mit der Familie Simon befreundeten Gershom Scholem. Als der erfuhr, dass es sich bei der Geliebten Michael Simons um Lotte Tobisch handelte, vermittelte er zwischen der

Familie und der Gojte (Nichtjüdin). Es dauerte aber eine Weile, bis Lotte Tobisch von Michael Simons Kindern akzeptiert wurde. Erst nach seinem Tod wurde eine freundschaftliche Beziehung daraus. »Durch ihn fand ich eine zweite Familie mit Kindern und Enkelkindern, die mich immer wieder in Wien besuchen kommen und zu denen ich nach Jerusalem reise.«[391]

Liebschaften und Todesfälle

Mit dem Einzug Michael Simons am Opernring ging für Lotte Tobisch eine ebenso aufregende wie beschwerliche Lebensphase zu Ende. Die Sechzigerjahre standen für sie im Zeichen der Freundschaften. In deren Mittelpunkt: Theodor W. Adorno. Doch wenige Monate nach Michael Simons Rückkehr aus Israel erreichte sie folgende Mitteilung ihrer Mutter: »Leider eine traurige Botschaft: Adorno starb in seinem Ferienort in Sils Maria am 6. des Monats an Herzinfarkt im 65. Lebensjahr.«[392] Mediale Beobachter führten seinen frühen Tod auf die Aufregungen im Zusammenhang mit der 68er-Bewegung zurück, ging das »Busenattentat« vom 22. April 1969 doch in die Geschichte der Bundesrepublik ein. Drei barbusige Studentinnen hatten den Herrn Professor mit Blüten bestreut und versucht, ihn zu küssen. Woraufhin er seine Vorlesung absagte und fluchtartig die Universität verließ. Inwieweit das ein Protest gegen seine Neigung zu jungen Frauen war, ist umstritten. Es wurde auch als Aktion des Sozialistischen Deutschen Studentenbunds (SDS) gegen Adornos Nichtteilnahme an den studentischen Demonstrationen interpretiert. Er selbst sagte dazu im *Spiegel*:

> Ich habe in meinen Schriften niemals ein Modell für irgendwelche Handlungen und zu irgendwelchen Aktionen gegeben. Ich bin ein theoretischer Mensch, der das theoretische Denken als außerordentlich nah an seinen künstlerischen Intentionen empfindet.[393]

Lotte Tobisch wiederum führte seinen Tod auf ein »gebrochenes Herz« zurück: »Adorno ist nicht an den Strapazen der 68er-Revolution gestorben, wie es immer heißt, den Rest hat ihm Arlette gegeben.«[394] Dabei handelt es sich um die Schauspielerin und das Fotomodell Arlette Pielmann, in die Adorno in seinen letzten Lebensjahren sehr verliebt war und die in Lotte Tobischs Briefwechsel mit ihm als »die verkaufte Braut« eine prominente Rolle einnimmt.

Am 17. April 1969 schrieb Adorno an Lotte Tobisch, dass Arlette ihn »eines anderen wegen ... verlassen« habe und dass ihm zumute sei, »als ob mein unmittelbares Leben zu Ende wäre«.[395] Wie Lotte Tobisch dabei zumute war, können wir nur ahnen, war sie in ihrer Beziehung zu Michael Simon doch in gewisser Weise in der Rolle der Arlette. Ihren Zwiespalt bringt die Literaturkritikerin Ina Hartwig in einem bemerkenswerten Artikel für die *Zeit* auf den Punkt: »Lotte Tobisch, die Komplizin, beschönigte das Verhältnis zwischen Gretel und Adorno als das ›siamesischer Zwillinge‹ (...) Den offenen Betrug klammert das Bild aus.«[396] Wie die gelernte Chemikerin Gretel Adorno fühlte, blieb Lotte Tobisch rätselhaft. Sie registrierte, dass Gretel trotz aller Affären stets die engste Vertraute ihres Mannes war, deren Leben in seinem aufging. Doch wie es »eine Frau von ihrer geistigen Kapazität aushalten konnte, mit einem Mann zu leben, der ihre totale Selbstaufgabe ohne die geringsten Skrupel für sich beanspruchte«[397], konnte sie sich nicht erklären.

Die Tragik der Gretel Adorno ist an ihrem weiteren Schicksal abzulesen: Ein Jahr nach dem Tod ihres Mannes überlebte sie einen Selbstmordversuch und wurde bis zu ihrem Lebensende 1993 zum Pflegefall. »Die Liebe ist das Wichtigste«, sagte Lotte Tobisch in einem Interview, »wenn ich geliebt habe, dann war mir alles andere wurscht«.[398] Es wäre ihr aber nie eingefallen, sich einem anderen Menschen derart auszuliefern, wie Gretel Adorno das getan hatte. Dazu war sie zu selbstbewusst – und wohl auch zu emanzipiert. Ihre Liebe zu Michael Simon zeigte sich in anderer Weise. Ein paar Jahre verbrachte das Paar in trauter Zweisamkeit, machte Reisen und besuchte Kulturveranstaltungen. Aber das Glück ihrer zweiten großen Liebe währte nicht lange. Schon nach ein paar Jahren des Zusammenlebens fiel Lotte Tobisch auf, dass Michael Simon vergesslich wurde. »Im Herbst 1974 verschlechterte sich sein Zustand rapide. Ein halbes Jahr später folgten noch zwei Schlaganfälle und damit eine wesentliche Verstärkung der Alzheimer-Symptome.«[399] Wie sehr sie sich danach um ihn kümmerte, darüber hat sie in keinem ihrer unzähligen Interviews gesprochen. Es war selbstverständlich für sie. Daneben musste sie aber auch für ihren Lebensunterhalt sorgen. Denn komfortabel war ihre finanzielle Situation in diesen Jahren noch keineswegs.

Bereits im Herbst 1946 war sie gezwungen, die Burgtheater-Direktion um einen Vorschuss von 250 Schilling zu ersuchen, »da ich das Geld dringend benötige, infolge einer Operation, der ich mich unterziehen musste«.[400] Ihr Jahresgehalt betrug in diesem Jahr 1600 Schilling (ca. 7000 Euro). Ab August 1964 erhielt sie am Burgtheater ein Jahreshonorar von 5980 Schilling (ca. 2770 Euro). An ihrem Einkommen lässt sich gut ablesen, wie es in den Siebzigerjahren wirtschaftlich aufwärts ging. In der Saison 1970/71 erhielt sie am Burgtheater 8500, in den Spielzeiten 1978 und 1979 jeweils 13 000 Schilling. Das entsprach in etwa einem damaligen Durchschnittsgehalt. Lotte Tobisch lebte zwar, wie ihre langjährige Mitarbeiterin Anneliese Fritthum meint[401], sparsam, vor allem, weil sie vieles selbst gemacht hat, von Hausreparaturen bis zu Schneiderarbeiten, aber einen gutbürgerlichen Lebensstil pflegte sie doch. Sie war deshalb auf Nebeneinkünfte angewiesen, zumal sie am Burgtheater unterbeschäftigt war. Und das hatte durchaus mit der Direktion Haeusserman zu tun.

Im Sommer 1968 wirkte sie wie im Jahr davor beim Gastspiel des Burgtheaters bei den Bregenzer Festspielen im Theater am Kornmarkt mit. Trat sie 1967 in Shakespeares *Wie es euch gefällt* nur als »Person, die den Gott Hymen vorstellt« auf, konnte sie im Jahr darauf in Raimunds *Barometermacher auf der Zauberinsel* in der Rolle der guten Fee Rosalinde brillieren. Davor spielte sie wieder einmal im Haus am Ring die Madame

Dora in *Marija* von Isaak Babel. Mit ihr auf der Bühne unter anderen Wolfgang Gasser, Paul Hoffmann, Judith Holzmeister und Erika Pluhar. Dass Lotte Tobisch, nicht zuletzt als künstlerische Betriebsrätin, mit der Ära Haeusserman so ihre Probleme hatte, wurde bereits angedeutet. Unter ihm musste das Burgtheater »seinen Spielplan nach der Verfügbarkeit der Gäste richten«[402], was immer wieder zu Premierenverschiebungen und Unmut im Ensemble führte. Es gelang ihm zwar, Stars wie Oskar Kokoschka oder Fritz Wotruba als Bühnenbildner zu gewinnen und künftighin große Namen wie Joachim Bißmeier, Walther Reyer, Erika Pluhar oder Sonja Sutter an das Haus zu binden, aber er war auch gezwungen, großzügige »Urlaubsregelungen« zu akzeptieren, die es etlichen Ensemblemitgliedern ermöglichte, anderen Engagements nachzugehen. Hinzu kamen die politisch unruhigen Zeiten, die in Paris im Mai 1968 zu den historischen Ausschreitungen führten. Auch wenn die 68er-Bewegung in Österreich nie so richtig ankam, so hatte sie doch auch hierzulande Auswirkungen auf die politische Atmosphäre. Davon blieb auch das Burgtheater nicht unberührt.

Ernst Haeusserman steuerte, wie sein Nachnachfolger Gerhard Klingenberg konstatierte, »sein Schiff, fast muss man sagen gemächlich durch die aufgewühlten kulturpolitischen Gewässer«.[403] Er ahnte, dass seine Zeit vorbei war, und verschaffte sich mit einer Welttournee des Burgtheaters einen einigermaßen ehrenvollen Abgang. Dabei reisten an 79 Tagen 184 Mitglieder des Burgtheaters in acht Staaten auf drei Erdteilen und erreichten ein Publikum von ca. 140 000 Personen.[404] Vor dieser Weltreise fragte Hauesserman noch den Kollegen Paul Hoffmann, ob er übernehmen würde. Der betrachtete die Position des »Burgherrn« als Krönung seiner Laufbahn und sagte dankend zu. Noch bevor er zum Direktor ernannt wurde, weil Minister Piffl-Perčević der Sinn nicht nach einer Debatte um die kulturpolitische Ausrichtung des Burgtheaters stand, machte er einen entscheidenden Fehler. Bei einem Podiumsgespräch im Audi Max der Universität Wien, bei dem viele prominente Theaterleute anwesend waren, stellte er die quasi pragmatisierten Burgtheater-Schauspieler als »vertrocknete Beamte« dar.[405] Damit hatte er von Beginn an sein Personal gegen sich. Das sah sich dazu veranlasst, eine Ensemblevertretung zu gründen, zu deren Sprecher Achim Benning wurde. In dieser Eigenschaft arbeitete er auch mit der Betriebsrätin Tobisch – wie angedeutet nicht immer friktionsfrei – zusammen.

Ein Streitpunkt waren unter anderem die Probenabkommen. Hatte die neue sozialistische Regierung unter Kanzler Kreisky doch Arbeitszeitgesetze erlassen, die für den Bühnenbetrieb unbrauchbar waren. »Für uns war es unmöglich, dass jemand, der vormittags auf der Probe ist, abends nicht in der Vorstellung spielen darf«, so Benning. Inwieweit Lotte Tobischs »Hundefreundschaft« in diesen Dingen bedeutsam war, ist schwer nachvollziehbar. Für sie fiel in die kurze Ära Hoffmann der Tod Adornos und der Wirbel um die Trennung Michael Simons von seiner Frau. Die drei Jahre, bis Hoffmann vorzeitig aufgab und interimistisch Gerhard Klingenberg einsprang, gingen deshalb im Wesentlichen spurlos an Lotte Tobisch vorüber. Sie spielte zwar in bedeutenderen Stücken mit, etwa in Edward Albees *Alles im Garten* (1970), in Walter Hasenclevers *Ein besserer Herr* (1971) oder in Eugène Ionescos Totentanz *Das große Massakerspiel* (1972), aber das sagt mehr über Hoffmanns progressiveren Spielplan aus als über Lotte Tobischs Vorlieben.

Durch seinen missglückten Start hatte Paul Hoffmann beim Ensemble einen schweren Stand. Er erkannte bald, dass er seine Vorstellungen kaum umsetzen konnte, und teilte dem neuen Unterrichtsminister Leopold Gratz schon 1970 zermürbt mit, dass er sich aus gesundheitlichen Gründen außerstande sähe, die Geschäfte über die Saison 1970/71 hinaus weiterzuführen. Nach einem Jahr der provisorischen Leitung wurde Gerhard Klingenberg ab 1. September 1972 zum Direktor bestellt. Noch vor seinem Amtsantritt kam es im Einvernehmen mit der Ensemblevertretung per Dekret zur längst fälligen Umwandlung der Bundestheaterverwaltung in den Bundestheaterverband und damit zur Abschaffung sämtlicher

Verordnungen seit Gründung des Burgtheaters. Das bedeutete mehr künstlerische Autonomie für den jeweiligen Direktor.

Mit dem so gestärkten Klingenberg verband Lotte Tobisch wenig. Im Februar 1972 spielte sie im Akademietheater die Frau Winawer in Schnitzlers *Fräulein Else* in einer Bühnenbearbeitung von Ernst Lothar. Der hatte Erhard Buschbeck naturgemäß gekannt, doch besonders grün dürften die beiden einander nicht gewesen sein, wie Lothar Lotte Tobisch gegenüber bekannte. So soll Buschbeck einst zu ihm gesagt haben: »Wir stehen zwar an verschiedenen Ufern, aber es ist derselbe Strom.«[406] An der Aufführung beteiligt waren auch zwei ehemalige Direktoren: Ernst Haeusserman inszenierte und Paul Hoffmann stand unter anderem mit Lothars Frau Adrienne Gessner, mit Erika Pluhar, Alma Seidler und Fred Liewehr auf der Bühne. Im Jahr darauf fand sich keine einzige Rolle für Lotte Tobisch. Erst 1974 sah man sie wieder im Burgtheater, im Jänner als Gräfin Helena in Heinrich von Kleists *Käthchen von Heilbronn* und im September als Gnädige Frau in Ödön von Horváths *Geschichten aus dem Wienerwald*. Dann folgte eine Pause von vier Jahren, was wohl mit Michael Simons Gesundheitszustand zu tun hatte.

Zum zwanzigsten Jahrestag der Gründung des Staates Israel im Mai 1968 hatte Lotte Tobisch noch ihre Kontakte zur *Furche* genutzt, um einen Gedenkartikel Michael Simons an dieses Ereignis dort unterzubringen.[407] Dafür war er insofern prädestiniert, als er am Unabhängigkeitskrieg teilgenommen und das Kommando über »einen kleinen Abschnitt im Stadtviertel Talpiot in Jerusalem«[408] befehligt hatte. Im Jahr darauf schrieb er in der *Furche* über den »Selbsthass der Juden«.[409] 1972 konnte als Privatdruck in Wien noch sein Büchlein über Theodor Herzl erscheinen.[410] Danach ging es zuerst langsam, nach den Schlaganfällen aber rasch bergab.

Im Sommer 1976 war klar, dass Michael Simon nicht mehr lange zu leben hatte. Lotte Tobisch stand in Verbindung mit seinen Kindern, die ihren Vater gerne noch einmal gesehen hätten und ihn gegebenenfalls in israelischer Erde bestatten wollten. Lotte Tobisch versprach ihnen, dafür zu sorgen. Das war nun aber nicht mehr so einfach, da Michael Simons Zustand bereits zu schlecht für einen Linienflug war. Er konnte nur noch mit der Flugrettung transportiert werden. Der Preis dafür überstieg bei Weitem ihre finanziellen Mittel, hatte sie in den vergangenen beiden Jahren doch wegen der Pflege Michael Simons wenig verdient. In ihrer Not wandte sie sich an ihre Mutter, die ihr die Kosten für den Flug hätte vorstrecken können. Doch die lehnte ab, »weil das wieder nicht standesgemäß« war.[411] Lotte Tobisch war mit Michael Simon ja nicht verheiratet. Also musste sie sich nach anderen Geldquellen umschauen.

Zum Generalsekretär des neu geschaffenen Bundestheaterverbands war 1971 der ehemalige persönliche Referent des Festwochen-Intendanten Egon Hilbert, Robert Jungbluth, ernannt worden. Von ihm war anzunehmen, dass er Lotte Tobisch mit Wohlwollen begegnen würde.

> Die Schauspielerin am Burgtheater Lotte Tobisch stellt am 22. Juli 1976 an den ÖBThV i. k. W. das dringende Ersuchen, ihr eine einmalige, nicht rückzahlbare Geldaushilfe in höchstmöglicher Höhe zu gewähren.[412]

Jungbluth konnte aus seinem Budget nicht mehr als 5000 Schilling zur Verfügung stellen. Diese Summe sagte er Lotte Tobisch zu. Es war ihm wohl bewusst, dass dieser Betrag nur ein Bruchteil dessen war, was benötigt wurde, und er riet Lotte Tobisch deshalb, sich an das Unterrichtsministerium zu wenden. Mit dem Wissen um ihre »Hundefreundschaft« bat sie deshalb auf einem Briefpapier der israelischen Botschaft das Ministerium um Unterstützung. Zugleich verhandelte sie mit der Viennair Luftfahrt Ges.m.b.H. über die Kosten. Die Zeit drängte. Wie einem Schreiben der Budgetabteilung des Ministeriums vom Jänner 1977 an Lotte Tobisch zu entnehmen ist[413], gelang es ihr, den verlangten Preis von 120 000 auf 99 000 Schilling zu drücken, wovon sie selbst 24 000 Schilling aufbrachte, 50 000 vom Ministerium beigesteuert wurden und 25 000 von der Gemeinde Wien. Nach diesen Zusagen konnte der Jet mit Michael Simon und Lotte Tobisch an Bord am 20. August 1976 vom Flughafen Wien-Schwechat Richtung Jerusalem abheben. Der Sonderflug erhielt sogar die Genehmigung, auf dem für zivile Flugzeuge gesperrten Militärflughafen Atarot zu landen.[414] Bald danach verstarb Michael Simon in einem Pflegeheim in Jerusalem.

Nach ihrer Rückkehr erreichte Lotte Tobisch eine Art »Kondolenzschreiben« ihres Vaters, der kurz vor seiner Abfahrt in den Urlaub nach Jesolo bemerkt hatte, dass »ich Dich nun erst Ende September direkt werde erreichen können ... Habe so viel an Dich denken müssen und an Dein wiederum so völlig verändertes Privatleben!«[415] Wie Lotte Tobisch diesen Brief aufgenommen hat, kann man nur vermuten. Tatsache ist, dass mit dem Tod Michael Simons wieder eine Lebensperiode für sie zu Ende gegangen war. Nicht jedoch ihre »Hundejahre«. Denn nach dem Tod Dagoberts hatte sie sich Fritzi zugelegt, einen »Japadu«, wie Lotte Tobisch ihn nannte, ein »Jagddackelpudel«[416], der ihr Leben bis weit in ihre Zeit als Opernballchefin bereicherte.

7. Kapitel

Alles Walzer!

Während der Kanzlerschaft Bruno Kreiskys breitete sich in Österreich eine demokratiepolitische Aufbruchsstimmung aus, die nicht nur die Studentinnen und Studenten, sondern auch Lotte Tobisch erfasste. Sie mischte nicht nur als Betriebsrätin im Burgtheater mit, sie meldete sich auch in politischen Angelegenheiten zu Wort, die sie persönlich betrafen. Als Stellvertreterin des Betriebsratsobmanns war sie »gewissermaßen der Mistkübel für die einzelnen Schauspieler, für all ihre Zores«.[417] Als Bürgerin war sie für den Schutz von Leib, Leben und Eigentum. Als am 2. Oktober 1975 bei einer Anti-Franco-Demonstration das Geschäftslokal der Fluglinie Iberia am Opernring schwer beschädigt wurde, schrieb sie an den Wiener Bürgermeister Leopold Gratz, dass es »erste Sorge und Pflicht der Obrigkeit« sei, »den Begriff der Demokratie rein zu erhalten, sie nach dem e r s t e n Steinwurf zu verteidigen«.[418] In gewisser Weise war dieser Protestmarsch ein Vorgriff darauf, was sie ab 1987 bei den Anti-Opernball-Demos erwartete. Ein Dutzend Jahre zuvor ahnte sie davon freilich noch nichts.

Mitte der Siebzigerjahre pflegte sie Michael Simon, was einen Knick in ihrer Theaterkarriere zur Folge hatte. Das scheint ihr aber nur finanzielle, nicht jedoch karrieremäßig Sorgen gemacht zu haben. Die Bretter der Bühne bedeuteten für sie nicht mehr die Welt. Seit ihrer Schulzeit hatte sie viel gelesen und sich autodidaktisch fortgebildet. Über ihre Freundschaften mit Intellektuellen holte sie in gewissem Maße eine akademische Bildung nach. Auch wenn sie ihre diesbezüglichen Fähigkeiten stets unter den Scheffel stellte, wusste sie um ihre Belesenheit und traute sich zu, literarische Werke zu rezensieren. Das tat sie für die Sendung *Die Welt des Buches*, in diversen Wochenzeitschriften, bevorzugt aber für die *Furche*.

Im Dezember 1974 sprach sie in der *Welt des Buches* zum Beispiel über James A. Micheners Historienepos *Colorado-Saga*. Robert Löffler berichtete in seiner *Telemax*-Kolumne, dass sie »nobel, dem Zuhörer helfend, die Hand reichend, eine gute Herrin« war, fragte allerdings nach: »Aber wer glaubte der Aristokratin ein Wort?«[419] Die Besprechung von Jeannie Ebners Erzählungen *Protokoll aus einem Zwischenreich* ein Jahr danach trug Lotte Tobisch eine Einladung der Autorin zu einer Lesung ins Bildungsheim St. Hippolyt in St. Pölten ein. Nicht unkritisch, aber wohlwollend urteilte sie im Todesjahr Michael Simons über Paula Groggers Erinnerungen *Späte Matura oder Pegasus im Joch*. Dass die Autorin 1938 im *Bekenntnisbuch österreichischer Dichter* den »Anschluss« Österreichs an das Deutsche Reich befürwortet hatte, störte Lotte Tobisch anscheinend wohl nicht. Sie unterschied offenbar zwischen Heimat- und Blut-und-Boden-Literatur. Paula Grogger bedankte sich bei der Rezensentin folgendermaßen:

> Getadelt und gelobt ist leicht. Aber *das* Kunststück macht Ihnen niemand nach. Sie haben das Publikum von allen Klippen abgeschirmt. Sie haben die Intellektuellen gebändigt, die Ungläubigen beschwichtigt und die Gläubigen glauben lassen. Das kann nur eine Frau, die selber genial ist.[420]

Womit sie sich selbst Genialität attestierte. Wie differenziert Lotte Tobisch als Literaturkritikerin war, ist an ihrer Doppelrezension von Elisabeth Plessens 1976 veröffentlichtem Romandebüt *Mitteilungen an den Adel* und der im selben Jahr erschienenen Familienbiografie *Aristokraten* von Eleonore Thun-Hohenstein gut abzulesen. Ihr Resümee: »Leider ist der Qualitätsunterschied beider Bücher derart groß, dass es eigentlich unstatthaft ist, sie in einem Atemzug zu besprechen.«[421] Letzterer attestierte sie einen »Mangel an Aussage, Aufbau und sprachlicher Präzision«. Die für die *Wochenpresse* tätige

Gräfin wird sie mit diesem Satz nicht zur Freundin gewonnen haben. Falsche Rücksichten – insbesondere auf Aristokratinnen – war Lotte Tobischs Sache sowieso nicht, wie sich unter anderem nach ihrer Bestellung zur Opernball-Chefin zeigen sollte. Mit ihrer Vorgängerin, der Gräfin Schönfeldt, kam es regelrecht zu einem Operndrama. Lotte Tobisch ging es stets weniger darum, »hochrangige Personen« zufriedenzustellen als »Leuten aus der einfachen Bevölkerung«[422] eine Freude zu machen. Einer der Gründe für ihre Beliebtheit.

In diesem Sinne scheute sie sich auch nicht, in populären Fernsehserien mitzuwirken, wie etwa in der ab 1971 ausgestrahlten Soap-Opera *Wenn der Vater mit dem Sohne*. Hauptdarsteller Fritz Eckhardt hatte sich die Rolle des Möbelfabrikanten auf den Leib geschrieben, der seine Abneigung gegen die Ehe an seinen Sohn Fredi, gespielt von Peter Weck, vererbt hatte. Als potenzielle Heiratskandidatin Margit griff Lotte Tobisch in zwei Folgen ins Geschehen ein. Mit ihrem Hang zur Populärkultur konnte sie sich durchaus eines Sinnes wissen mit ihrem »Hundefreund«, dem Bundeskanzler. Der betonte in seiner Ansprache zur 200-Jahr-Feier des Burgtheaters am 4. April 1976, dass er froh wäre, wenn es besser als bisher gelänge, »das Volk ins Theater und ins Burgtheater im Besonderen zu bringen«.[423]

Einen anderen Weg war Gerhard Klingenberg gegangen. Er hatte internationale Regisseure an die Burg geholt und von einem »europäischen Theater« geträumt, womit er »um viele Jahre zu früh«[424] kam. Was, wie zu erwarten, weder von den Abonnenten noch von der Wiener Presse goutiert wurde. Auch Lotte Tobisch dürfte mit seiner Amtsführung nicht besonders froh geworden sein, zog sie sich doch weitgehend zurück. Während seiner Direktion war sie im Frühjahr 1976 nur als Ersatz für Ebba Johannsen als Herzogin von Olivarez in Schillers *Don Karlos* gelistet. Das war der Anfang vom Ende ihrer Theaterkarriere. An der Burg und im Akademietheater war sie später nur noch als Einspringerin tätig. Eigene Rollen hatte sie später nur in der Staatsoper als Andromache in Hector Berlioz' Oper *Die Trojaner* (1978) und als Mrs Pearce im Musical *My Fair Lady* an der Volksoper (1979). In der Inszenierung von Heinz Marecek spielte Dagmar Koller die Eliza Doolittle und Fred Liewehr den Professor Higgins. Zu diesem Zeitpunkt war die Ära Klingenberg längst Geschichte. Seit 1. September 1976 leitete Achim Benning die Geschicke des Hauses.

Anschließen an ihre schauspielerische Glanzzeit konnte und wollte Lotte Tobisch auch unter dem neuen Direktor nicht mehr. Sie sah selbst ein, dass es kaum mehr Rollen für sie gab. Für Reinhard Urbach, ein Nachfolger Erhard Buschbecks auf dem Dramaturgensessel, war sie »eine wunderbar einsetzbare Figur für sehr begrenzte Rollen«.[425] Die Boulevardstücke, in denen sie Hauptrollen hätte spielen können, waren inzwischen etwas aus der Mode gekommen. Es waren eben die reformfreudigen Siebzigerjahre. Reinhard Urbach beschreibt Lotte Tobischs Talent so:

> Sie war keine so wendige Schauspielerin, dass man sie in allen Rollen hätte sehen wollen. Sie war halt eine Dame, die ungeheuer gut ins Ensemble passte, wenn das gebraucht wurde. Aber können Sie sich vorstellen, dass sie sich verstellen kann?[426]

Zudem fehlte ihr wohl auch der finanzielle Anreiz. Sie hatte einen Vertrag mit fixer Gage, egal ob sie spielte oder nicht. Und als Betriebsrätin war sie noch dazu unkündbar. Nur einmal noch spielte sie ihre Paraderolle, die Maria Theresia, und zwar im März 1981 in der Volksoper. Unter Robert Herzls Regie gab man *Die ungarische Hochzeit* von Nico Dostal, der bald darauf verstarb. Damit ging für Lotte Tobisch der Vorhang zu. Inzwischen hatte sie jene Rolle übernommen, die sie zu einer anderen Art von Star machte. Dazu bedurfte es allerdings einer besonderen Konstellation.

In ihrer Lage konnte Lotte Tobisch das beliebte Burgtheater-Direktor-Ablösespiel relativ entspannt erste Reihe fußfrei aus dem Zuschauerraum mitverfolgen. In der Nachfolgefrage für Gerhard Klingenberg kam es zu einer skurrilen Situation, wie Achim Benning sich erinnert. Unter seiner Federführung hatte die Ensemblevertretung ein Reformpapier erstellt, das der neue Unterrichtsminister Fred Sinowatz willens war umzusetzen. Darin war unter anderem vorgesehen, dass sämtliche Kandidaten ein Konzept erstellen und dem Minister sowie dem Generalsekretär Jungbluth vorlegen sollten. In der Diskussion über die Vorstellungen der Kandidaten schieden aber der Reihe nach alle aus. Übrig blieb das Reformpapier – und somit dessen Kopf Achim Benning. Das brachte den Minister in Verlegenheit. Die Öffentlichkeit hätte es wohl kaum verstanden, wäre keiner aus dem Dreiervorschlag zum Direktor bestellt worden. Außerdem wollte man in typisch österreichischer Manier niemanden nachhaltig vergraulen – was nicht selten ein teures Rezept für einen Scherbenhaufen ist.

Wer vehement an die Spitze des Burgtheaters drängte, war Thomas Bernhard. Dem traute man vieles zu, nicht aber die Leitung einer Bühne. Man konnte sich ihn allenfalls als Chef der Dramaturgie vorstellen. Die Verhandlungen dazu, Dienstwagen inklusive, liefen. Als Krönung seiner Laufbahn konnte sich auch Iffland-Ring-Träger Josef Meinrad vorstellen, die Direktion zu übernehmen. Das wäre aber wohl kein Signal einer Erneuerung gewesen. Doch auch mit ihm führte Robert Jungbluth Gespräche, was Fred Sinowatz eher unangenehm war. Einig war man sich, dass Achim Benning mit seinem Reformpapier der geeignetste Nachfolger wäre. Damit machte man sich jedoch Thomas Bernhard zum Feind. Er verbot daraufhin die Aufführung seiner Stücke am Burgtheater. Als Direktor war Achim Benning dann durchaus bemüht, den Dramatiker Thomas Bernhard dem Burgtheater-Publikum vorzustellen. So fragte er etwa bei Erwin Axer an, der *Ein Fest für Boris* in Hamburg uraufgeführt hatte, ob er das Stück an die Burg übernehmen könne. »Nichts zu machen«, so Benning, »das war gar nicht gegen mich persönlich, es war gegen das Burgtheater und Österreich. Bernhard hat ganz Österreich dafür bestraft«.[427]

Für Lotte Tobischs Leben sind diese Vorgänge insofern relevant, als sie in ihre spätere Auseinandersetzung mit Claus

Peymann hineinspielen. Obwohl sie mit Achim Benning einen alten Vertrauten als Vorgesetzten bekam, verlief die Zusammenarbeit dann nicht reibungslos. Das hatte damit zu tun, dass Benning nun quasi die Seiten gewechselt hatte und alte Zöpfe abschneiden wollte. Als Betriebsrätin sah Lotte Tobisch dagegen ihre Aufgabe darin, sich für die Rechte des Ensembles einzusetzen.

> Ich habe mich zum Beispiel bemüht – nicht immer mit Erfolg –, dass Leute, die in Frühpension geschickt werden oder deren Verträge nicht verlängert werden, von der Direktion mit Menschlichkeit behandelt werden.[428]

Bevor sie mit Benning dabei das eine oder andere Mal aneinander krachte, war sie allerdings gezwungen, in eigener Sache aktiv zu werden. Der neue Direktor holte sich nach Amtsantritt den Schnitzler-Spezialisten und Begründer des *Literarischen Quartiers Alte Schmiede*, Reinhard Urbach, als Dramaturgen. Dem war klar, dass Lotte Tobisch in zeitgenössischen Stücken kaum zu besetzen war. Die sollten aber einen Schwerpunkt der neuen Direktion ausmachen. Wollte man Lotte Tobisch nicht, wie in den vergangenen Jahren, fürs Zuschauen bezahlen, musste man sich überlegen, wie sie einzusetzen wäre. Als 1977 die Idee einer Israel-Tournee des Burgtheaters auftauchte, kam man sehr schnell auf sie. Ihr Ruf als Organisationsgenie sowie ihre »Israel-Connection« mit der Familie Simon prädestinierten sie dazu, dieses Gastspiel einzufädeln. Und so machten sich Achim Benning und der Kostümbildner und Vizedirektor Leo Bei mit der Betriebsrätin Tobisch zur Sondierung nach Israel auf.

Für Achim Benning war diese Reise eine Kabarettnummer. Schon bei der Ankunft im Hotel in Tel Aviv lag ein Brief des israelischen Theaterverbands vor, in dem der österreichischen Delegation ausgerichtet wurde, dass sie sich nicht um ein Orchester bemühen sollte. Das würde der Verband selbst organisieren. Geplant war nämlich, Nestroy zu spielen, für dessen Couplets Musiker benötigt wurden. Sodann besichtigten die Burgtheater-Angehörigen das Stadttheater in Jerusalem, in dem am 19. November 1977 – zehn Jahre nach dem Sechstagekrieg – das legendäre Treffen zwischen dem ägyptischen Staatspräsident Anwar as-Sadat und mit dem israelischen Ministerpräsidenten Menachem Begin stattgefunden hatte. Der Jerusalemer Theaterdirektor wollte über nichts anderes reden als darüber. Dabei war die Frage des Orchesters noch ungeklärt. Auf Nachfrage der Österreicher zog er sich zu einem Telefonat zurück und teilte ihnen danach mit, dass er ein israelisches Orchester aufgetrieben hätte und wie viel das kosten würde. Auf die Bedenken des Burgtheater-Direktors, dass ihm das zu teuer vorkäme, entgegnete sein Jerusalemer Pendant, dass das Orchester einen Dirigenten dabeihätte. Benning entgegnete, dass sie selbst einen hätten. Wieder wurde telefoniert.

> Dann kam er wieder, da saßen die Tobisch und ich beisammen, und sagte: Ohne Dirigenten kosten sie nur die Hälfte. Aber es gibt ein Problem: Die kommen nicht ohne Dirigenten. Das war der Punkt, an dem wir gesagt haben: Jetzt ist Schluss. Wir sind dann nicht mit Nestroy gefahren, wir haben nur die »Iphigenie« gespielt.[429]

Die Tournee selbst, die im darauffolgenden Frühjahr vonstatten ging, war aber erfolgreich. Und das verdankte das Ensemble durchaus auch Lotte Tobisch. Marta S. Halpert erzählte sie[430], dass ihr die Aufgabe zugefallen war, jene Kolleginnen und Kollegen zu betreuen, die individuelle Leseabende vereinbart hatten. Einer davon: Paul Hoffmann. Doch dem passierte ein Missgeschick. Nach einem »Kniefall« platzte die Naht seiner einzigen mitgebrachten Sporthose auf. Wie schon so oft überlegte Lotte Tobisch nicht lange, schnappte sich das Kleidungsstück und flickte es bis halb zwei in der Nacht auf ihrem Hotelzimmer. Dann hängte sie es dem Schauspieler an seine Zimmertüre. Bei der Rückkehr auf ihre Etage wurde sie von zwei Sicherheitsbeamten abgepasst, die sie nach dem Grund ihres nächtlichen Ausflugs fragten. »Trousers of an old gentleman«, war ihre nicht sehr überzeugende Antwort. Sie musste die Männer daraufhin zu der Hose führen. Damit war die Sache erledigt.

Mitten in den Vorbereitungen auf diese Reise wurde Lotte Tobischs Augenmerk nach Längerem wieder einmal auf die Familie gelenkt. Ein gutes Jahr nach Michael Simon verstarb kurz vor Weihnachten 1977 ihr Vater in Linz. Begreiflich, dass sich die Familie an seinem Grab versammeln wollte. Für Karl Tobischs Schwester Daisy (Margarete) Steinhoff war es aber nicht so einfach, aus der DDR auszureisen. Sie bat deshalb ihre Nichte um Hilfe. Zu ihrer Tante hatte Lotte Tobisch noch aus der Kindheit ein gutes Verhältnis. Sie wandte sich in dieser Sache direkt an die höchstmögliche Stelle: an den Bundespräsidenten Rudolf Kirchschläger. Da Daisy Steinhoff bereits Pensionistin war, konnte eine Ausreisegenehmigung erwirkt werden. Es war zwar in Linz und Wien viel Wasser die Donau hinabgeflossen, seit Lotte Tobisch für einen Familienskandal gesorgt hatte, aber viel Kontakt hatte man seither nicht miteinander gehabt. So stand man einander am Grab erst einmal fremd gegenüber, wie sich die daran teilnehmende Nachlassverwalterin Barbara Urbanek erinnert.[431] Da es Lotte Tobisch in der Zwischenzeit aber zu einiger Bekanntheit gebracht hatte, gab es seitens der Familie auch eine gewisse Bewunderung. In den folgenden Jahren kam es deshalb zu einer Annäherung mit der Verwandtschaft, insbesondere mit ihrer Nichte Barbara Urbanek. Nach ihrer Opernball-Zeit feierte Lotte Tobisch dann mit 14 Familienmitgliedern regelmäßig ihren Geburtstag im Hotel Intercontinental.

Schwieriger war es für Lotte Tobisch mit der Verwandtschaft aus der DDR. Daisys Sohn Rudolf war Arzt in Ostberlin geworden. Zu Zeiten, als sein Vater Minister gewesen war, hatten sie privilegiert in einer Villa gelebt und einen Chauffeur gehabt. An den Verlust dieser Sonderstellung nach dem Rücktritt seines Vaters im Jahr 1952 hatte sich Rudolf Steinhoff offenbar nicht gewöhnen können. Er wollte die DDR verlassen. Diesen Wunsch trug seine Mutter bei ihrem Österreich-Besuch an Lotte Tobisch heran. Die wandte sich diesbezüglich an die

Gesundheitsministerin Ingrid Leodolter,[432] und es gelang ihr, dass Rudolf Steinhoff ausreisen und in Wien als Arzt arbeiten durfte. Doch damit war er nicht zufrieden. Angeblich wollte er mindestens Leiter eines Spitals werden, woraufhin sich seine Cousine von diesem Teil der Familie wieder abwandte.

Weder Herz noch Takt

Von der Israel-Reise bis zu den Familienhilfen: Als Managerin hatte sich Lotte Tobisch bewährt. Für Robert Jungbluth und Achim Benning stellte sich nun die Frage, wie es am Burgtheater mit ihr weitergehen solle. Seit 1974 war sie auf dessen Bühne nicht mehr zu sehen gewesen. Den Bundestheater-Generalsekretär plagten aber noch weitere Sorgen. Nach 22 Jahren unter der Leitung von Dr. Christl Schönfeldt schien der Opernball erstarrt zu sein. Außerdem war die Ehefrau des Quizmasters (*Quiz 21*) Rudolf Hornegg, geborener Reichsgraf von Schönfeldt, mit dem Personal nicht sehr pfleglich umgegangen. Auf Robert Jungbluths Schreibtisch stapelten sich die Beschwerden. Eine Erneuerung schien also geboten. Man scheute sich jedoch, die herrische Frau Gräfin zum Rücktritt aufzufordern, und wusste auch nicht, wer ihr nachfolgen sollte.

Jungbluths Anforderungsprofil an eine Nachfolgerin beschrieb Lotte Tobisch in einem Interview einmal so: »Er hat gesagt, er möchte jemanden haben, der sich auskennt in der Wiener Gesellschaft, der weiß, was das für eine Mafia ist, der aber eine *Distance* dazu hat, also eine Person, die nicht glaubt, sie ist die Königin.«[433] Wie es dazu kam, dass nach dieser Jobdescription der Name Lotte Tobisch fiel, wurde ihr selbst so zugetragen:

> Otto Kerry … und Robert Jungbluth hatten sich in der Sauna getroffen, und da wurde auch über die Nachfolge für Frau Christl Schönfeldt gesprochen. Der Kerry soll gesagt haben: »Warum nehmt's nicht die Tobisch, die

kann organisieren und reden.« Und darauf der Jungbluth: »... Das ist die Idee!«[434]

Zwei Tage später läutete in der Dachgeschosswohnung am Opernring 8 das Telefon und Robert Jungbluth bat Lotte Tobisch zu einem Gespräch. »Was soll ich beim Opernball? Das interessiert mich nicht die Bohne«, soll sie auf den Vorschlag des Generalsekretärs geantwortet haben. Nach Lotte Tobischs Angaben wurde bei dieser Unterredung Tacheles gesprochen, und Jungbluth meinte nur: »Ich halt' die Alte nicht mehr aus! Das muss man neu organisieren.«[435] Das war möglicherweise das richtige Stichwort für Lotte Tobisch. Sie ließ sich jedenfalls dazu überreden, sich das einmal anzuschauen, obwohl sie nicht tanzte, keinen Alkohol trank und Cocktailpartys verabscheute, wie sie immer wieder betonte.

Für Jungbluth war das der entschieden leichtere Teil der Übung. Kopfzerbrechen bereitete ihm zweifellos die Frage, wie er die Sache Christl Schönfeldt beibringen sollte. Er setzte also einen Vertrag auf, der ihre Ablöse auf Kosten von Lotte Tobisch so gut wie möglich abfederte.

> Dr. Christine Schönfeldt wird den Opernball zunächst unter Mitarbeit von Burgschauspielerin Lotte Tobisch im bisherigen Ausmaß organisieren und mit der Genannten ab 16.9.1979 die Verantwortung für diese Arbeiten teilen, wobei Dr. Schönfeldt nach außen Organisatorin des Opernballs 1980 bleibt.[436]

So ein Passus im Vertrag. Der Opernball 1980 war der 25. seit dem Krieg und hätte Christl Schönfeldt nach einem Vierteljahrhundert einen ehrenvollen Abgang verschafft. Der wäre ihr für 1979 mit einem Honorar von 140000 Schilling (ca. 30400 Euro) und im Jahr darauf mit 150000 Schilling (ca. 30600 Euro) versüßt worden. Doch sie dachte nicht daran abzutreten, und schon gar nicht, mit Lotte Tobisch zusammenzuarbeiten. Von dieser Ablehnung ahnte die designierte Leiterin Mitte 1978 noch nichts. Sie bekam nun ihrerseits einen Vertrag vorgelegt, der ihr zwar Tür und Tor zu sämtlichen Häusern des Bundestheaterverbands öffnete, finanziell aber keine Verbesserung darstellte.

> Frau Lotte Tobisch wird als Schauspielerin des Burgtheaters mit der ausdrücklichen Verpflichtung ohne Sonderentschädigung auch an Aufführungen der Staatsoper und Volksoper mitzuwirken (sic!), ferner nach Maßgabe des Punktes 2 für die Organisation des jährlich in der Staatsoper stattfindenden Opernballs ... engagiert.[437]

Im Punkt 2 war dann angeführt, dass sie 1979 und 1980 Christl Schönfeldt assistieren sollte, im Jahr 1981 aber »allein verantwortlich« für den Opernball sei, »aber von Frau Dr. Schönfeldt noch im erforderlichen Ausmaß unterstützt« werden könne. Falls nötig. Eine sehr österreichische Lösung. Unterzeichnet war der Vertrag im Übrigen von sämtlichen Direktoren, also von Achim Benning fürs Burgtheater, von Egon Seefehlner für die Staatsoper und von Karl Dönch für die Volksoper. Lotte Tobischs Monatsbezug sollte im ersten Vertragsjahr 28 000 Schilling (ca. 5700 Euro) und im darauffolgenden 30 000 Schilling (ca. 5735 Euro) pro Monat betragen. Theoretisch war sie damit »Mädchen für alles« im Bundestheaterverband.

Praktisch sah die Sache anders aus. Im Nachklang zur Israel-Tournee fand am 10. Dezember 1978 im Akademietheater eine Matinee über »bedeutende jüdische Frauen im deutschen Geistesleben« statt, an der Lotte Tobisch gemeinsam mit Lotte Ledl, Paola Loew, Elisabeth Orth und anderen teilnahm. Zu diesem Zeitpunkt war schon absehbar, dass es keine Zusammenarbeit mit Christl Schönfeldt geben würde.

Die Gräfin piesackte ihre designierte Nachfolgerin von Anfang an und hielt sie von sämtlichen Informationen fern. Wenn Besuch angekündigt war, sagte sie zu Lotte Tobisch: »Kommen Sie am Nachmittag, wenn ich allein bin.«[438] So wollte sie Einblicke in ihre Gebarung verhindern. Lotte Tobisch erzählte später, dass das Büro im Bundestheaterverband im Hanuschhof vollgeladen war mit Geschenken und dass die Chefin erwartete, dass auch Frauen sie mit »Küss die Hand« begrüßten.[439] Das kam für Lotte Tobisch selbstverständlich nicht infrage. Die spätere Opernball-Generalsekretärin Eva Dintsis geht sogar so weit, über Christl Schönfeldt zu sagen: »Die war eine böse Frau.«[440] Lotte Tobisch zog deshalb nach wenigen Wochen die Konsequenz: Sie wollte in das schäbige Opernballbüro mit all den unnötigen Sachen erst wiederkehren, wenn sie die Verantwortung für den Opernball innehatte. Denn Christl Schönfeldt dachte auch bei der Vorbereitung auf den Opernball 1980 nicht daran, Lotte Tobisch einzubeziehen. Danach aber drängte die Zeit für die Nachfolgerin, wollte sie den Opernball 1981 neu aufstellen.

Christl Schönfeldt aber machte keinerlei Anzeichen, von ihrem Posten zu weichen. Zur Klärung schrieb Lotte Tobisch im Dezember 1979 Robert Jungbluth einen Brief. Darin erkundigte sie sich, wie der Passus ihres Vertrags zu verstehen sei, dass »Frau Dr. Schönfeldt mir beim Opernball 1981, den ich alleinverantwortlich ... zu veranstalten habe, nur noch im gegebenen Fall zu meiner Unterstützung zur Verfügung stehen muss«.[441] Dass sie auf diese Hilfe wenig Wert legte, war Robert Jungbluth längst klar. Lotte Tobisch wollte nicht weniger als eine reibungslose Übergabe des Büros und der Unterlagen und sich sodann auf ihre Arbeit konzentrieren. Wer den Inhalt von Robert Jungbluths Antwort an Lotte Tobisch dann Christl Schönfeldt beigebracht hat, ist nicht bekannt. Er oder sie musste sich auf einiges gefasst machen.

> Die Übergabe der Unterlagen aller Opernballveranstaltungen sowie aller sonstigen Unterlagen, die Frau Dr. Schönfeldt während ihrer Tätigkeit im Rahmen der Bundestheater erarbeitet hat, ... hat nach Abschluss der Arbeiten für den Opernball 1980 zu erfolgen.[442]

Aktenkundig ist, dass Lotte Tobisch zum letztmöglichen Zeitpunkt ein leeres Büro ohne irgendwelche Unterlagen vorfand.

Für sie ein Sprung ins kalte Wasser. Aus Nervosität rauchte sie, wie Eva Dintsis leidvoll erleben musste, so viel wie nie zuvor. Fenster durfte man nicht öffnen, weil der Luftzug für ihre seit der Jugend empfindlichen Bronchien schädlich gewesen wäre. »Sehr gefreut habe ich mich, dass Du das Rauchen aufgegeben hast. Hoffentlich wirst Du durchhalten«, hatte ihre Mutter im Sommer 1964 noch gehofft[443] und ihr eine Perlenkette in Aussicht gestellt. Während eines Italienurlaubs hatte Lotte Tobisch ihren Strandbesuch abbrechen müssen, weil ihr die Zigaretten ausgegangen waren. Auf der Suche nach einer Trafik war sie in einen vierstündigen Stau geraten. Das war ihr so absurd vorgekommen, dass sie damals vorübergehend mit dem Rauchen aufgehört hatte.

Im Herbst 1980 saß sie nun also mit ihrer Mitarbeiterin gestresst in dem kleinen, vernebelten Opernballbüro und versuchte, so rasch als möglich den Ball für das kommende Jahr auf die Beine zu stellen. Sie plante, ihn zeitgemäßer zu gestalten. Ihr Hauptstichwort dafür war: Öffnung, nicht zuletzt, was die Auswahl der Eröffnungspaare anbelangt. »Ich habe keine ›feinen Familien‹ verlangt. Ich habe gesagt, wer tanzen kann, einen Frack anzieht und sich halbwegs ordentlich benimmt, kann kommen.«[444] Dass sie mit dieser »Gleichmacherei« bei der »Oberschicht« anecken würde, war absehbar. Bald schon wurden Gerüchte laut, sie plane, den Frackzwang abzuschaffen. Als Speerspitze der Anti-Tobisch-League tat sich der damalige *Bild-am-Sonntag*-Journalist Michael Jeannée hervor. Unter dem Titel *Kabale und Hiebe um den Wiener Opernball* zitierte er einen anonymen Baron: »Die Tobisch – wer, Kruzitürken, is' das überhaupt? – wird den Frackzwang aufheben und aus unserem Opernball ein Betriebsratsfest, eine Sozi-Soiree machen.«[445] Das Gegenteil war der Fall: Lotte Tobisch sprach sich immer wieder gegen die Aufhebung des Frackzwangs aus. Sie sah darin eine Egalisierungsmaßnahme, mussten doch alle Männer gleich aussehen. Zur Bekräftigung zitierte Jeannée noch Christl Schönfeldt mit den Worten: »Eine Frau, die für diesen Job denkbar ungeeignet ist. Eine Betriebsrätin. Sie ist niemand, sie kennt niemand, niemand kennt sie.« Was vielleicht für jene Kreise galt, in denen Christl Schönfeldt verkehrte, und die *entre nous* bleiben wollten. Wie krass die Fehleinschätzung der »Gräfin« war, zeigt ihr Urteil: »Diese Frau hat weder Herz noch Takt«. Genau mit diesen Eigenschaften wurde Lotte Tobisch als »Opernball-Lady« berühmt.

Und wieder einmal zeigte sich die Wendigkeit des heimischen Journalismus. Ein Vierteljahrhundert später zeichnete Michael Jeannée in der *Krone* ein lichtes Porträt der inzwischen legendären Opernball-Chefin unter dem Titel *Wenn sie hereinkommt, wird es heller im Raum.*[446] Als weitsichtiger hat sich sein Vorgänger als *Adabei* der *Kronen Zeitung*, Roman Schliesser, erwiesen, indem er Lotte Tobisch im Vorfeld ihres ersten Balls selbst zu Wort kommen ließ: »Man hat mir das Image angehängt, als würde ich mit Hammer und Sichel den Opernball stürmen – und die Frackschößel und Nelken wegfetzen.«[447] Nichts davon war der Fall. Ihre eigentlichen Pläne verriet sie etwa dem *Reiseland Österreich*:

> Neu wird ein Spielcasino sein, das wir für diese Nacht im großen Ballsaal einrichten werden. Kurt Edelhagen wird zum Tanz aufspielen, und die Zahl der Debütantinnen wird diesmal nur 176 betragen ... Auch wollen wir den Opernball ein bisschen öffnen, das heißt, wir haben – weil es ja ein gesamtösterreichischer Staatsball und nicht ein lokaler Wiener Festakt ist – die Tanzschulen der Bundesländer eingeladen, uns Paare zu schicken.[448]

Für ebendiese jungen Ballbesucher ließ sie im vierten Stock eine Disco einrichten, die zu einem großen Erfolg wurde. »Die jungen Damen mit Krönchen und die jungen Herren im Frack, ... die wollen sich halt auch ganz gern ›bei entsetzlichem Lärm zu modernen Rhythmen verrenken‹«[449], merkte Lotte Tobisch ironisch an. Mit Seitenblick auf ihre Vorgängerin richtete sie den Damen und Herren des Eröffnungskomitees immer wieder aus: »Einen Abend lang sollt ihr Prinz und Prinzessin spielen. Ich sagte *spielen* und nicht *sich einbilden,* etwas Besseres zu sein!«[450]

Das kam sogar in der sozialistischen *Arbeiter-Zeitung*, die Vorbehalte grundsätzlicher Art gegen das »Prunkfest« hegte, gut an. Der stellvertretende Chefredakteur Herbert Löwy notierte unter dem Pseudonym Gluthammer dazu: »Solang's keinen Groschen kostet und den Fremdenverkehr anheizt, kann's dem Steuerzahler recht sein.«[451] Eine Kontroverse musste sie mit dem ORF führen, der – wie Lotte Tobisch öffentlich machte – für die Übertragungsrechte weit weniger auszugeben bereit war als für eine qualitativ »weit unter einer Burgtheater-Aufführung liegende Eigenproduktion«.[452] In diesem Punkt bewährte sie sich – im Sinne der Steuerzahler – als harte Verhandlerin. Sie selbst erhielt im ersten Jahr ihrer alleinigen Verantwortlichkeit im Übrigen 39726 Schilling (ca. 7600 Euro) monatlich für die Opernball-Organisation.[453] Eine Eintrittskarte kostete damals 800 Schilling (ca. 150 Euro), für eine Loge musste man 65000 (ca. 12400 Euro) hinblättern. Ihre Honorierung stellte den verbeamteten Bundestheaterverband im Übrigen vor gewisse Herausforderungen, war sie doch auch als Schauspielerin tätig. Man musste deshalb, wie es im entsprechenden Akt hieß[454], eine »verrechnungstechnische Trennung der Gage in Schauspiel und Organisation« vornehmen. Nach ihrem Auftritt als Maria Theresia am 6. März 1981 im Haus am Währinger Gürtel übernahm sie ohnehin ihn keine Rollen mehr. Ab da ließ sie die Bühnenkostüme in der Garderobe und schlüpfte – zumindest einmal im Jahr – in die Ballrobe.

Pracht und Prügel

Wer Lotte Tobischs Lebensgeschichte bis hierher verfolgt hat, wird verstehen, dass sie den Opernball nie als Zentrum ihres Lebens betrachtet hat. Dirigentin dieses Staatsfaschingsfestes zu sein, war eine Aufgabe, der sie sich mit großer Ernsthaftigkeit stellte, die für sie aber auch nur eine weitere Rolle war, die sie spielte wie am Theater. Möglicherweise aber war die Society-Lady – neben der Maria Theresia – die Rolle ihres Lebens. Denn die konnte sie sogar selbst inszenieren. Sie wusste, dass bei ihrem ersten Ball der Chef der Gebäudeverwaltung, Siegfried Jung, nach dem stressigen offiziellen Teil zur Kartoffelsuppe in die Herrensologarderobe laden würde. Diese Räumlichkeit war mit hellblauem Stoff tapeziert. Eva Dintsis erinnert sich, dass Lotte Tobisch aus diesem Grund in ein hellblaues Ballkleid schlüpfte. Fürstlich saß die Chefin dann in hellblauer Robe vor der hellblauen Wand und wartete darauf, dass pünktlich um ein Uhr nachts die Suppe serviert wurde.

In den Folgejahren entwarf dann der Wiener Modeschöpfer Fred Adlmüller ihre Roben. Wie es dazu kam, schilderte sie so: »Ich stand vor meinem zweiten Opernball und verhandelte mit ihm über die Damenspende. Als er feststellte, dass die eleganteste Lady – modisch gesehen – noch nicht sehr weit war, bot er seine Hilfe an.«[455] Neunmal trug sie dann ein von ihm in wechselnden Farben designtes Ballkleid. Wert legte sie dabei vor allem darauf, dass es bequem war und ihre Figur nicht allzu sehr preisgab; denn für sie war das eine Arbeitskleidung. Aus der Geschäftsbeziehung mit Fred Adlmüller wurde rasch eine weitere Freundschaft, die bis zu seinem Tod 1989 hielt und auch auf dessen Lebensgefährten Herbert Schill überging.

Nach einem anstrengenden halben Jahr ging Lotte Tobischs erster Opernball am 26. Februar 1981 als rauschendes Fest in die Annalen der Bundestheaterchronik ein. Ab der Kartoffelsuppe war auch Lotte Tobisch entspannt. Davor hatte sich ihre Mitarbeiterin Eva Dintsis an ihre impulsive Art gewöhnen müssen. »Sie war halt jemand, der, wenn sie etwas wollte, es im Moment wollte. Und dann konnte es passieren, dass sie das drei Minuten später nicht mehr wollte.«[456] Von Digitalisierung war damals noch keine Rede. Alles musste mit der Hand beziehungsweise mit Schreibmaschine geschrieben werden. Die Handschrift Lotte Tobischs war für Eva Dintsis aber nahezu unleserlich. Dafür hatten die Menschen damals noch wesentlich mehr Geduld, schildert die Assistentin den Alltag. Früher hat man sich mit einem Brief im Mai oder Juni für das Eröffnungskomitee angemeldet – und es gab kein Problem, wenn die Bewerber erst einen Monat später eine Antwort erhalten haben. »Jetzt hat es sich eingebürgert, dass 15 Mails geschrieben werden, wenn nicht sofort eine Antwort kommt«, so Eva Dintsis. Für die Medienarbeit war zwar eine eigene Pressedame zuständig, aber die Interviews, die Lotte Tobisch als Promotion für den Ball gegeben hat, füllen Aktenordner. Ein Gespräch, in dem im Grunde sämtliche Themen zum Opernball abgehandelt wurden, führte Volkmar Parschalk in der *Ö1*-Sendung *Von Tag zu Tag* am 19. Jänner 1989 mit ihr.[457] Dabei ging es wie immer auch um die prominenten Gäste aus Politik, Wirtschaft und Kultur, die sich am Opernball »angesagt« hatten oder von Lotte Tobisch persönlich eingeladen worden waren.

Bei ihrem ersten Ball bedauerte Lotte Tobisch etwa die Absage Romy Schneiders. Die liebsten Gäste waren ihr nämlich prominente Künstler. Zugesagt hatten unter anderen Helmut Berger, Curd Jürgens, Nadja Tiller und so mancher Bühnenliebling aus der Kollegenschaft des Burgtheaters. Rechnen durfte sie auch mit ihrem »Hundefreund«, dem Bundeskanzler, obwohl der kein Anhänger solcher Veranstaltungen war. »Als bekennender Nichttänzer und ›alter Sozi‹ hat Bruno Kreisky den Opernball ›wirklich gehasst‹«, gestand Lotte Tobisch dem *Kurier*, »aber als kluger Mann und Politikprofi hat er gewusst, wozu dieser merkwürdige k. u. k. Ball der Republik gut ist, nämlich als gesellschaftliche Plattform, die als größter österreichischer Treffpunkt für Wirtschaftstreibende, Politiker und Kulturschaffende zu seinem Geschäft gehört«.[458]

Apropos Geschäft. War es unter Christl Schönfeldt durchaus üblich, sich die Herrin über Tische und Logen mit Geschenken geneigt zu machen, galt bei Lotte Tobisch strikt das *First-come-first-serve-Prinzip.* Das bestätigen nicht nur ihre Mitarbeiterinnen, das geht auch aus einer für sie typischen Antwort auf eine Geschenkzusendung hervor:

> Ich bitte Sie um Verständnis, dass ich Ihr wunderschönes, kostbares Weihnachtsgeschenk Ihnen wieder zurückgeben muss. Ich weiß, dass Sie mir nur eine Freude machen wollten, ... aber ein Geschenk dieser Größenordnung kann, darf und will ich nicht annehmen.[459]

Auf den immer wiederkehrenden Vorwurf, als »gemeiner Bürger« bekomme man sowieso keine Karten für den Opernball, rechnete sie Sylvia M. Patsch einmal penibel vor, wie sich das Kontingent an Karten zusammensetzte[460]: Polizeilich zugelassen für den Ball 1985 waren 7100 Personen. »Verkauft werden 5100 Stück, Ehrenkarten 200 Stück, Dienstkarten 1400 Stück, da ist alles dabei, sowohl das Opernballett, das abends tanzt, wie sämtliche Kellner, Portiers, Feuerwehr, Polizei, Sanität.« Ergibt 7100 Karten. Für die Tische, so rechnete Lotte Tobisch vor, sind 2400 Karten zu reservieren, für Logen und Bühnenlogen 1400 und für das Komitee 400 Stück. Zieht man diese 4200 Karten von den 5100 verkauften ab, ergibt das 900 restliche. Davon werden 300 für das diplomatische Corps, für die Regierung und Ausländer kontingentiert und 400 für Österreicher. »Wenn Sie das zusammenzählen«, so Tobisch gegenüber Sylvia M. Patsch, bleiben für den Verkauf 200 Stück übrig. Dann sind sie auf 5100. Mehr ist es nicht.«

Die ersten Jahre von Lotte Tobischs »Amtszeit« verliefen vergleichsweise ruhig. Laut Auskunft von Eva Dintsis passierte so gut wie kein Fauxpas. Komplikationen hätte es zum Beispiel gegeben, wäre eine Loge doppelt besetzt worden. Doch an einen solchen Fall konnte sie sich nicht erinnern. Nur einmal kam es vor, dass eine Gesellschaft, die zusammengehörte, statt zwei Logen nebeneinander zwei gegenüber bekommen hatte. Jedes Jahr von Neuem war der Blumenschmuck ein Thema. Die Chefin war der begründeten Ansicht, dass rosa Nelken nicht nur im Fernsehen am besten ausschauten, sondern dass sie auch die haltbarsten Blumen waren. Erst zum 1000-Jahr-Jubiläum Österreichs 1996 – zu ihrem letzten Opernball als Organisatorin – ließ sich Lotte Tobisch dazu überreden, rot-weiß-rote-Gestecke zu nehmen. Nachher hat sie das bereut.

Was die Auswahl der Eröffnungspaare anbelangt, achtete sie sehr darauf, dass grundsätzlich jedes Paar, das Linkswalzer tanzen konnte, die Chance bekam teilzunehmen – unabhängig von seinem sozialen Status. So machte sie einmal Bundeskanzler Franz Vranitzky klar, dass sein Sohn nicht gut genug tanze, um in der ersten Reihe stehen zu können.[461] Besonders froh war Lotte Tobisch stets, wenn sie jungen Leuten eine Freude machen konnte. Einmal kam eine Mutter aus dem Waldviertel zu ihr und erzählte, dass es der große Traum ihrer Tochter sei, den Opernball zu eröffnen. Das Problem dabei – in Lotte Tobischs Worten: Die Tochter war halt »eine besonders schiache Person«.[462] Die Mutter bat sie deshalb, ihrer Tochter das auszureden. Doch Lotte Tobisch fragte nach: Kann sie tanzen? Wie sich beim Vortanzen zeigte, konnte sie das.

> Und dann geschehen Wunder: Die Schiachheit war plötzlich gar nicht mehr so arg, und am Opernball war sie reizend. Und das hat enorme Folgen gehabt: Sie war in der Familie plötzlich nicht mehr das hässliche Entlein, das keiner will, sondern eine, die den Opernball eröffnet hat.[463]

Das Mädchen hat dann studiert und geheiratet, und so hat, nach Lotte Tobisch, »der depperte Opernball ein ganzes Leben verändert«. Das war eine ihrer Lieblingsgeschichten aus der Opernball-Zeit.

Im verflixten siebenten Jahr ihrer Verantwortlichkeit geriet sie in Schwierigkeiten, die nicht unmittelbar mit ihrer Tätigkeit zu tun hatten, die aber den »Bonzenball« an sich infrage stellten. Nach dem Abbruch des alternativen Jugendzentrums Gassergasse 1983 radikalisierte sich die Autonomenbewegung. Nach Robert Foltin, einem Kenner der Szene, bezogen sich diese Jugendlichen auf die »sozialrevolutionären Ideen, die 1968 gemeinsam mit der Subkultur aufkamen«[464], und bildeten einen militanten Flügel aus, der sich bei

Demonstrationen vermummte, Häuser besetzte und Gewaltbereitschaft zeigte. Die Polizei ging gegen diese »Anarchisten« mit großer Härte vor, was zu stetiger Eskalation führte. Die Stimmung in der Bevölkerung kippte, als die Polizei im Dezember 1984 nicht nur Autonome, sondern auch friedlich gegen das geplante Kraftwerk in Hainburg Demonstrierende in der Stopfenreuther Au verprügelte. So viel in Kürze zur Vorgeschichte dessen, was sich ab 1987 alljährlich am Tag des Balls vor der Oper ereignete.

Oftmaliger Gast des Staatsfestes war der bayerische Ministerpräsident Franz Josef Strauß, der seit 1985 im bayerischen Wackersdorf eine Atom-Wiederaufbereitungsanlage bauen ließ. Nach dem Super-GAU in Tschernobyl Ende April 1986 sprachen sich aber nicht mehr nur grüne Aktivisten, sondern sogar österreichische Eliten gegen das Werk in Bayern aus. Als Franz Josef Strauß als Gast von Bundespräsident Kurt Waldheim beim Opernball 1987 annonciert war, kündigte die Grüne Alternative »aus diesem Grund am Tag des Balles, dem 26. Februar 1987, eine Kundgebung vor der Oper an«.[465] Geplant war, einen symbolischen Wackersdorfzaun aufzustellen, was von der Polizei nicht genehmigt wurde. Nach dem Abtransport des Zauns nahm die Polizei den Abschuss von Leuchtkugeln sowie das Werfen von Eiern und Bierflaschen zum Anlass, auf die Demonstrierenden einzuprügeln. »Es ist zu Polizeiübergriffen gekommen, wie ich sie noch nie erlebt habe«, sagte der seinerzeit mitdemonstrierende Peter Pilz 1998 in einem Gespräch mit Lotte Tobisch.[466] »Das war keine Rauferei, sondern ein Überfall auf eine bis dahin friedliche Demonstration«, so Pilz.

In diesem Jahr ahnte Lotte Tobisch noch nicht, dass solche Ausschreitungen zur wiederkehrenden Begleitmelodie der Polonaise im Inneren der Oper werden würden. Für den 11. Februar 1988 wurde eine »Anti-Obern-Ball«-Demonstration angemeldet, aber untersagt. Wovon sich die Aktivistinnen und Aktivsten selbstverständlich nicht abhalten ließen, bereits am Vormittag eine Kette über den Ring zu spannen, um den Autoverkehr zu blockieren und zur Demonstration aufzurufen. Es kamen dann über 3000 Menschen, die die Polizei aber »in

Steinwurfdistanz« von der Oper fernhielt. Wie in den beiden darauffolgenden Jahren kam es zum Einsatz von Schlagstöcken und Wasserwerfern. Ab dieser Zeit richteten sich die Proteste unter dem Slogan »Eat the Rich« direkt gegen den »Bonzenball«. Unter den Demonstranten befand sich auch Kreiskys Sohn Peter, der schon gegen den Vietnamkrieg, gegen das Kernkraftwerk Zwentendorf und gegen den Präsidentschaftskandidaten Kurt Waldheim auf die Straße gegangen war. Deshalb äußerte sich sein Vater auf Mallorca auch gegenüber der Opernball-Chefin auf die geschilderte Weise (siehe Kapitel 6).

So einfach konnte es sich Lotte Tobisch in ihrer Position nicht machen. Sie versuchte deeskalierend einzuwirken, indem sie Demonstranten zu sich ins Büro lud. Sie zeigte dabei – zu deren Überraschung – durchaus Verständnis für die Proteste, argumentierte aber, dass sie an der falschen Stelle seien, denn der Opernball würde nicht aus der Staatskasse bezahlt, keine einzige Wohnung würde mehr gebaut werden, kein einziger sozial Bedürftiger mehr Unterstützung bekommen, fände diese Festivität nicht statt. Diese Linie vertrat sie auch in zahlreichen Interviews, in denen sie zu den Krawallen befragt wurde. Ihre Entgegnung war zwar richtig, ging aber vorbei »am Hass auf die sichtbare Ungleichheit durch das Protzen am Opernball«.[467]

Krokodil und Kasperl

Eine Atempause verschaffte Lotte Tobisch ein anderes unerfreuliches Ereignis. Im Sommer 1990 ließ der irakische Präsident Saddam Hussein von seinen Truppen Kuwait überfallen. Ein halbes Jahr später fand sich eine Allianz von Staaten unter Führung der USA zusammen, um auf Basis der *UNO-Resolution 678* die Souveränität des Golfstaates wiederherzustellen. Als Lotte Tobisch Anfang 1991 dazu befragt wurde, sagte sie arglos, sie könne sich nicht vorstellen, dass man dazu tanzt. Bums. Umgehend kam die Meldung in den Nachrichten: »Lotte Tobisch sagt den Opernball ab.« So hatte sie das gar nicht gemeint. Doch sie trat damit eine Absagen-Lawine los. »Das allgemeine schlechte Gewissen der vergangenen Jahre blühte auf. Und alle haben alles abgesagt.«[468] Vielfach wurde sie für den »mutigen Schritt« beglückwünscht; etwa von ideologisch so weit auseinanderliegenden Frauen wie Eva Mosser von der Katholischen Frauenbewegung[469] und der Wiener Kulturstadträtin Ursula Pasterk, die der Gratulation zum 65. Geburtstag einen Dank »für die couragierte Haltung« anfügte, »die letztlich zur Absage des Opernballs geführt hat«.[470]

Als Kanzler Vranitzky seine Teilnahme am Jubiläumsball 1996 mit der Begründung absagte, dass es die Leute nicht verstehen würden, wenn die Regierung ein Sparpaket schnürt und der Kanzler Feste feiert, gab sie der *Presse* dazu ein Interview.[471] Darin bedauerte sie Vranitzkys Schritt, »weil wir heuer eine besonders große Wirtschaftsriege dahaben«, die am Opernball Geschäfte anbahnt, »wahrhaftig nicht zum Schaden der Republik«. Zu dieser Ansicht gebracht hatte sie Nationalbank-Präsident Stephan Koren, der einmal zu ihr gesagt hatte:

> Der Opernball ist etwas Besonderes. Wir laden unsere ausländischen Gäste ein, und die kommen hierher und sehen das – und dann sind sie einfach verzaubert. Und plötzlich wird das Gespräch leichter. Und die Leute, die ich da eingeladen habe, die kann ich dann immer am Sonntag in der Früh um sechs schon anrufen.[472]

Früher, so Lotte Tobisch in Anspielung auf die Absage des Opernballs wegen des Zweiten Golfkriegs, dachte sie, »man kann nicht die Welt anzünden … und gleichzeitig einen Ball machen«. Inzwischen war sie zur Erkenntnis gelangt: Man kann! »Dort wird gestorben, und da wird getanzt. So ist die Welt.«[473] Denn während jedes Opernballs gab es irgendwo auf der Welt Kriege. Es war ihre Absage an eine Scheinmoral.

Immerhin bewirkte das Jahr ohne Quadrille, dass die Demonstrationen in den Jahren danach weniger gewalttätig verliefen und allmählich abflauten. Dafür tat sich eine andere Front für Lotte Tobisch auf. Nach dem überraschenden Tod des Staatsoperndirektors Eberhard Waechter trat im April 1992 Ioan Holender als Herr des Hauses sein Amt an. Er betrachtete den Opernball von Anfang an als Störfaktor für den Opernbetrieb. Bereits im zweiten Jahr seiner Direktion gab er ein Radio-Interview[474], in dem er der Opernchefin für einen Tag ausrichtete, dass er eigentlich für die Abschaffung des Opernballs sei. Lotte Tobisch zeigte sich erbost über diese »Illoyalität«. Der Streit darüber war natürlich ein Leckerbissen für die Klatschspalten in den Medien. Wie sich zeigen sollte, war Ioan Holender offenbar verschnupft darüber, dass sie ihn nicht in die Gestaltung einbezogen hatte. Diesen Schluss lässt jedenfalls die Korrespondenz der beiden zu, schrieb er ihr doch im Februar 1995, dass seine Abwesenheit am kommenden Opernball nicht als Boykott zu betrachten sei und es vielleicht ja noch einmal einen geben werde, »bei dem auch ich meinen bescheidenen Beitrag zu Form und Inhalt beisteuern darf«.[475] Ein Verlangen, das für Lotte Tobisch natürlich keine Option war.

Der verbale Schlagabtausch rund um den Tanzabend wurde in den Medien fast zum Ritual und zog sich bis weit über ihre Zeit als »Opernball-Lady« hinaus. 2001 war sie von Bundespräsident Thomas Klestil zum Staatsfest eingeladen worden, nachdem sie 1998 dem Personenkomitee für seine Wiederwahl beigetreten war. Nach dem Antritt der schwarzblauen Regierung (4. Februar 2000) verschlechterte sich Anfang des neuen Jahrhunderts nicht nur das politische Klima, sondern in der Zeit danach auch Klestils Gesundheitszustand. Lotte Tobisch erhielt von ihm deshalb keine Einladung mehr zum Opernball. Der Opernchef Ioan Holender wiederum dachte nicht daran, sie in die »Betriebsloge« zu bitten, weil die »mit eigenen Mitarbeitern bereits komplett voll war«, wie er ihr mitteilte.[476] Für Lotte Tobisch eine Art Affront.

Als Ioan Holender, den Zeichen der Zeit folgend, 2005 ein Rauchverbot verhängte, ließ sie ihm, obwohl sie selbst längst nicht mehr rauchte, via Conny Bischofberger Folgendes ausrichten: »Die Staatsoper ist so groß und gut belüftet, da gibt es für eine solche Maßnahme keinen Grund. (...) Erst recht nicht, wenn man selber Wasser predigt und Wein trinkt: Der Holender sitzt schmachtend beim Philharmonikerball und raucht!«[477] Offensichtlich wollte sie dem am längsten dienenden Operndirektor deutlich machen, »dass mit mir nicht gut Kirschen essen ist«.[478] Um weiteren möglichen Imageschaden abzuwenden, lud Ioan Holender die »Opernball-Ikone« im darauffolgenden Jubiläumsjahr zum fünfzigsten Opernball in seine Loge. Sie bedankte sich artig und ergänzte ironisch: »Da ich jedoch die Absicht habe, während der zweiten Februarhälfte an einer Sightseeing-Safari in Afrika teilzunehmen, muss ich wohl oder übel auf das einmalige Vergnügen, Ihr Gast zu sein, verzichten.«[479]

Damit waren die verbalen Scharmützel aber keineswegs vorbei. Vor dem Opernball 2007 titelte etwa die *Wiener Zeitung*, dass Ioan Holender wieder einmal »auf Beleidigungstour« sei.[480] Elisabeth Gürtler-Mauthner sprach er zum Beispiel öffentlich mit »Frau Lugner« an und bei einer Pressekonferenz 2009 nannte er Desirée Treichl-Stürgkh mehrmals »Frau Gürtler«. Lotte Tobisch sah sich veranlasst, ihre Nachfolgerinnen als Opernball-Organisatorinnen, die Ioan Holender noch despektierlicher behandelte als sie selbst, verbal zu unterstützen. Zu Senta Ziegler sagte sie: »Jetzt reicht's!«[481] Und setzte zur Generalabrechnung an:

> Ich kann mich nur wundern, dass ein Mensch, der so intelligent, so begabt und erfolgreich ist wie er, sich so skandalös, frech und unverschämt benehmen kann. (...) Er fährt mit dem nackten Hintern allen ins Gesicht. (...) Warum benimmt er sich wie eine dumme, beleidigte Leberwurst?[482]

In der Zwischenzeit hatte Lotte Tobisch in der Öffentlichkeit einen Status erlangt, der es ihr gefahrlos ermöglichte, sich kein Blatt vor den Mund zu nehmen. Und davon machte sie in ihren letzten Lebensdezennien – zur Freude des Publikums –

ausgiebig Gebrauch. Eva Dintsis vermutet, dass der verbale Schlagabtausch zwischen Ioan Holender und Lotte Tobisch zum Teil auch eine Inszenierung für die Medien war. Der Dauerstreit endete jedenfalls versöhnlich. Nachdem Ioan Holender 2015 aus allen Ämtern ausgeschieden war, las er Meysels Biografie über Lotte Tobisch und schickte ihr nach der Lektüre ein handgeschriebenes Kärtchen, auf dem er festhielt, »viel dabei erfahren und gelernt« zu haben und dass er »erst jetzt wirklich weiß, wer Lotte Tobisch von Labotýn ist«.[483] In seinen Erinnerungen[484] erwähnte er die Auseinandersetzungen mit ihr trotzdem mit keinem Wort.

Stattdessen präsentiert er sich darin als Erfinder von Lotte Tobischs Nachfolgerin Elisabeth Gürtler-Mauthner. Vom ehemaligen Wiener Bürgmeister Helmut Zilk war laut Holender dessen Frau Dagmar Koller als Nachfolgerin für Lotte Tobisch ins Gespräch gebracht worden, was er verhindern wollte und »in einer Nacht-und-Nebel-Aktion« Elisabeth Gürtler fragte, »ob sie diese Aufgabe übernehmen würde«.[485] Es gelang ihm, Bundeskanzler Viktor Klima von der Managerin des Hotels Sacher zu überzeugen. Umso unverständlicher, dass Ioan Holender sie später zur »Frau Lugner« herabwürdigte.

Gemeint war damit Christina (Mausi) Lugner, die vierte Frau des Baumeisters Richard Lugner, der seit 1992 mit seiner Erfindung des *Rent-a-star-Prinzips* zu Werbezwecken die Opernballberichterstattung nicht nur der Boulevardmedien dominierte. Sein erster Gast hätte 1991 Filmstar Gina Lollobrigida werden sollen. Wegen der Absage des Balls in diesem Jahr schaffte sie es aber erst 2013 in Lugners Loge. Fünf Mietstars musste Lotte Tobisch während ihrer »Regentschaft« über sich ergehen lassen – und nahm's gelassen. Heute kaum zu glauben, handelte es sich beim ersten Gast der Lugners um einen Mann: Mit Harry Belafonte hatte Lotte Tobisch kein Problem, zumal der »Calypso-Man« schon früh das Haus verließ, um seine Wiener Freundin aufzusuchen. Weniger glücklich war sie mit dem »Denver-Biest« Joan Collins 1993 und im Jahr darauf mit Ivana, der Exfrau des späteren US-Präsidenten Donald Trump. Ein Highlight dagegen 1995: Die Oscar-Preisträgerin Sophia Loren erwies sich als echte Dame. Zum Abschluss von Lotte Tobischs »Amtszeit« saß im Jubiläumsjahr 1996 das »Bond-Girl« Grace Jones bei Lugner in der Loge – und vergnügte sich dort zu Lotte Tobischs Missbehagen mit ihrem Begleiter. Auf Conny Bischofbergers Frage, ob der Opernball dadurch an Glanz verloren habe, meinte die einstige Hüterin des Hauses rückblickend: »Der Opernball ist – trotz Lugner – immer noch ein wunderschöner Ball ... Mit Ausnahme von Grace Jones waren seine Gäste auch alle in Ordnung.«[486] Das Kapitel Lugner abschließend urteilte sie vor ihrem neunzigsten Geburtstag abgeklärt, für den Baumeister aber nicht eben schmeichelhaft:

> Ich fand ihn nicht schlimmer als den Sohn von Gaddafi oder Imelda Marcos. Der Opernball ist eine frei verkäufliche Sache. Jeder, der bezahlt, kann sich eine Karte kaufen. Einen Wurschtl muss ein Faschingsevent wie der Opernball aushalten. Der Lugner ist sicher nicht schlimmer als andere.[487]

Feiern und Fehden

Des Öfteren beschwerte sich Lotte Tobisch darüber, dass sie in der Öffentlichkeit fast ausschließlich mit dem Opernball in Verbindung gebracht wurde. Das war in der Tat ungerecht, hatte es davor doch spannendere Phasen in ihrem Leben gegeben. Ein wenig war diese Klage aber auch kokett, denn der »Staatsball« hatte sie weit über Wien hinaus bekannt gemacht. Das »Original Wiener Faschingsfest« wurde in ihrer Zeit ein »Exportschlager«. Im Rahmen eines Gastspiels der Wiener Oper fand etwa 1986 in Tokio ein Opernball statt. Seitens des Bundestheaterverbands wurde Lotte Tobisch dazu mitgeteilt, »dass es uns nicht möglich ist, für Reise- oder Aufenthaltskosten aufzukommen«.[488] Die Spesen für die Anreise liefen dann aber beim Opernensemble mit, und die Aufenthaltskosten übernahm der japanische Veranstalter. Danach organisierte sie noch Opernbälle in Istanbul und Bangkok. Als Lotte Tobisch 1988 das *Große Ehrenzeichen für Verdienste um die Republik Österreich* zuerkannt wurde, hieß es in der Begründung für die Auszeichnung:

> Dem unermüdlichen Bestreben von Lotte Tobisch, Kontakte auch mit Gästen und Fremdenverkehrseinrichtungen im Ausland (besonders in Übersee) zu pflegen, sowie ihre ausgeprägte Publicity-Begabung haben entscheidend dazu beigetragen ... dass die Nachfrage nach dem Wiener Opernball aus dem Ausland ... ständig im Steigen begriffen ist.[489]

Die Attraktivität des Opernballs im Ausland führte sie mehr auf den nostalgischen Charme der Veranstaltung zurück als auf die dort anwesenden Prominenten. Sie reagierte deshalb zunehmend ungehalten, wenn man sie nach den bekanntesten Besuchern fragte. Dabei konnte sie auf eine erkleckliche Liste an »Honoratioren« zurückblicken: Königin Beatrix von den Niederlanden, Caroline von Monaco, König Juan Carlos von Spanien, Prinz Philip von Edinburgh, den sie persönlich zu sich in die Loge gebeten hatte, als sie erfuhr, dass er sich zu einem Treffen des *World Wildlife Fund* in Wien aufhalten werde, und etliche andere. An internationalen Filmstars rauschten unter anderen Richard Burton, Bo Derek, Shirley McLaine, Birgit Nilsson, Mickey Rooney, Jane Russell und Michael York durch den Ballsaal. Selbstverständlich hatten auch die besonders in Wien beliebten *Drei Tenöre*, José Carreras, Placido Domingo und Luciano Pavarotti, ihren Opernball-Auftritt.

In ihrem letzten großen Interview[490] traute es sich Lotte Tobisch zu, Theodor W. Adorno zum Opernball gebracht zu haben, wäre sie zu seinen Lebzeiten bereits Organisatorin gewesen – »aus Neugierde«, wie sie meinte, weil er Milieustudien hätte machen können, und »weil er sicher auch der Ansicht war, dass es besser ist, wenn reiche Leute ihr Geld im Land ausgeben, als es auf eine Insel in den Bermudas zu verschieben«.

Einen weltberühmten Wien-Besucher versuchte sie – verständlicherweise – erst gar nicht in die Präsidentenloge zu bekommen. Erstens fand der erste Wien-Besuch von Johannes Paul II. im September statt, zweitens hätte sich der nicht nur selbst in vielfacher Weise deplatziert gefunden, sondern auch zahllose seiner Anhänger. Wenn aber der Berg nicht zum Propheten kommen will, muss der Prophet zum Berg kommen: Auf einer Kommode in der Wohnung am Opernring konnten Lotte Tobischs Gäste eine Fotogalerie bestaunen. In deren »politischem Eck« war ein Bild zu sehen, auf dem sie neben Bruno Kreisky lehnt, eines, auf dem sie mit Kardinal Franz König an einem Tisch sitzt, und eines, auf dem Papst Johannes Paul II. ihr die Hand reicht. Dieses Foto war nicht bei einer Audienz in Rom entstanden, sondern am Wiener Heldenplatz.

Viele Jahre zuvor hatte sie schon einmal einem Papst die Hand geschüttelt, und zwar Pius XII. Diese Audienz war vom damaligen Leiter des italienischen Kulturinstituts Egon Hilbert für sie und ihren protestantischen Lebensgefährten Erhard Buschbeck arrangiert worden. Von beiden Päpsten zeigte sich Lotte Tobisch sehr beeindruckt, obwohl sie eigentlich nicht religiös war. Sie bezeichnete sich gern als »sehr zweifelnde Agnostikerin«, die aus der katholischen Kirche ausgetreten war, was »aber ihren Respekt vor der Institution nicht beeinträchtigte«.[491] Sie schätzte die katholische Kirche als Organisation, nicht wegen ihrer Glaubensinhalte. Als Ernst Wolfram Marboe sie en passant fragte, ob sie bei der Europavesper am Heldenplatz am 10. September 1983 aus der Bergpredigt vorlesen wolle, ließ sie sich nicht lange bitten. Gemeinsam mit Josef Meinrad, Romuald Pekny und Elisabeth Orth stand sie dann auf dem Podium – und erlebte einen einzigartigen Augenblick, der sie sehr bewegte. »Es war für mich – und wird es immer bleiben – unabhängig von der Konfession, ... einer der großen Eindrücke meines Lebens«.[492] Im Zuge dieser Veranstaltung lernte sie auch noch den Pariser Kardinal Jean-Marie Lustiger kennen und schätzen. Im

Anschluss daran überlegte sie sogar, wieder in die katholische Kirche einzutreten.

Als Bundeskanzler Kreisky – von Krankheit gezeichnet – nach dem Verlust der absoluten Mehrheit bei den Nationalratswahlen vom April 1983 zurücktrat und Fred Sinowatz vom Minoritenplatz (Unterrichtsministerium) auf den Ballhausplatz (Kanzleramt) wechselte, waren Achim Bennings Tage gezählt. Der Autor, Diplomat und Dissident Jiří Gruša meinte einmal, Benning habe das Burgtheater zu einer Außenstelle der *Charta 77* gemacht. Tatsächlich konfrontierte er das Wiener Publikum mit den Dissidenten Vaclav Havel und Pavel Kohout und engagierte ein paar DDR-Schauspieler und Regisseure. In den Wiener Boulevardblättern, so Benning, herrschte aber die Meinung vor, wer im »Ostblock« nicht im Gefängnis sitzt, ist Kommunist.[493] Das war natürlich – mit einem Wort Bennings – Quatsch. Doch Freunde machte sich der Burgtheater-Direktor mit seinem Schwerpunkt auf die Exilliteratur in Wien keine. Im von Helmut Zilk geleiteten Unterrichtsministerium dachte man deshalb nicht an eine Verlängerung seines Vertrags.

Bevor Benning abgelöst wurde, hatte Lotte Tobisch in ihrer Eigenschaft als Betriebsrätin des Burgtheaters noch einen heftigen Streit mit ihm. Minister Zilk plante 1983, das »Vorhangverbot« abzuschaffen, das seit 1798 im Burgtheater bestanden hatte. Diese vom Kaiser erlassene Verordnung besagte, dass sich die Ensemblemitglieder nach der Vorstellung nicht vor dem Publikum verbeugen durften. »Das dreymalige Applaudieren ist bloß eine Ehrenbezeigung des Publikums gegen den allerhöchsten Hof; dasselbe wird daher gegen das Theaterpersonale untersagt«[494], hieß es dort. Der Kaiser wollte in der Gunst des Publikums keine Konkurrenz seitens der Schauspielerinnen und Schauspieler. Viele betrachteten das in republikanischen Zeiten als widersinnig. Lotte Tobisch hielt jedoch an Traditionen fest. Sie sah darin, wie man heute vielleicht sagen würde, ein Alleinstellungsmerkmal, eine Besonderheit, die es nicht aufzugeben galt. Und stand damit auf ziemlich verlorenem Posten. Bei der ersten Premiere der Saison 1983/84 konnte das Publikum nach der Vorstellung von

Nestroys *Höllenangst* seinen Lieblingen zujubeln. Gegen den Widerstand von Lotte Tobisch durchgesetzt hat Achim Benning auch, dass nicht die dienstältesten Mitglieder automatisch Doyenne und Doyen wurden, sondern vom Minister ernannt werden sollten. Er wollte verhindern, dass »ein verkalkter Vollidiot« (O-Ton Benning) das Haus nach außen vertrat.

Auch mit einer späteren Doyenne des Burgtheaters kam es 1983 zu einem Zwist. Im Betriebsrat arbeitete Lotte Tobisch eng mit der Kollegin und Obfrau Annemarie Düringer zusammen. Die beiden verstanden sich so gut, dass sie sogar etliche Weihnachtsabende miteinander verbrachten. Worum es in der Auseinandersetzung genau ging, ist dem Briefwechsel nicht zu entnehmen. Klar ist nur, dass sie sich in einer betriebsrätlichen Sache nicht einig waren. Lotte Tobisch warf Annemarie Düringer undemokratisches Verhalten vor und dass sie von ihr auf der Straße stehengelassen worden war »wie ein Hundstrümmerl«.[495] Seither war das Verhältnis angespannt. Zum offenen Bruch kam es aber erst Anfang der 2000er-Jahre.

Zu ihrem sechzigsten Geburtstag im Frühjahr 1986 erhielt Lotte Tobisch den großen goldenen Ehrenring des Burgtheaters »für besondere Verdienste für die Kollegenschaft« zugesprochen. Damit hatte sie an diesem Institut alles erreicht, was für sie möglich war. Danach dachte sie an ihren Rückzug. Kurz nach ihrem 61. Geburtstag beantragte Lotte Tobisch beim Bundestheaterverband ihre Pensionierung, da sie das nötige Alter erreicht hatte und, wie sie schrieb, »keine Freude mehr daran habe, noch Mitglied des Burgtheaters zu sein«.[496] Allerdings wollte sie – wie vereinbart – als Organisatorin des Opernballs weitermachen. In dieser Funktion war eine Mitgliedschaft bei der Gewerkschaft aber nicht mehr hilfreich. Ihren Austritt aus der Gewerkschaft begründete sie jedoch nicht mit dem Antritt des Ruhestands, sondern mit dem Verhalten des Gremiums in mehreren Fällen.

Zum einen kritisierte sie »die indiskutable Haltung der Gewerkschaftsfunktionäre im Bereich der verstaatlichten Betriebe«[497], die nur ihnen selbst von Nutzen wäre; zum anderen das Verhalten der Gewerkschaft im »Fall Nenning«. Dabei handelte es sich um ein Ausschlussverfahren gegen Günther Nenning, das die Teilgewerkschaft Kunst, Medien, freie Berufe wegen seines Engagements gegen das Kraftwerk in Hainburg angestrengt hatte. Der entscheidende Punkt aber war das von der Gewerkschaft ausgehandelte Probenabkommen. Das war für Lotte Tobisch gleichbedeutend mit einer Entmündigung des Ensembles zugunsten der Direktoren und Regisseure. Denn in der Praxis verpflichtete es einen Schauspieler, »45 Stunden in der Woche ›Gewehr bei Fuß‹ für Proben zur Verfügung zu stehen«[498], ohne Rücksicht auf die laufenden Vorstellungen. Einen Monat später bekam sie, unterschrieben vom Vorsitzenden und vom Zentralsekretär der Teilgewerkschaft, eine detaillierte Antwort. In den ersten beiden Fällen argumentierten die beiden, dass inzwischen sowohl der Betriebsratsobmann der VOEST als auch jene Funktionäre ihre Ämter zurückgelegt hätten, »die vorrangig den Ausschluss von DDr. Günther Nenning betrieben haben«.[499] Zum Hauptkritikpunkt äußerten sie sich dahingehend, dass sie die »Veränderung des Probenabkommens nur deshalb unterstützt haben, weil es ... um die Finanzierung des Burgtheaters und nicht um die Person des Herrn Peymann gegangen ist«. Zum Schluss baten sie Lotte Tobisch, der neuen Geschäftsführung eine Chance zu geben und sie mit ihrer Solidarität zu unterstützen. Dazu fehlte Lotte Tobisch die Motivation.

Denn seit 1. September 1986 saß Claus Peymann auf dem Direktionssessel des Burgtheaters und wollte das Haus in verschiedenerlei Hinsicht umkrempeln. Lotte Tobisch hat dagegen alles verteidigt, »was den Nimbus und Mythos dieses Theaters ausgemacht hat«.[500] Die Unvereinbarkeit ihrer Haltung mit jener des neuen »Burgherrn« hat zweifellos dazu beigetragen, dass sie sich in den Ruhestand verabschiedete. Am jahrelangen Streit des alteingesessenen Ensembles mit jenem Mann aus Bochum, der antrat mit der Überzeugung, dass »vor ihm nix war«, und der den Wienern »den aufrechten Gang beibringen« wollte[501], beteiligte sie sich nicht mehr. Aber sie ließ sich auf ein Geplänkel mit ihm ein.

Es wäre nicht Wien, gäbe es nicht die »Ranschmeißer«, denen Carl Merz und Helmut Qualtinger in ihrem *Herrn Karl* ein literarisches Denkmal gesetzt haben. Der damalige Chef der Gesellschaft der Freunde des Burgtheaters etwa ließ Claus Peymann wissen, dass »mit Ihnen endlich die Humanität auf die Bühne des Burgtheaters eingezogen ist«.[502] Im Gegenzug passte sich der Prinzipal den Wiener Verhältnissen erstaunlich schnell an. Eines Tages stand er, wie Erhard Busek berichtete, in der Tür im Sekretariat der ÖVP und erklärte, »dass er eigentlich der bessere CDUler sei und ein Anhänger des Kapitalismus«.[503] Doch Peymann hatte auch die Größe, die ihm nicht wohlgesonnene Lotte Tobisch 1988 zum 100-Jahr-Jubiläum des Hauses am Ring einzuladen. Im Gegenzug erhielt er danach von ihr eine persönliche Einladung zum Opernball 1990. Dem ablehnenden Dank dafür schloss Peymann den Satz an: »Ich verspreche Ihnen heute und an dieser Stelle – erst, wenn ich zehn Jahre Burgtheater-Direktor bin, werde ich meinen ersten Opernball besuchen.«[504] Die Sache hatte ein Nachspiel.

Trotz Fritz Muliars Bemühungen, eine Verlängerung des Vertrags von Claus Peymann zu verhindern, wozu er auch Lotte Tobisch um Unterstützung bat[505], residierte Claus Peymann vor dem Jubiläumsjahr 1996 noch immer am Ring. Und hielt sich an sein Versprechen. In einem TV-Interview erklärte er, dass er die seinerzeitige Einladung Lotte Tobischs nun annehmen werde, obwohl er deswegen bereits Albträume habe. Daraufhin verfasste sie einen offenen Brief, der im *Kurier*, in der *Presse*, im *Standard* und in *täglich Alles* abgedruckt wurde. Darin hieß es:

> Mit großer Erschütterung habe ich … vernommen, dass Sie wegen Ihrer mir schriftlich und mündlich gegebenen Zusage, den Opernball 1996 zu besuchen, nun unter schrecklichen Alpträumen leiden. Nach einer schlaflosen Nacht habe ich mich schweren Herzens entschlossen, Sie, lieber Herr Peymann – was meine Person anlangt –, von Ihrer mir gegebenen Zusage zu entbinden. Ich hoffe sehr, dass dadurch Ihre und – last but not least – auch meine Nachtruhe wieder hergestellt ist.[506]

Dieser charmanten Ausladung wollte Claus Peymann nun nicht Folge leisten. Nach zehn Jahren im Amt wurde er vom Burgtheater-Publikum – nicht zuletzt aufgrund einiger fesselnder Inszenierungen – längst akzeptiert. Preußisch antwortete er Lotte Tobisch deshalb, dass er teilnehmen werde, »schließlich, der Frack ist ausgesucht und reserviert, der Walzer linksherum wird eifrig probiert«.[507] Der Abend selbst geriet für ihn dann allerdings zum Desaster, wie er später eingestand.

Zwanzig Jahre danach gab es noch einen Epilog zu dieser heiteren Auseinandersetzung. Barbara Stöckl lud die beiden nämlich vor dem Opernball 2016 in ihre ORF-Talkshow ein. Claus Peymann ging davon aus, dass die Festivität Hauptthema des Gesprächs sein würde – und lehnte ab. Lotte Tobisch, inzwischen so etwas wie eine analoge Influencerin und von großer Souveränität im Umgang mit Medien, hätte es zweifellos geschafft, das Gespräch breiter anzulegen. Sie fragte den in Wien unterdessen zum Publikumsliebling avancierten Intendanten des Berliner Ensembles, warum er den Opernball um so viel ernster nehme, als sie es je getan hatte, und ob diese »Lustbarkeit« um so vieles schrecklicher sei als zum Beispiel das »Karnevalspektakel in Köln, Villach oder Mainz oder etwa das Münchner Oktoberfest«.[508] Sie drückte ihr Bedauern über seine Absage aus und beschämte ihn mit dem Schlusssatz: »Sei's drum: Ich freue mich schon auf Ihre Handke-Premiere am 27. Februar.« Ein wienerischer Stil – ganz ohne Opportunismus. In der Sendung von Barbara Stöckl trat sie kurz vor ihrem neunzigsten Geburtstag doch noch auf, allerdings im Gespräch mit Konrad Paul Liessmann.

Ausgetanzt

Die Absage des Opernballs im zehnten Jahr ihrer Tätigkeit bedeutete für Lotte Tobisch eine Zäsur. Danach war sie erstmals damit beschäftigt, Geld zurückzuzahlen, anstatt einzunehmen. Das brachte, wie Eva Dintsis erzählte[509], viel Arbeit und wenig Freude mit sich. Zudem dräute neue Gefahr. Zu Sommerbeginn 1991 brachen mit dem Zehn-Tage-Krieg in Slowenien die Jugoslawienkriege aus. Damit stand eine neuerliche Absage des Opernballs im Raum. Nun saß aber nicht mehr Robert Jungbluth als Chef im Bundestheaterverband, sondern sein bisheriger Stellvertreter, mit dem die Sache zu besprechen gewesen wäre. Georg Springer dachte zwar nicht daran, wegen der Jugoslawienkriege die lukrative Tanzerei in der Oper abzusagen, doch er plante, Änderungen vorzunehmen. Der Korrespondenz zwischen ihm und Lotte Tobisch ist zu entnehmen, dass er nicht vorhatte, die Neuerungen mit ihr abzusprechen.[510] Im Sommer 1993 schrieb sie ihm deshalb, dass sie sich »unter den gegebenen Umständen außerstande sehe, für die Organisation des Opernballs die mir vertraglich zugesicherte Verantwortung weiterhin zu übernehmen«.[511] Und berief sich auf ihren Hausarzt, der ihr Schonung verordnet habe.

Inwieweit Georg Springer es auf eine Ablöse Lotte Tobischs angelegt hatte, ist im Nachhinein schwer festzustellen. Nachzulesen ist dagegen ein Interview von ihm mit der *Kronen Zeitung* vom Jänner 1994, in dem er einige Neuerungen vorstellte. Und er schickte Lotte Tobisch eine »Dienstanweisung«, die für sie einem »Maulkorb-Erlass« gleichkam. Den sie natürlich nicht bereit war hinzunehmen. Sie erinnerte ihn daran, dass »Mitarbeiter das Recht haben, bei etwaigen Anschuldigungen angehört zu werden und Stellung zu beziehen, und zwar bevor Konsequenzen seitens des Dienstgebers erfolgen«. Noch war sie kämpferisch gestimmt. Das änderte sich, als Georg Springer mit Agnes Husslein Gespräche darüber führte, ob sie Lotte Tobisch als »Opernball-Lady« nachfolgen wolle. Bald nach dem Opernball 1994 lag ihre Kündigung auf seinem Schreibtisch – und sie verabschiedete sich für 14 Tage nach Mallorca.

Bald danach kam eher skurriles Ungemach auf sie zu. Anfang Juni 1994 schalteten Gritine von Mautner Markhof, Gräfin Gabriele Schallenberg, Lotte Tobisch von Labotýn und Gräfin Eva Walderdorff in der *Presse* ein Inserat mit dem Titel *Initiative Frauen für Europa*. Damit warben die vier dafür, bei der Volksabstimmung vom 12. Juni über den Beitritt Österreichs zur Europäischen Union mit Ja zu stimmen. Die beiden Polizeibeamten Karl Brunner und Ralf Schrödl zeigten die vier Damen daraufhin an, weil sie damit gegen das Gesetz vom 3. April 1919 über »die Aufhebung des Adels und gewisser Titel und Würden (Staatsgesetzblatt für den Staat Deutschösterreich 79. Stück, Nr. 237)« verstoßen hätten. Der Magistrat verdonnerte die Inserentinnen »wegen dieser Verwaltungsübertretung« zu einer Geldstrafe von 1000 Schilling, im Falle der Uneinbringlichkeit zu einer Ersatzfreiheitsstrafe von 24 Stunden.

Ab da entwickelte sich die Sache zur Staatsoperette. Es war klar, dass die Damen diese Strafe nicht akzeptieren würden. Lotte Tobisch beauftragte die Rechtsanwaltskanzlei Eva-Maria und Paul Bachmann, Einspruch dagegen zu erheben. Die findige Kanzlei überführte die Behörde quasi der Lächerlichkeit. In ihrem Einspruch hieß es unter anderem, dass im Adelsgesetz von 1919 »nur von Strafen ›mit Geld bis zu 20.000,-- K oder Arrest bis zu 6 Monaten‹ die Rede« sei[512], nicht aber von Schillinggeldstrafen. Und weiter: Damit habe die Behörde eine Strafe verhängt, »die gar nicht in dem von ihr zitierten Gesetzestext als Strafe normiert ist«. Außerdem habe die Beschuldigte nicht selbst das »Von« verwendet, sondern der Verfasser des Inserats, und zwar »ohne mein Wissen und meinen Willen«. Mit diesen Spitzfindigkeiten stellte die Kanzlei den Antrag, »das ordentliche Verfahren nach §§ 40 bis 46 VStG einzuleiten«.

Im Kern ging es bei einem solchen Verfahren darum, dass die Behörde, wenn sie nicht schon aufgrund »der Anzeige oder der darüber gepflogenen Erhebungen von der Verfolgung« absieht, der Beschuldigten vor der Verhängung der Strafe Gelegenheit geben müsse, sich zu rechtfertigen. Sein juristisches Versagen bekannte das Magistratische Bezirksamt für den 1. und 8. Bezirk dann am 12. April 1995 ein, indem es lapidar mitteilte, »dass das Verwaltungsstrafverfahren gegen Lotte Tobisch gemäß § 45 VStG eingestellt wurde. Der Paragraf legt in sechs Punkten fest, in welchen Fällen die Behörde

»von der Einleitung oder Fortführung eines Strafverfahrens abzusehen«[513] hat. Damit gab sich nun Lotte Tobisch ihrerseits nicht zufrieden. Sie sprach mit Andreas Zenker von der *Presse* und kündigte ihm an, nun ein »Amtshaftungsverfahren gegen die Finanzprokuratur anzustrengen, damit die planmäßige Vernichtung von Steuergeld durch übereifrige Beamte fürderhin vermieden werde«.[514] Da keinerlei Unterlagen zu einem solchen Verfahren vorliegen, ist davon auszugehen, dass sie die Sache mit diesem Zeitungsartikel bewenden ließ.

Nicht zufrieden gab sich Lotte Tobisch jedoch mit Georg Springers Affront. Ihre Kündigung, das wusste er, hätte ihn in die Bredouille gebracht, war ihm doch ihre Beliebtheit weit über den Kreis der Opernball-Besucher hinaus bekannt. Ihr plötzlicher Abschied wäre ein PR-Desaster für ihn geworden. Deshalb überredete er sie zum vorläufigen Bleiben. Gut möglich, dass er dabei ihr Salär aufbesserte. Im letzten Jahr ihrer Tätigkeit erhielt sie jedenfalls 50 729 Schilling monatlich (ca. 6140 Euro).[515] Beigelegt war der Zwist damit nicht. Nach einer »Aussprache« warf Georg Springer der geübten Verhandlerin Erpressung vor. Damit war für Lotte Tobisch klar, dass es keine gedeihliche Zusammenarbeit mehr geben würde. Es ging für sie nur noch um die Art und Weise ihres Rücktritts. Zu Klärung dieser Frage setzte sie sich im Mai 1994 mit Georg Springer zusammen und protokollierte danach Folgendes:

> Conclusio: Wie am Freitag mit Dir besprochen, werde ich Frau Dr. Husslein, nachdem sie bei der Opernball-Pressekonferenz 1995 von mir als Nachfolgerin präsentiert wurde, in alle Vorbereitungen für den Opernball 1996 derart einbeziehen und mit ihr zusammenarbeiten, daß sie den Opernball 1997 reibungslos als Alleinverantwortliche übernehmen kann.[516]

Welche Zugeständnisse Georg Springer gemacht hatte, ist dem Schreiben nicht zu entnehmen. Nach außen kommuniziert wurde von ihr jedenfalls, dass es nach 15 Jahren Zeit sei aufzuhören. Und welches Jahr wäre dafür besser geeignet als jenes, in dem Österreich das 1000-Jahr-Jubliäum seiner ersten urkundlichen Erwähnung feierte. Wie bekannt, wurde Agnes Husslein nicht Lotte Tobischs Nachfolgerin, sondern Elisabeth Gürtler-Mauthner, zuständig allerdings erst für den Opernball 1999.

Am 15. Februar 1996 tanzten ab 22 Uhr 186 Paare zu den Klängen der Fächerpolonaise von Carl Michael Ziehrer zur Eröffnung des Opernballs. Es wurde ein rauschendes Abschiedsfest für »Lotte die Große«, wie in der *Presse* zu lesen war.[517] Um fünf Uhr früh stand die »Ballmutter« an der Brüstung der Loge Nummer 13 und warf zum Radetzky-Marsch, der das Ballende verkündete, rote und weiße Nelken in den Ballsaal. Ihre Fans dankten es ihr mit Kusshänden. Und dann ertönte die Melodie von Raimunds Couplet *Brüderlein fein*.

> Lotte Tobisch nimmt ein Büschel Blumen und bindet es gedankenverloren zu einem Strauß ... Und als das letzte »Einmal muss geschieden sein« verklungen ist, wirft Lotte Tobisch den Strauß hinunter, dreht sich um und geht. Sie kam vom Theater, darf man nicht vergessen.[518]

Die Grandezza des Opernballs während der Ära Tobisch wurde nie mehr erreicht. Den Ruf, den sich die »Grand Old Opernball-Lady« erworben hatte, wurde sie zu ihrem Leidwesen nie mehr los. Die Republik dankte es ihr mit der Verleihung des Berufstitels Professor. Die launige Laudatio dazu hielt dann am 5. November 1996 Annemarie Düringer. Dabei plauderte sie aus dem Nähkästchen und gab dem Publikum einen Einblick in die »Freundlichkeiten«, die die feinen Damen im Laufe der Zeit ausgetauscht hatten. So riet Annemarie Düringer der Freundin einmal, sie solle sich nicht »zu den unpassendsten Gelegenheiten wie ein Pfingstochs mit goldenen Ketten« behängen und nicht mit ihren Ringen »auf fremder Herren Hochglanzpolitur klopfen«. Von Lotte Tobisch, berichtete die Laudatorin, erhielt sie einmal den Ratschlag, sie möge nicht so oft ausschauen »wie's Hendl unterm Schwaf«.[519] So richtig wohlwollend hörte sich das nicht mehr an.

Immerhin hatte Lotte Tobisch lange genug Gelegenheit, sich zu überlegen, was sie nach dem Opernball machen wolle. Denn dass sie mit siebzig die Hände in den Schoß legen würde, kam für sie nicht infrage. Die Ironie des Schicksals wollte es, dass ihr nächster Job in gewisser Weise Erinnerungen an ihre Zeit vor dem Opernball wecken musste.

8. Kapitel

... und kein bisschen weise

Die erste Berührung Lotte Tobischs mit dem Verein *Künstler helfen Künstlern* (KhK) war ein *Gschnasfest* unter dem Motto *Wir fahren mit dem Thespiskarren* am 30. Jänner 1957 in Linz.[520] Eingeladen waren einige prominente Schauspielerinnen und Schauspieler des Burgtheaters, die jedoch absagen mussten, da Leopold Lindtberg auf der Probenarbeit für die nächste Premiere bestand. Da Lotte Tobisch zu diesem Zeitpunkt kein Ensemblemitglied war, sondern am Volkstheater gerade als Maria Theresia brillierte, rettete sie mit ihrer Anwesenheit die Veranstaltung, deren Zweck das Sammeln von Spenden war. Kurz danach wurde der Vereinszweck, nämlich »die Schaffung eines Altersheims für bedürftige Künstler«, in die Statuten geschrieben.

Vom späteren Haupthaus des Vereins in der Badener Weilburgstraße, das während des Krieges als Lazarett gedient und danach russische Soldaten beherbergt hatte, war noch keine Rede. Nach dem Abzug der Besatzungsmächte verfiel das Gebäude. Dass sie dort dereinst die Rolle ihres Lebens spielen würde, davon ahnte Lotte Tobisch damals noch nichts. Auch nicht, als Burgtheater-Kollegin Hilde Wagener 1962 das ehemalige »Militärkurhaus« erwarb und umbauen ließ. Es sollte zu einem Zuhause für alternde Künstlerinnen und Künstler werden, »die sich einen Lebensabend in einem anderen Seniorenheim nicht leisten konnten«.[521] Unter der Patronanz von Bundeskanzler Josef Klaus, Außenminister Bruno Kreisky und anderen wurde das Haus 1965 feierlich eröffnet. In ihrer Eigenschaft als Betriebsrätin des Burgtheaters nahm Lotte Tobisch 1974 an der Feier zu Rosa Albach-Rettys hundertsten Geburtstag im

Künstlerheim teil. Drei Jahre später starben drei Vorstände des Vereins unmittelbar hintereinander und mussten ersetzt werden. Umso dringender, als der Verein durch einen Sturm, der das Dach des Hauses beschädigt hatte, in finanzielle Schieflage geraten war. In dieser Situation brauchte man Lotte Tobisch nicht lange zu bitten, einen Vorstandsposten zu übernehmen.

Wieder einmal kann man es als Ironie des Schicksals sehen, was eineinhalb Jahrzehnte später passierte: Bei einer außerordentlichen Generalversammlung am 5. Februar 1991 legte Hilde Wagener altersbedingt ihr Amt als Präsidentin des Vereins in die Hände des letzten amtierenden Gründungsmitglieds: Christl Schönfeldt. Lotte Tobisch entschuldigte sich und teilte per Telegramm mit, dass sie aus dem Vorstand austrete. Begründet hatte sie diesen Schritt mit »der Art und Weise, wie ›unliebsame‹ Mitarbeiter bei KhK durch Vorstandsmitglieder behandelt werden«.[522] Konkret handelte es sich um die bevorstehende Kündigung des damaligen Heimleiters in Baden. Möglicherweise wollte Tobisch nach ihren Erfahrungen bei der Übergabe der Opernballorganisation auch nicht mehr mit Christl Schönfeldt zusammenarbeiten. Der Präsidentin gelang es in den kommenden Jahren zwar, den Verein wieder auf einigermaßen solide finanzielle Beine zu stellen, aber im Vorstand rumorte es. Das lag vor allem am Führungsstil Christl Schönfeldts, die den Vereinsvorstand in seiner Meinungsäußerung und Willensbildung als Marionette behandelte. »Der Rücktritt von Maria Urban als Generalsekretärin im Frühjahr 1994 war darauf zurückzuführen und zeigte, dass die Unzufriedenheit vieler auch Taten folgen ließ.«[523]

Obwohl statuarisch vorgesehen war, alle drei Jahre eine Generalversammlung abzuhalten, hatte seit vier Jahren keine mehr stattgefunden. Es gab also Handlungsbedarf. Für den 14. März 1995 berief der Vorstand deshalb eine solche Sitzung ein. Zu diesem Zeitpunkt wussten bereits alle, dass im Jahr danach der letzte von Lotte Tobisch organisierte Opernball stattfinden würde. Von seiner Frau Maria Urban über den

Unmut im Verein bestens informiert, fragte der langjährige Volkstheater-Direktor Paul Blaha deshalb bei ihr an, ob sie die Präsidentschaft übernehmen wolle. Da Lotte Tobisch nicht vorhatte, nach ihrer Opernball-Zeit untätig zu bleiben, zeigte sie sich grundsätzlich bereit, die Aufgabe zu übernehmen, legte aber Wert auf eine demokratische Wahl durch eine Generalversammlung.[524]

Diese wurde nun generalstabsmäßig geplant, da nicht zu erwarten war, dass Christl Schönfeldt freiwillig das Feld räumen würde. Von den Vorstandsmitgliedern Elisabeth Epp, Ehefrau des früheren Volkstheater-Direktors Leon Epp, unter dessen Leitung Lotte Tobisch in den Fünfzigerjahren dort gespielt hatte, Maria Urban und Kurt Löwy, Personalchef im Raimundtheater und seit 1991 Kassier des Vereins KhK, wurden Kolleginnen und Kollegen händeringend gebeten, Mitglieder im Verein zu werden. Gegenüber der Präsidentin war das gut damit zu argumentieren, zu höheren Einnahmen durch mehr Mitgliedsbeiträge zu kommen. Christl Schönfeldt freute sich deshalb über ca. 150 neue Vereinsmitglieder. Allerdings nicht lange.

Kurz vor der Versammlung am 14. März 1995 im Amalientrakt der Hofburg langte zur Überraschung von Christl Schönfeldt und eines Teils des alten Vorstands per Fax ein Wahlvorschlag für das Präsidentenamt ein, lautend auf Lotte Tobisch, die von den Vorgängen aber nichts wusste. Zur Wahl erschienen dann, statt der üblichen zwanzig, plötzlich 55 Vereinsmitglieder. Es folgten Brandreden von Elisabeth Epp und Maria Urban gegen Christl Schönfeldt. Die war perplex und verließ mit einigen Mitgliedern aus dem alten Vorstand den Saal. Danach wurde Lotte Tobisch mit überragender Mehrheit zur neuen Präsidentin gewählt. Die Art und Weise des Zustandekommens ihrer Wahl bedauerte Lotte Tobisch stets, sagte aber, dass ihr der Verein so sehr am Herzen liege, dass sie die Wahl annehme. Damit löste sie nun zum zweiten Mal Christl Schönfeldt in einer Funktion ab. Ein neuer Lebensabschnitt hatte begonnen, der Lotte Tobisch bis zu ihrem Tod ausfüllen sollte.

Prompt machte sie deutlich, dass sie ihren neuen Posten anders anlegen wolle als ihre Vorgängerin. Bei ihrem ersten Besuch im Künstlerheim als Präsidentin versammelte sie das Personal und bat:

> Ihr dürft einander nicht ausspielen. Eines will ich nicht: Dass ihr hinterrücks agiert. Das halte ich nicht aus. Ich bin immer für euch da. Wir wollen offen miteinander reden und jedes Problem gemeinsam lösen.[525]

Ihre Kooperationsbereitschaft hat vielen imponiert. Dass sie im Verlauf ihrer Tätigkeit allmählich abnahm, scheint im Wesen von Führungspositionen zu liegen: Mit der Zeit lassen die Kräfte nach, und damit das Bedürfnis, alle auf einen Nenner zu bringen. Auch sie war nicht gefeit gegen das ungeschriebene Gesetz der Macht: Je größer die Macht, desto kleiner wird die Fähigkeit zur Selbstkritik. Unbestritten bleibt, dass die Ära Tobisch für das Altenheim eine außerordentlich erfolgreiche war, die vielen Künstlerinnen und Künstlern, die dort ihren Lebensabend verbrachten, ein würdiger Lebensausklang war. Und Lotte Tobisch selbst fand nach Michael Fritthum dort jene Geborgenheit, die »ihr als Kind nicht zuteilwurde. Durch die Erfüllung dieser Sehnsucht wurden das Künstlerheim in Baden und dessen Bewohnerinnen und Bewohner ihr Herzensanliegen in den verbleibenden Lebensjahren.«[526]

Maria Urban war für den Verein KhK sehr aktiv. Sie hatte bereits für das Volkstheater einen Charity-Flohmarkt auf die Beine gestellt und deshalb das Know-how, auch in Baden einen zu organisieren. Dabei wurde jedes Stück, das zum Teil aus Beständen und Erinnerungsstücken von Kunstschaffenden kam, ausgepreist. Initiiert von Maria Urban, fand der erste Flohmarkt in Baden im September 1993 statt und verlief sehr erfolgreich, sowohl finanziell als auch imagemäßig. Nach ihrer Wahl war Lotte Tobisch deshalb bestrebt, das »Happening« wiederzubeleben und zum fixen Bestandteil der Künstlerheimkultur zu machen. Etliche bekannte Kolleginnen und Kollegen aus dem Burgtheater erklärten sich bereit, die Verkaufsstände zu betreuen, was den Eventcharakter sehr erhöhte. In den folgenden Jahren wurde diese Veranstaltung deshalb zu einem alljährlichen gesellschaftlichen Höhepunkt in der Bezirkshauptstadt.

Für Lotte Tobisch wurde der Flohmarkt fast zu einer Art Ersatz-Opernball. Mit dem Unterschied, dass die Einnahmen nicht dem Bundestheaterverband zugutekamen, sondern jenen Kunstschaffenden, die sich in ihrer aktiven Zeit nicht genug für die Altersvorsorge hatten beiseitelegen können. Deshalb besiedeln, wie Geschäftsführerin Anneliese Fritthum der Journalistin Eva Walisch anvertraute, weniger die großen »Burgstars« das Künstlerheim, sondern »eher die weniger bekannten Leute«.[527] Nach einer Studie des Bildungsministeriums leben nämlich mehr als ein Drittel der Kunstschaffenden unter der Armutsgrenze, so Anneliese Fritthum. Denen greift der Verein KhK mit Zuschüssen zu den Heimkostenbeiträgen unter die Arme.

Eine Hauptbeschäftigung Lotte Tobischs war deshalb das Sammeln von Geldspenden. Und das betrieb sie mit unermüdlichem Einsatz. Zur ersten »Starnacht« kam sie bald nach ihrem letzten Opernball, allerdings per Zufall. Schon 1995 hatte Placido Domingo angekündigt, ein Benefizkonzert im Badener Stadttheater zugunsten des Vereins KhK geben zu wollen. Doch war er erkrankt und hatte kurzfristig absagen müssen. Lotte Tobisch kümmerte sich darum, den Opernsänger im darauffolgenden Jahr nach Baden zu holen. Diesmal klappte es. Am Abend des 16. Juni 1996 warf Placido Domingo sein Kostüm als Siegmund in Richard Wagners *Walküre* nach seinem Bühnentod im zweiten Akt ab, zog den Frack an und eilte von der Wiener Staatsoper ins Badener Stadttheater. Zugesagt hatten für den *Abend schöner Stimmen* auch Ildikó Raimondi, Svetlana Serdar, die Kammersänger Heinz Holecek, Georg Tichy und Heinz Zednik sowie die Pianistin Barbara Moser. »Auf persönliche Bitte der Präsidentin sagte auch Kammerschauspieler Walther Reyer zu und trug Grillparzers berühmte ›Lobrede auf Österreich‹«[528] vor. Die vom Kabarettisten Martin Flossmann moderierte Galasoiree geriet zu einem einzigartigen Sängerfest.

Solche Kulturevents waren ganz nach dem Geschmack Lotte Tobischs. An manch anderen Wohltätigkeitsveranstaltungen, die sie im Laufe der folgenden 23 Jahre besuchte, hatte sie weniger Freude. »Ein Partymensch war sie nie und Cocktailpartys akzeptierte sie allenfalls, wenn sie ihren karitativen Zwecken dienten, denn der damit verbundene Smalltalk war ihr zuwider«, schrieb Harriet von Behr treffend in einem Nachruf.[529] Sie hielt es mit ihrer Marienbader Großmutter, die sie einst gelehrt hatte: »In so einer Gesellschaft, da muss man reden und reden, Unsinn reden, und dann so rasch als möglich weg – das ist es.«[530] Und daran orientierte sich Lotte Tobisch. Die Artikel über Charity-Veranstaltungen, die sie auf den Weg gebracht hat, vom Promi-Trabrennen bis zur Versteigerung einiger ihrer Adlmüller-Ballkleider, füllen Aktenordner. »Wir waren an den entlegensten Orten und die Leute waren glücklich, dass sie da war. Sie hat dann gesagt: Ich bin ein Freudenmädchen«[531], erzählt Anneliese Fritthum. Sie sei jemand, so Tobisch, der gern anderen Leuten eine Freude macht.[532]

Mit Hilfe des Staatsopern-Kapellmeisters Hubert Deutsch, der seit 1962 dem Verein KhK verbunden war, gelang es Lotte Tobisch im darauffolgenden Jahr nochmals, eine hochkarätig besetzte Galasoiree im Badener Stadttheater abzuhalten. Stargast am 14. Mai 1997 war Kammersängerin Edita Gruberova, mit ihr auf der Bühne standen unter anderen Herbert Lippert und Bo Skovhus, Michael Heltau bezauberte das Publikum mit seinem Wiener Schmäh, und Peter Lodynski verzauberte es mit »kabarettistischer Magie«. »Die Kurve der Aktivitäten und der daraus resultierenden Einnahmen war seit dem Amtsantritt von Lotte Tobisch ansteigend«, schrieb Maria Urban in ihrem Tätigkeitsbericht von 2001.[533] Dazu kamen allerlei Legate, unter anderem von Käthe Gold, sodass trotz sinkender Subventionen einiges in die Sanierung des Hauses investiert werden konnte. Vereinskassier Kurt Löwy zeigte sich zur Jahrtausendwende mit der finanziellen Situation zufrieden.

Dekorierungen

Zu verdanken war die Konsolidierung nicht zuletzt Lotte Tobischs medialer Präsenz. Sie war eine Person des öffentlichen Lebens geblieben. »Mich sprechen noch immer Leute auf der Straße an«, sagte sie anlässlich ihres 75. Geburtstags der APA[534]. Sie sonnte sich aber nicht in ihrer Beliebtheit, sondern setzte sie gezielt für soziale und politische Anliegen ein. Denn neben ihren karitativen Tätigkeiten, etwa beim Projekt *Kunst auf Rädern* oder bei der Alzheimer-Gesellschaft, zu der sie nach Michael Simons Tod gestoßen war, mischte sich Lotte Tobisch in ihrem achten Lebensjahrzehnt verstärkt in tagespolitische Dinge ein. Etwa 1997 mit der Unterstützung des *2. Internationalen Menschenrechts-Tribunals*, das sich gegen Rassismus und Xenophobie wendete, aber abgesagt werden musste. Immerhin hatte das erste Tribunal von 1995 erreicht, dass die Paragrafen 220 und 221 des österreichischen Strafgesetzbuchs, welche »gleichgeschlechtliche Unzucht« sowie Werbung dafür unter Strafe stellten, 1997 aufgehoben wurden.

Lotte Tobischs beharrlicher Einsatz fand allgemeine Anerkennung, aber er kostete auch viel Kraft. »Zeit totschlagen liegt mir nicht«[535], meinte sie, doch mit 75 kam sie nun in ein Alter, in dem der Körper nicht mehr so mitspielte, wie der Kopf es sich vorstellte. Getreu dem Operettenmotto *Wie's da drin aussieht, geht niemand was an*, erfuhr die Öffentlichkeit nichts von ihren gesundheitlichen Problemen. Nach zwei schweren Krebserkrankungen und Bestrahlungen magerte sie ab und musste operiert werden. Nach dem Eingriff erholte sie sich zwar recht gut, doch zwanzig Jahre danach machten sich – wie nicht selten – die Krebszellen wieder bemerkbar. Schon seit ihrer Jugend hatte sie außerdem mit Bronchialproblemen zu tun. Je älter sie wurde, desto heftiger bereute sie, zu spät mit dem Rauchen aufgehört zu haben.[536] Denn die chronisch obstruktive Lungenerkrankung (COPD) machte ihr zunehmend zu schaffen. »Die Luft war am Schluss ihr größtes Problem. Sie hat immer die Sauerstoffflasche zu Hause gehabt und gesagt, das nutzt zwar nicht viel, aber es erleichtert.«[537]

Noch aber ließ sich Lotte Tobisch in ihren Aktivitäten nicht einschränken. Ruhestand kam für sie nicht infrage, und Disziplin hatte sie quasi mit der Muttermilch aufgesogen. Ihrer Erziehung gemäß verlangte sie deshalb auch in »ihrem« Haus eine gewisse Etikette. So bestand sie darauf, dass sich die Bewohner nicht gehen ließen, auch wenn das nicht allen immer leichtfiel. Spätestens zu Mittag wollte Lotte Tobisch alle »geschneuzt und gekampelt« im Speisesaal sehen. Niemand sollte verwahrlosen. Das gehörte für sie zur Menschenwürde. Ihr Weg zwischen den Zeiten bestand darin, dass sie an bewährten Formen festhielt, Neuerungen aber nicht abgeneigt war.

Was sie neben der Leitung des Altenheims an gesellschaftlichen Verpflichtungen aller Art wahrnahm, dazu gibt zum Beispiel ihr erhaltener Terminkalender des Jahres 2000 Einblick.[538] Für den 21. Jänner organisierte sie eine Familienfeier aus Anlass des 94. Geburtstags ihrer Mutter. Nora war inzwischen schon recht gebrechlich und lebte deshalb in der Seniorenresidenz SeneCura in Oberdöbling. Dort wurde sie immer noch täglich von ihrer Haushaltsgehilfin Dana Belivakic[539] besucht. Zwei weitere Geburtstage sollte Nora Benedikt noch erleben. Am 26. Jänner 2000 wurde der neunzigste Geburtstag von Elisabeth Epp begangen. Aus diesem Anlass verlieh die Stadt Wien der Schauspielerin den »Goldenen Rathausmann« und Lotte Tobisch würdigte in ihrer Ansprache Epps humanitäres Engagement.[540] Kurz vor der obskuren Angelobung der schwarzblauen Regierung am 4. Februar 2000 traf sich Lotte Tobisch mit der Noch-Kanzlergattin Sonja Klima. Am 17. Februar hatte Lotte Tobisch einen Auftritt in Pfarrer Jürgen Flieges ARD-Talkshow, und am 2. März saß sie zwar nicht in der Loge von Direktor Holender, besuchte aber als Gast den Opernball.

Ein Pflichttermin für Lotte Tobisch war die Verleihung des Ehrenrings der Stadt Wien an Fritz Muliar am 23. März. Für den Geehrten war das wohl ein später Triumph über die im Jahr davor abgeschlossene Ära Peymann am Burgtheater. Schließlich war mit Franz Morak einer von Muliars Mitstreitern inzwischen zum Kunststaatssekretär aufgestiegen. Ende November versammelte sich das »alte« Burgtheater noch einmal, um Annemarie Düringers 75. Geburtstag zu feiern. Seit Paula Wesselys Tod im Mai dieses Jahres war sie Trägerin des Alma-Seidler-Rings. Im Jahr darauf wurde die Jubilarin zur Doyenne des Burgtheaters ernannt. Lotte Tobisch war offenbar der Ansicht, dass ihre Freundin damit »ausdekoriert« sei. Den Burgtheaterring hätte sie lieber Gusti Wolf zukommen lassen.[541] Diesen verlieh statutengemäß der Betriebsrat des Burgtheaters in Abstimmung mit Ensemblemitgliedern, die ihn bereits erhalten hatten. Die letzten noch lebenden Burgtheaterringträger waren jedoch Lotte Tobisch und Götz von Langheim.

Bei der Feier zu Lotte Tobischs achtzigstem Geburtstag saß ihre alte Freundin Annemarie Düringer aber dann im Theater an der Wien neben ihr – mit dem Burgtheaterring an ihrem Finger. Weder Lotte Tobisch noch Götz von Langheim waren vom Betriebsrat darüber informiert, geschweige denn dazu befragt worden. Auch die Freundin hatte sie nicht davon in Kenntnis gesetzt. Für Lotte Tobisch ein Affront, der sie erboste. Julia Danielczyk erzählte sie, was folgte:

> Wir hatten vier Jahre keinen Kontakt, weil mich die Sache sehr geschmerzt hat, und auch ihr tat es leid. Wie ich aber hörte, dass es ihr schlecht ging, bin ich zu ihr gegangen, und wir haben gemeinsam beschlossen, das Ganze zu vergessen. Die Freundschaft war uns beiden wichtiger.[542]

Über das, was die Freundinnen entzweit hatte, sprach sie in diesem Interview und auch danach nicht öffentlich. Sie war aber froh, sich mit Annemarie Düringer noch vor deren Tod versöhnt zu haben. Lotte Tobisch blieb aber streitbar. Als die deutsche Botschafterin Wiltrud Holik sie zu einem Empfang anlässlich des zehnten Jahrestags der Deutschen Einheit einlud, sagte sie ihr mit der Begründung ab, dass »der legitime Vertreter Österreichs, Herr Bundespräsident Dr. Klestil, seitens der deutschen Bundesregierung ostentativ nicht zu den Feierlichkeiten nach Dresden gebeten«[543] worden sei. Das verstieß ihrer Meinung nach gegen diplomatische Usancen, was sie nicht bereit war, unwidersprochen hinzunehmen.

Wenige Wochen vor dem Empfang zur deutschen Wiedervereinigung war ihr Briefwechsel mit Theodor W. Adorno erschienen. Er sollte rechtzeitig vor dessen hundertsten Geburtstag am 11. September 2003 in den Handel kommen. Zu Recht war sie stolz auf das Ergebnis und verschickte es an viele Freunde. Auch die Feuilletonredaktionen in Deutschland würdigten das Buch. Warum sie den Band auch Julian Schutting zukommen ließ, geht aus dessen Dankesbrief nur indirekt hervor. Es könnte mit Adornos Diktum aus seinem Essay *Kulturkritik und Gesellschaft* von 1949 zu tun haben, dass es barbarisch sei, nach Auschwitz ein Gedicht zu schreiben. Für einen Lyriker wie Julian Schutting untragbar. Abgesehen davon, dass Adorno – unter dem Eindruck von Paul Celans *Todesfuge* – diese Aussage später relativierte, wollte Julian Schutting in dieser Debatte dagegenhalten. Dem Brief an Lotte Tobisch legte er das Gedicht *A.* bei, das mit den Versen endet: »und es gäbe auch Gedichte an den Mond / selbst wenn Auschwitz / dort installiert worden wäre«.[544] Vielleicht sah Lotte Tobisch in Julian Schutting einen Nachfolger von Georg Trakl und seinem wohl berühmtesten Gedicht *Grodek*.

Die alten Zeiten ließen sie nicht los. Wer Lotte Tobisch dazu überredet hatte, in Ulli (Drehbuch) und Xaver Schwarzenbergers (Regie) vielgelobtem Film *Meine schöne Tochter* mitzuspielen, ist unklar. Vielleicht hatte es sie gereizt, noch einmal am Set zu stehen. Das Familiendrama handelt von einer 17-Jährigen, bei der durch den Schock nach dem Unfalltod ihrer Mutter die Krankheit *Frozen Development* ausbricht. Das heißt, im Körper der jungen Frau hatte sich der Geist eines neunjährigen Kindes konserviert. Die Hauptrolle spielte die junge Phillippa Galli (heute bekannt unter dem Namen Pippa), in der Rolle ihres Vaters, dem Heurigensänger Charli Weiz, glänzte Erwin Steinhauer. Mit der Figur der Großmutter Senta begab sich Lotte Tobisch auf ungewohntes Terrain. In weiteren Rollen profilierten sich unter anderen Lilian Klebow, Leander Lichti, Marianne Mendt, Petra Morzé, Dorothea Parton und Julia Stemberger. Die Dreharbeiten fanden im Juni 2004 statt, erstmals gesendet wurde der Film im ORF am 24. November desselben Jahres. Für Lotte Tobisch eine willkommene Abwechslung zum Büroalltag.

Dass sie trotz fortgeschrittenen Alters experimentierfreudig und aufgeschlossen geblieben war, bewies sie im Sommer 2004. Der *Falter*-Prediger vom Dienst, Hermes Phettberg, war durch seine *Nette-Leit-Show* im ORF in den Neunzigerjahren zu einiger Bekanntheit gelangt. Nun veranstaltete er im Alsergrunder Kulturzentrum WUK *Sommerphettspiele*.[545] Am zweiten Abend lud er eine illustre Runde zum Gespräch: die Aktionskünstlerin Miki Malör, den Schauspieler und Kabarettisten Gregor Seberg, den Gründer des Einkaufszentrums Excalibur Ronald Seunig und Lotte Tobisch. Der Titel zu der Talkshow mit musikalischer Begleitung durch Christoph und Lollo: *Traumtänzer*. An Lotte Tobisch ging diese Bezeichnung wohl vorbei. Sie war Realistin, wie sich im Jahr darauf wieder einmal zeigen sollte.

Immer wieder war sie im Laufe ihres Lebens zum Thema Feminismus befragt worden. Augenzwinkernd hatte sie schon vor ihrem ersten Opernball in einem Interview gesagt, dass die Einführung einer »Herrenspende« ihr Beitrag zur Emanzipation sei.[546] Sie betonte stets, dass sie allein schon mit ihrem Leben bewiesen habe, dass sie für die Selbstverwirklichung der Frauen sei, dass dies aber ohne »Gendern« und »Binnen-I« möglich sei.

> Frau Klasnic, die sich Frau Landeshauptmann nannte, fand ich gut. Die ist emanzipiert, hat diese Stellung erreicht und wunderbar. Aber Frau Landeshauptfrau ist dumm. Die Landeshauptfrauen und allerlei »Innen« haben doch Minderwertigkeitskomplexe.[547]

Nun hatte Sandra Kreisler Mitte der Neunzigerjahre im ORF die österreichische Bundeshymne mit einer gegenderten Textpassage gesungen und damit die schon lange bestehende Forderung zur Feminisierung wieder aufflammen lassen. Es dauerte dann allerdings noch 15 Jahre, bis aus dem Vers »Heimat bist du großer Söhne« offiziell die von Kreisler bereits gesungene, etwas holprige Zeile »Heimat großer Töchter und Söhne« wurde. Lange noch sollte sich Lotte Tobisch darüber alterieren. Noch zu ihrem neunzigsten Geburtstag sagte sie zum *Kurier*: »Ich warte nur darauf, dass man auch die Europahymne ›Alle Menschen werden Brüder …‹ abändern will.«[548] Als die Debatte um die Bundeshymne 2005 wieder Fahrt aufnahm, veranlasste das Lotte Tobisch zu einem Leserbrief in der *Presse*:

> Die Forderung einer geschlechtsneutralen Neutextierung unserer Bundeshymne ist ein trauriges Zeichen für den sichtlich unausrottbaren Minderwertigkeitskomplex einer kleinen, aber lautstarken Gruppe von spießigen, kleinkarierten Frauen mit Profilierungssucht.[549]

Unterschrieben war der Leserbrief mit »Lotte Tobisch, bereits emanzipiert, als die heutigen ›Kämpferinnen‹ noch in Abrahams Wurstkessel brutzelten!«

Das Thema der sprachlichen Benachteiligung im Deutschen hat seither ungeahnte Ausmaße angenommen, ging es dabei doch bald nicht nur um Frauen, sondern auch um Menschen anderer Hautfarbe oder sexueller Orientierung. Dass Lotte Tobisch Minderheiten welcher Art auch immer keinesfalls gesellschaftlich ausgrenzen wollte, sondern nur davon überzeugt war, dass sich nicht alles sinnvoll sprachlich abbilden ließe, ohne der deutschen Sprache Gewalt anzutun, machte sie mit ihrer Teilnahme am Life Ball 2007 deutlich. Vielleicht folgte sie der Einladung auch als Ersatz für den Opernball, von dem sie 2005 endgültig Abschied genommen hatte, weil sie nicht zum »Ötzi des Balls« werden wollte.[550] Der ursprünglich von Gery Keszler 1993 als Benefiz-Veranstaltung für HIV-Infizierte ins Leben gerufene Life Ball hatte sich längst zur Parade der »LGBTQIA+-Community« entwickelt. Dementsprechend schrill war das Publikum. Lotte Tobisch, »die ewige feine Dame der Wiener Gesellschaft«, wie sie *Die Presse* titulierte[551], passte mit ihrem bürgerlichen Outfit da eigentlich nicht dazu. Es kam für sie auch nicht infrage, sich die Haare abzuschneiden und sich in ein strenges Kleid stecken zu lassen, wie ihr das die Kostümbildnerin Annette Beaufaÿs nahegelegt hatte. Aber sie ließ sich vom Modedesigner Thierry Mugler immerhin einen prachtvollen Rock anpassen, zwängte sich in ein, wie sie meinte, »Oberteil, das mehr für eine 16-Jährige als für eine nicht mehr ganz junge, üppige Dame«[552] geeignet war, und trug ausnahmsweise nicht ihre berühmte Aufsteckfrisur, sondern die Haare offen. Sie betrachtete den Life Ball als »Hetz«, allerdings »nichts für alte Weiber«.[553]

Im Herbst dieses Jahres hatte sie nochmals einen Auftritt im Wiener Rathaus, als ihr die *Goldene Ehrenmedaille der Stadt Wien* verliehen wurde. Zur Auszeichnung gratulierten unter anderen Dagmar Koller, mit der sie einst (1979) in *My Fair Lady* auf der Bühne der Volksoper gestanden hatte, sowie Freunde wie Guggi Löwinger, Marion Mitterhammer oder Gustav Peichl. In ihrer Dankesrede widmete Lotte Tobisch die Ehrung ihren Mitarbeiterinnen, »denn die müssten ihr Tempo und ihre Ungeduld ertragen«[554]. Ein paar Jahre später sollte sie hinzufügen, dass ihr Unpünktlichkeit am meisten auf die Nerven gehe.[555] Mit dieser Auszeichnung fühlte nun *sie* sich »ausdekoriert«. Hatte sie zu ihrem Achtziger doch auch das *Goldene Ehrenzeichen für Verdienste um das Bundesland Niederösterreich* sowie das *Goldene Stadtwappen der Stadt Baden* erhalten. Getreu ihrem Motto, die Dinge ernst zu betreiben, aber nicht ernst zu nehmen, hängte sie all die Medaillen einem Plüsch-Pandabären um, der Fotos etlicher Homestorys zierte.

Der Medienstar

Der Ordensbär, prominent platziert auf der Sitzgarnitur in Lotte Tobischs Wohnzimmer, spiegelt ihre ironische Einstellung zum Leben wider. Auf die Frage von Edda Graf zu ihrem Neunziger, ob ihr das Alter Angst mache, antwortete sie mit einem Zitat, das sie Nestroy in den Mund legte: »Es sind noch alle g'storben. Ich werd's auch überleben«.[556] Fast hat es den Anschein, als wollte sie mit ihrer nicht unbedingt altersgemäßen Rastlosigkeit dem Tod davonlaufen. Der holt einen – früher oder später – aber immer ein.

Das musste sie im November 2002 erleben, als ihre Mutter im 97. Lebensjahr verstarb. Im Anschluss daran zeigte sich ihre antibürgerliche Einstellung bei gleichzeitiger bürgerlicher Lebensführung. Denn danach verkaufte sie die Villa in der Lannerstraße – ohne mit der Wimper zu zucken. Eine stetig sich wertsteigernde Immobilie in bester Lage zu veräußern, führte in der Familie und überhaupt in ihren Kreisen wieder einmal zu Irritationen. In ihr Domizil am Opernring mitgenommen hat sie nur ein paar Möbel- sowie Erinnerungsstücke. Damit bekam ihr Refugium dann das Aussehen, das auf vielen Pressefotos zu sehen war. »Diese Wohnung strotzt vor Scheußlichkeiten«, titelte nach einem Besuch bei ihr der Architekturjournalist Wojciech Czaja.[557] Bestand das Interieur doch vielfach aus im Laufe des Lebens kunterbunt zusammengewürfeltem Krimskrams.

> Es gibt Möbel, Kunsthandwerke und allerhand Kitschzeug. Manches davon ist ganz schön, manche Dinge jedoch sind ausgesprochene Scheußlichkeiten. Ich bin in einem einzigen Punkt bestechlich – und zwar, wenn

man mir Liebe und Freundschaft entgegenbringt und diese in ein Kitschtrumm einpackt. So etwas kann ich einfach nicht wegwerfen.[558]

Das kann man als Teil ihrer Understatement-Kultur ansehen. Denn selbstverständlich standen auch einige wertvolle Stücke in der 120-Quadratmeter-Dachgeschosswohnung. Doch angesichts der Mischung in Lotte Tobischs Loft wäre Adolf Loos wohl schreiend davongerannt. Von Stil keine Spur. Erlesenes Material war ihr nicht wichtig, es ging ihr im Leben wie beim Wohnen nicht um Noblesse, sondern vielmehr darum, sich und anderen eine menschenfreundliche Atmosphäre zu schaffen. Eine solche hatte die durchgestylte Innenarchitektur des Kämpfers gegen das Ornament, Adolf Loos, eher nicht. Lotte Tobisch aber hatte im Gegensatz zu ihrer Mutter einen Hang zu den niederen Ständen und damit eine Vorliebe für unnötigen Aufputz – in ihrem Äußeren ebenso wie in ihrer Umgebung. Sie betrachtete sich als Gast auf Erden und legte deshalb keinen Wert darauf, teure Güter anzusammeln. Vielleicht hat diese – in christlicher Tradition stehende – Haltung aber auch damit zu tun, dass sie keine Kinder hatte, denen sie etwas hinterlassen wollte. Was, wie sie sagte, nicht geplant war, sondern sich so ergeben hat. Mit dem Wort Lebensplanung hätte sie wenig anzufangen gewusst.

Wie mit der Wohnungseinrichtung hielt sie es auch mit ihrem Erscheinungsbild. Zum Entsetzen ihrer Mutter behängte sie sich gern mit allerlei Klunkern: Halsketten, Ohrringen, Armbändern, und trug gern auffällige, aber nicht immer edle Ringe an den Fingern. Es war ihr egal, ob die aus Edelmetallen oder billigem Material bestanden. Als sie einmal eine sportliche TAG-Heuer-Uhr in limitierter Ausgabe geschenkt bekam, sagte sie zu Anneliese Fritthum: »Gefällt mir nicht, wurscht, was sie wert ist«.[559] Und kaufte sich eine »fesche« Uhr um 6,50 Euro. Wenn sie zur Kur nach Ungarn fuhr, kam sie nicht mit Designerklamotten zurück, sondern mit preiswerten Kleidern, die bequem waren und zu ihr passten. Wenn sie die Sachen trug, spekulierte sie nicht ganz zu Unrecht, nahmen sowieso alle an, dass sie teuer sein mussten. Der Abschied von den Adlmüller-Roben fiel ihr nicht schwer.

Entgegen ihrer öffentlichen Präsenz bei zahllosen Veranstaltungen und der medialen Aufmerksamkeit, die man ihr ob ihrer Eloquenz und eleganten Erscheinung schenkte, gab es zunehmend auch Tage, an denen sie allein war. Das hatte damit zu tun, wie sie Alfred Dorfer gestand, dass die Freunde »immer weniger werden. Wenn man einmal so alt ist wie ich, sind ja schon alle tot, ein großer Teil jedenfalls«.[560] Deshalb mehrten sich die Feiertage, »an denen einen kein Mensch anruft«.[561] Sie bestritt zwar, einsam zu sein, gab aber zu, »dann – wie ein Hausmeister – den Fernseher oder das Radio einzuschalten, egal, was gerade gesendet wurde, um nicht die Grabesstille ertragen zu müssen«. Immer öfter plagte sie die Sehnsucht nach den alten Freunden, vor allem nach Teddie Adorno. »Da ist ein großes schwarzes Loch«, bekannte sie Alfred Dorfer im Café Jenseits.[562]

Die schweren Stunden versuchte sie mit Betriebsamkeit zu vertreiben. Die letzten zehn Jahre im Leben von Lotte Tobisch waren deshalb geprägt von allerlei Interventionen. Immer öfter mischte sie sich ein, unter anderem mit Leserbriefen. Schon 1994 hatte sie sich über die Ausstrahlung eines Interviews mit Oskar Werner im ORF anlässlich seines zehnten Todestags beschwert[563], bei dem der Schauspieler offensichtlich schwer betrunken war. Das bezeichnete sie als »Leichenfledderei«. Dass Josef Cap zu einer Audienz beim Papst 2004 mit offenem Hemdkragen erschienen war, hielt sie für äußert ungehörig und bezeichnete ihn als »peinlichen Berufsjugendlichen«.[564] Auch »neusprachliche Elemente« in einer Qualitätszeitung wie der *Presse* spießte sie auf. So monierte sie etwa gegenüber dem Sprachpolizisten Engelbert Washietl den Titel: *Eine hippe Feme geht auf der Mahü shoppen*«.[565] Früher, so ließ sie ihn wissen, hätte man geschrieben: *Eine fesche Katz geht auf der Mariahilfer Straße einkaufen* – und das hätten dann wenigstens alle verstanden.

Ihr Titelvorschlag hätte allerdings bei Redakteurinnen und Feministinnen Protest hervorgerufen. Er entsprach jedoch Lotte Tobischs männerfreundlicher Einstellung zum Thema Frauenemanzipation. »Was wirklich zu tun wäre«, so argumentierte sie in einem Gespräch mit der damaligen Grünen-Chefin Eva Glawischnig, das Lisa Nimmervoll moderiert hat[566], sei, »dass sich die Gewerkschaft endlich darum kümmert, das Problem der Frauen mit Kindern, Gehältern, Horten etc. zu regeln«. In diesem Punkt waren sich die Gesprächspartnerinnen einig. Dass Lotte Tobisch aber wenig Verständnis für Frauen hatte, die nicht ihrem Milieu entstammten und dementsprechend mit Selbstbewusstsein gesäugt worden sind, zeigte sich, als Eva Glawischnig erzählte, dass sie in ihrer Kärntner Heimat einst eine Kollegin hatte, die ihren Mann fragen musste, ob sie einen Kochkurs belegen dürfe. »Wenn sie so blöd ist und fragt«, so die Reaktion Lotte Tobischs, könne man das »doch nicht dem Mann zum Vorwurf machen«. An dieser Stelle hätte sie Eva Glawischnig auf die großen Unterschiede der Lebensumstände und auf die Nöte dieser Frau aufmerksam machen können. Stattdessen antwortete sie: »Mach ich nicht« – und bestätigte Lotte Tobisch damit in ihrer zweifelhaften Ansicht, dass »heute jeder machen (kann), was er oder sie will«. Auch Anneliese Fritthum gelang es nicht, Lotte Tobisch klarzumachen, dass Familien Verpflichtungen mit sich bringen, denen sich gerade Frauen nicht so einfach entziehen können.

»Bleib dir selbst treu«, war eines der Lebensmottos von Lotte Tobisch, das sie in einem Gemeinschaftsinterview mit Arik Brauer und Adolf Holl zum Thema *Altwerden* zum Besten gab.[567] Dass dies nicht allen Menschen in gleichem Maße möglich ist, konnte sie offenbar schwer nachempfinden. In ihrem Fall hieß das auch, sich nichts gefallen zu lassen. Weder von Ioan Holender, der laut *Wiener Zeitung*[568] immer wieder einmal »auf Beleidigungstour« war, noch von ihrer Erzrivalin Christl Schönfeldt, die in einem Interview behauptet hatte, dass »Lotte Tobisch dank ihrer ausgezeichneten Verbindungen zu Herrn Jungbluth ... ein Vielfaches von dem bekommen hat, was ich gekriegt habe«.[569] Ersterem richtete sie öffentlich aus, er benehme sich wie ein Fratz[570], Letzterer drohte sie mit einer Klage. Sie hatte einen gesellschaftlichen Status erlangt, der es ihr erlaubte, sich in allerlei Angelegenheiten einzumischen, ohne dass es ihrer Beliebtheit schadete. Von diesem »Interventionsrecht« machte sie im letzten Dezennium ihres Lebens ausgiebig Gebrauch. »Jetzt ist es mir wirklich wurscht, was sich wer denkt oder ob mir etwas schaden kann«, sagte sie in dem Gespräch mit Brauer und Holl.

Tatsächlich war ihr jetzt nichts mehr zu blöd. Sie nahm den weiten Weg nach Graz in Kauf, um auf dem Podium zum Thema *Verbotene Versuchung*[571] zu diskutieren, setzte sich ins ORF-Studio, um über *Sex mit 60 plus* zu debattieren[572], wozu sie keine wirkliche Expertise hatte, und nahm an einem Clubbing teil, da dadurch etwas für das Künstlerheim heraussprang. Über diesen Abend erzählte Gerald Matt später, dass sie danach zwar »ein bissl blind und taub« war, aber »sonst war's ganz lustig«.[573] Zu Beginn des Jahres 2013 spielte sie souverän die für sie ungewohnte Rolle der Untertanin in der ORF-Comedy-Serie *Wir sind Kaiser*.[574] Als im Herbst desselben Jahres der Erinnerungsband *Langweilig war mir nie* erschien, hatte sie einen Auftritt in der ORF-Talkshow *Willkommen Österreich*.[575] Auf Christoph Grissemanns Feststellung, dass sie einmal vom »beschissenen Opernball« gesprochen habe, meinte sie lachend, dass ein Reporter sie damals mit ihrer Zeit als »Ballmutter« gequält hätte.[576] »Ich hätte lieber sagen sollen, Sie sind ein beschissener Reporter, lassen Sie mich in Ruh«, so ihre relativ unfeine Replik. Später merkte sie an: »Eine wirkliche Dame, die kann auch einmal ›Scheiße‹ sagen.«[577] Diese Ungeniertheit und dass sie sich für nichts zu fein war, machten sie zum Medienstar.

Neben all den Auftritten zum Spendensammeln und den übrigen Events, zu denen man sie einlud, führte sie selbstverständlich auch ernsthafte Interviews. Schon 2012 in der Servus-TV-Plauderei *Der Salon am Dienstag* hatte sie zu Andrea Eckert gesagt[578]:

> Wenn ich jung wäre, würde ich in die Politik gehen, nicht mehr ins Theater. Das, worunter ich wirklich leide, ist, ... dass dieses Unrechtsbewusstsein verschwunden ist. Es gab immer Korruption, ... aber die Leute haben doch das Gefühl gehabt: Das gehört sich nicht ... Was mich so erschreckt, ist, dass das jetzt dazugehört.

Hochbetagt war sie nun ein hochpolitischer, aber immer noch kein parteipolitischer Mensch. Mehrmals ließ Lotte Tobisch Journalisten wissen: »Die Roten glauben, ich bin schwarz, und die Schwarzen glauben, ich bin rot.« Ein interessantes Gespräch, in dem sie weite Teile ihres Lebens Revue passieren ließ und in dem ihre politischen Ansichten vielleicht am deutlichsten zutage traten, führte sie mit Benedikt Weingartner im Rahmen des *Europa-Dialogs* am 13. November 2015.[579] Darin bezeichnete sie sich als Weltbürgerin und als Europäerin mit ihrer Heimat, die Österreich ist. Einen anderen anspruchsvollen Dialog führte sie wie erwähnt mit Gerald Matt.[580] Darin bezeichnete sie sich als »liberal und demokratisch« und ergänzte, dass sie sich parteipolitisch nicht vereinnahmen lassen wolle. Doch im Gegensatz zu früher meldete sie sich nun auch in Angelegenheiten zu Wort, die in die Parteipolitik hineinspielten. Ohne sich auf das Wahlgeheimnis zu berufen, gab sie zum Beispiel in einem Interview im Sommer 2016 zu[581], beim ersten Durchgang zur Wahl des Bundespräsidenten die Kandidatin Irmgard Griss gewählt zu haben. Nach dem Wahlsieg von Alexander Van der Bellen erklärte sie Eva Glawischnig, dass sie bei der Stichwahl zwar den von den Grünen aufgestellten Kandidaten gewählt habe, ihr Irmgard Griss als Präsidentin aber lieber gewesen wäre: »Da hätte man alles auf einmal gehabt: Sie ist Juristin, parteilos und eine Frau. Endlich wär' a Ruh gewesen«.[582] Noch vor der Stichwahl hatte sie den Präsidentschaftskandidaten brieflich dazu aufgefordert, sich seinen »mausgrauen 3-Tage-Bart« abzurasieren, weil er damit – »Pardon – irgendwie ungepflegt, verschlafen, wie aus dem Bett aufgestanden«[583] aussehe. Dass der gewählte Bundespräsident diese Anmaßung mit Humor aufgenommen hatte, konnte man drei Jahre später aus seinem Nachruf auf Lotte Tobisch schließen, in dem er von ihrem »dynamischen und offenen Wesen« sprach.

Davon ließ sich auch Heinz Sichrovsky beeindrucken und lud sie mit ihrem Memoirenband in seine ORF-Literaturgesprächsrunde *erLesen*[584] ein. Dort fragte er sie, warum sie nicht in die Politik gehe. Darauf Lotte Tobisch:

> Früher kam das nicht infrage, ... aber sollte ich wirklich nochmals auf die Welt kommen, meiner Seel, ich gehe in die Politik. Auf meine alten Tage, in den letzten 20 Jahren, fängt mich Politik sehr, sehr an zu interessieren.

Im Verlauf des Gesprächs entlockte der Moderator ihr auch noch ein weiteres Lebensmotto, das sie insbesondere jungen Frauen ans Herz legen wollte: »Man sollte schauen, dass man immer eine gewisse Distanz zu sich selber hat. Es dreht sich die Welt nicht um einen.« Das war natürlich leichter, wenn man bereits so unanfechtbar war wie Lotte Tobisch in fortgeschrittenem Alter. Heinz Sichrovsky aber nahm ihren Rat an junge Frauen zum Anlass, sie 2015 zu einer Kolumne im Wochenmagazin *News* einzuladen. »Ratschläge einer älteren Dame von Welt sollten das sein, tunlichst an jüngere Damen mit Orientierungsproblemen in besagter Welt«, so Sichrovsky.[585] Erst einmal war Lotte Tobisch skeptisch, doch unter der Bedingung, dass der Redakteur den Feinschliff der Texte übernehme, sagte sie doch recht bald zu. Zuerst im Wochen-, später im 14-Tage-Rhythmus erschienen dann ihre Artikel unter dem Titel *Frau von Welt* zu allen möglichen gesellschaftlichen und tagespolitischen Themen, aber keiner, der als Ratschlag an junge Frauen hätte gelesen werden können.

Obwohl sie gemeint hatte, dass sie »für das Schreiben nicht geeignet«[586] sei, fand sie daran offenbar Gefallen. Noch im selben Jahr ließ sie sich nämlich von Brigitte Sinhuber-Harenberg, damalige Leiterin des Amalthea-Verlages, dazu überreden, mit Michael Fritthum einen weiteren Band mit Erinnerungen zu erarbeiten.

Langsamer Abschied

Der neunzigste Geburtstag von Lotte Tobisch fiel auf einen Ostermontag. Es war wohl ein wenig Koketterie, als sie verkündete, dass ihr das sehr recht sei, »denn da ist keiner da. Da hab ich meine Ruh'.«[587] Den Abend verbrachte sie im Globe Wien bei Michael Niavaranis Bearbeitung von *Romeo und Julia*. Mit der Ruhe war es jedoch nicht weit her, denn rund um diesen Tag fanden wahre *Tobisch-Festspiele* statt: Sie musste unzählige Interviews geben, Porträts wurden gedreht, selbstverständlich gab es ihr zu Ehren eine Matinee im Ronacher, bei der Achim Benning die Laudatio hielt, und im Rathaus verlieh ihr Kulturstadtrat Andreas Mailath-Pokorny den *Goldenen Rathausmann*. Last, but not least erschien kurz danach der Band mit *Betrachtungen und Begegnungen* unter dem Titel *Alter ist nichts für Phantasielose*.[588] Noch einmal bewährte sich das »Zirkuspferd«, wie sie sich selbst bezeichnete.

Diszipliniert, wie sie war, ließ sie sich nicht anmerken, dass sie der Trubel nicht nur freute, sondern ihr auch zusetzte. »Ich bin entschlossen, glücklich zu sein, ganz egal, wie mir zumute ist oder ob es mich zwickt von allen Seiten«.[589] In allen Lebenslagen nach außen hin Haltung zu bewahren, entsprach ihrer Prägung. Der Gesundheit zuträglich war der Festivitätsmarathon aber nicht. Es ging ihr die Luft aus.

> Ich habe seit meiner Jugend mit Bronchialasthma zu tun, das sich im Alter zu einem Lungenemphysem ausgewachsen hat und jetzt sehr schlecht geworden ist. Ich habe schon die Rettung rufen müssen.[590]

Trotz ihrer zunehmenden gesundheitlichen Probleme blieb sie im Künstlerheim aktiv. »Zum Ruhegeben hab ich immer noch Zeit, wenn ich im Grab bin.« Durch ihr Engagement konnten während ihrer Präsidentschaft umfassende Renovierungsarbeiten im Badener Seniorenheim durchgeführt werden, zum Beispiel wurden Zimmer zusammengelegt, womit für die 21 Insassen auf drei Stockwerken alles geräumiger wurde. Darauf konnte sie mit Stolz zurückblicken. Auf die Frage, ob das Künstlerheim so etwas wie eine Familie für sie sei, meinte sie nur lapidar: »Für mich nicht, aber an sich ist es Familie für Theatermenschen, Künstler. (...) Es ist im goetheschen Sinn eine Wahlverwandtschaft.«[591] So manches Ensemblemitglied des Burgtheaters kam auf Besuch, blieb ein paar Tage oder eine Woche und fand es sehr beruhigend, dass es diese Institution gab. Das galt auch für Lotte Tobisch, aber sie dachte keineswegs daran, allmählich selbst dort ein Zimmer zu beziehen. Dazu wäre ihr das Leben im Heim immer noch zu beschaulich gewesen.

Abgeschlossen hatte sie seit Langem mit dem Opernball, spätestens nach dem Abgang von Desirée Treichl-Stürgkh als Organisatorin. Fast in der Manier von Ioan Holender trat sie gegenüber dem ORF-Wien dafür ein, den Posten der »Opernball-Lady« ganz abzuschaffen. »Sie sollen das das Büro machen lassen. Das kann das allein, man braucht gar niemanden mehr.«[592] Lotte Tobisch registrierte genau, dass sich mit der Digitalisierung erstens Arbeitsabläufe entpersonalisiert und beschleunigt hatten, und zweitens die Zeit über diese Art von Repräsentation hinweggegangen war. Vor dem Opernball 2018 gab sie der *Süddeutschen Zeitung* noch einmal ein langes Interview zum berühmtesten Kapitel ihres Lebens. Darin sagte sie dann: »Früher war ich die Chefin und konnte was reden. Heute ist das ein Gremium aus zehn Leuten, es ist nicht mehr konzentriert auf eine Person.«[593] Einerseits einsam vor dem Bildschirm zu sitzen und sich andererseits mit zehn Leuten in stundenlangen Sitzungen zusammenzuraufen, wäre für sie nicht infrage gekommen. Dazu war sie zu ungeduldig. Das musste auch der Vorstand des Vereins KhK sowie ihre Stellvertreterin Gabriele Jacoby des Öfteren zur Kenntnis nehmen.

Ungehalten reagierte sie deshalb auch auf eine Kontrolle des Arbeitsinspektorats im Künstlerheim. »Was es da plötzlich für Auflagen gibt, da denkt man sich, warum muss sich der Staat hier einmischen, obwohl alles wunderbar funktioniert und die Menschen zufrieden sind.«[594] Unter dem Titel *Arbeitsleben* widmete sie auch eine ihrer *News*-Glossen diesem Thema.

Die beschäftigten sich im Übrigen mit Gott und der Welt und vielem dazwischen. Etliches davon war auf zwölf Zeilen eigentlich nicht abzuhandeln, aber das Schreiben gehörte mittlerweile zu ihrem Arbeitsleben und machte ihr Spaß. Selbst als sie gegen Ende des Jahres stürzte und sich das rechte Handgelenk brach, wollte sie nicht aufgeben. Sie tippte ihre Kolumne weiter mit der linken Hand in die Schreibmaschine. »Als es dann dramatisch zu werden drohte, wandte sich ihre enge Mitarbeiterin hilfesuchend an die Redaktion«[595] und bat, Lotte Tobisch zum Pausieren zu überreden – natürlich ohne den Anruf zu erwähnen. Quasi als Trost ordnete Michael Fritthum ihre erschienenen Artikel thematisch in zehn Kapitel und legte ihr das so entstandene Buch unter dem Titel *Auf den Punkt gebracht. Ansichten einer Lady* zu ihrem 93er quasi auf den Gabentisch.

Der Sturz Ende 2018 hatte ihr in mancherlei Hinsicht mehr zu schaffen gemacht, als sie sich anmerken ließ. Sie konnte sich zum Beispiel nicht mehr frisieren und war deshalb seit 1960 das erste Mal wieder zum Friseur gegangen, um sich die Haare abschneiden zu lassen. Das Nachlassen der Kräfte brachte es mit sich, dass ihre älteren schweren Erkrankungen wieder virulent geworden waren.[596]

> 19 Jahre nach dem Darmkrebs hat sie in einem Jahr zehn Kilo verloren. (...) da waren wir dann beim Professor Zielinski im AKH (Allgemeines Krankenhaus, Anm.) und der hat gesagt: Das ist oft so: Das kommt dann doch wieder zurück. Es hatte sich an der Leber ein Tumor angesetzt.[597]

Sie musste im AKH bleiben, wurde dort medikamentös behandelt, konnte aber fast nichts mehr essen. Ein befreundeter Arzt riet ihr, die Medikamente abzusetzen und Bluttransfusionen zu machen, wenn sie das brauche. Es würde ihr Leben verlängern. Auf diese Weise hat Lotte Tobisch noch ein Dreivierteljahr einigermaßen gut überstanden. Ende August bat sie noch einmal Heinz Sichrovksy, sie zu Hause zu besuchen.

Abgemagert, aber »makellos gekleidet und frisiert« saß sie ihm dann gegenüber und erzählte von ihrem Leben. Darüber berichtete er dann in seinem Nachruf.[598]

Die Pendelei zwischen Wien und Baden wurde für sie aber immer beschwerlicher. »Den Moment, in dem sie die Wiener Wohnung verlassen musste, hat Lotte fast mehr gefürchtet als das andere«[599], so Sichrovsky. Doch in den letzten Wochen ging es ohne Betreuung nicht mehr. Zu Inge Santner-Cyrus sagte sie noch am Telefon: »Ich kann nicht sterben.«[600] Dazu hat sie zu gern gelebt. Die letzten Tage waren schwer, für sie und für alle, die ihr beim Sterben zusehen mussten. 14 Tage vor ihrem Tod sprach sie persönlich mit Gabriele Jacoby und setzte sie auch schriftlich als ihre Nachfolgerin als Präsidentin von *Künstler helfen Künstlern* ein. Um halb acht Uhr am Morgen des 19. Oktober starb sie nach einer relativ ruhigen Nacht und kurzem Erwachen.

Die offizielle Verabschiedung fand mit zahlreichen Trauergästen am 8. November in der Feuerhalle in Simmering statt. Dompfarrer Toni Faber hielt die Trauerrede, in der er eines von Lotte Tobischs Lieblingszitaten verwendete: »Ein jegliches hat seine Zeit, und alles Vorhaben unter dem Himmel hat seine Stunde« (Buch Kohelet, Pred 3,1). Andrea Eckert las aus Rainer Maria Rilkes Gedicht *Ich ließ meinen Engel lange nicht los* und Michael Heltau Goethes *Gesang der Geister über den Wassern*. Musikalisch umrahmt wurde die Feier von Robert Schumanns *Stillen Tränen* (Op. 35/10) und Franz Schuberts *Du bist die Ruh* (Op. 59/3). Die Beisetzung der Urne fand dann später im engsten Kreis am Grinzinger Friedhof statt.

Damit war ein Leben zu Ende gegangen, das geistig den Bogen spannte von der Monarchie bis ins 21. Jahrhundert. Lotte Tobisch-Labotýn hatte in ihrem Leben versucht, das, was sie an der alten Welt gut und richtig fand, in die neue Zeit zu retten. Persönlich ist ihr das zweifellos gelungen, was die Entwicklung der Gesellschaft im Allgemeinen anbelangt, mag man skeptisch sein. In jedem Fall ist mit ihr ein Stück Österreich dahingegangen.

Danksagung

Zu großem Dank bin ich den beiden Nachlassverwalterinnen von Lotte Tobisch verpflichtet: Anneliese Fritthum und Barbara Urbanek haben mich bei meiner Arbeit umfassend unterstützt. Mein Dank gilt auch meinen Gesprächspartnerinnen und -partnern, die mit Lotte Tobisch zusammengearbeitet und mir davon berichtet haben: Dana Belivakic, Achim Benning, Eva Dintsis, Reinhard Urbach. Persönlich kennengelernt habe ich Lotte Tobisch noch bei Inge Santner-Cyrus, wofür ich ihr sehr dankbar bin. Die Begegnung hat den Grundstein für diese Biografie gelegt.

Mit Rat und Tat beiseite gestanden haben mir auch die beiden Kuratorinnen der Ausstellung über Lotte Tobisch in der Wienbibliothek, Tanja Gausterer und Kyra Waldner. Sie haben mir sämtliche Unterlagen bereitwillig zur Verfügung gestellt und mir kundig Auskunft gegeben. Sehr entgegenkommend war Georg Reichlin-Meldegg. Ohne seine Hilfe hätte ich die Adelsgeschichte von Tobisch nicht rekonstruieren können. Unterstützt haben mich auch Markus Ender vom Brenner-Archiv in Innsbruck, Robert Pfundner von der Österreichischen Mediathek in Wien sowie das Österreichische Staatsarchiv.

Das Buch wäre wohl nicht zustande gekommen, hätte meine Verlegerin Claudia Romeder meine Idee dazu nicht sofort gutgeheißen und mich bei der Arbeit dann immer wieder ermutigt. Für ihren Zuspruch und ihre Mühe mit dem Manuskript bin ich meiner Lektorin Maria-Christine Leitgeb sehr dankbar. Nicht nur für ihre sachdienlichen Hinweise nach der Erstlektüre, sondern auch für die vielen herzerwärmenden Gespräche stehe ich tief in der Schuld meiner Freundin Evelyne Polt-Heinzl.

Literatur

Primärliteratur

Theodor W. Adorno / Lotte Tobisch: Der private Briefwechsel. Hrsg. von Bernhard Kraller und Heinz Steinert. Droschl Verlag, Graz / Wien 2003.

Lotte Tobisch: Langweilig war mir nie. Warum es sich lohnt, neugierig zu bleiben. Aufgezeichnet von Marie-Theres Arnbom. Brandstätter Verlag, Wien 2013.

Lotte Tobisch: Alter ist nichts für Phantasielose. Aufgezeichnet von Michael Fritthum. Amalthea Verlag, Wien 2016.

Lotte Tobisch: Auf den Punkt gebracht. Ansichten einer Lady. Aufgezeichnet von Michael Fritthum. Amalthea Verlag, Wien 2019.

Lotte Tobisch: Gedankenspiele über den Mut. Droschl Verlag, Graz 2020.

Sekundärliteratur

Klaus Aman: Der Anschluss österreichischer Schriftsteller an das Dritte Reich. Institutionelle und bewusstseinsgeschichtliche Aspekte. Athenäum Verlag, Frankfurt / Main 1988.

Otto Basil: Georg Trakl. In Selbstzeugnissen und Bilddokumenten. Rowohlt Verlag, Reinbek 1965.

Burgtheater 1776–1976. Aufführungen und Besetzungen von zweihundert Jahren. 1. Band. Hrsg. vom Österreichischen Bundestheaterverband. Ueberreuter Verlag, Wien o. J.

Erhard Buschbeck: Wolf Dietrich. Roman. Leipzig, Wolgast: Der Kentaur, 1919.

Erhard Buschbeck: Mimus Austriacus. Aus dem nachgelassenen Werk. Hrsg. von Lotte Tobisch. Verlag Das Bergland Buch, Salzburg 1962.

Elias Canetti: Ich erwarte von Ihnen viel. Briefe. Hrsg. von Sven Hanuschek und Kristian Wachinger. Hanser Verlag, München 2018.

Gunnar Decker: Georg Trakl. Hrsg. von Dieter Stolz. Deutscher Kunstverlag, Berlin / München 2014.

Klaus Dermutz: Das Burgtheater 1955–2005. Mit einem Essay von Klaus Bachler. Deuticke Verlag, Wien 2005.

Klaus Dermutz: Das Burgtheater und die Wiener Identität. Kontinuität und Krisen, 1988–2009. Verlag Bibliothek der Provinz, Weitra 2010.

Franz Endler: Karajan. Eine Biographie. Hoffmann und Campe Verlag, Hamburg 1992.

Bernhard Fetz (Hrsg.): Berg. Wittgenstein. Zuckerkandl. Zsolnay Verlag, Wien 2018.

Robert Foltin: Und wir bewegen uns doch. Soziale Bewegungen in Österreich. edition grundrisse, Wien 2004.

Wolff A. Greinert: Hans Weigel. »Ich war einmal …« Eine Biografie. Styria premium Verlag, Graz 2015.

Ioan Holender: »Ich bin noch nicht fertig«. Erinnerungen. Zsolnay Verlag, Wien 2010.

Lorenz Jäger: Heidegger. Ein deutsches Leben. Rowohlt Berlin Verlag, Berlin 2021.

Claudia Kaufmann-Freßner: Das Burgtheater. Architektur, Geschichte, Geschichten. Folio Verlag, Wien 2005.

Gerhard Klingenberg: Das gefesselte Burgtheater. Molden Verlag, 2003.

Johannes Kunz: Der Wiener Opernball. Molden Verlag, Wien 2002.

Eytan Lederer (Hrsg.): Lederer Family Reunion. Vienna 2015.

Lob und Tadel: Theaterkritiken 1947–1966. Otto Basil. Amalthea Verlag, Wien 1981.

Karl Löbl: »Ich war kein Wunder!« Herbert von Karajan – Legende und Wirklichkeit. Seifert Verlag, Wien 2014.

Georg Markus: Es war ganz anders. Amalthea Verlag, Wien 2013.

Leo Mazakarini: Die Wiener Staatsoper. 50 Jahre – unser Leben. Kremayr & Scheriau, Wien 2005.

Lucian O. Meysels: Die Welt der Lotte Tobisch. Mit einem Vorwort von Peter Marboe. Edition Va Bene, Klosterneuburg / Wien 2002.

Stefan Müller-Doohm: Adorno. Eine Biographie. Suhrkamp Verlag, Frankfurt / Main 2003.

Kurt Palm: Vom Boykott zur Anerkennung: Brecht und Österreich. Henschel Verlag Kunst und Gesellschaft, Berlin 1983.

Alfred Polgar: Kleine Schriften, Band 6: Theater II. Hrsg. von Marcel Reich-Ranicki in Zusammenarbeit mit Ulrich Weinzierl. Rowohlt Verlag, Reinbek 1986.

Michaela Spiegel: Wiener DamenHaft. Ein nie geführtes Gespräch zwischen Johanna Dohnal, Lotte Ingrisch-Einem, Edith Klestil, Freda Meissner-Blau, Dr. Maria Schaumayer, Lotte Tobisch-Labotýn und Emmy Werner über weibliche Wege im Wien des 20. Jahrhunderts. Turia & Kant Verlag, Wien 2005.

Heinz Steinert: Adorno in Wien. Über die (Un-)Möglichkeit von Kunst, Kultur und Befreiung. Verlag für Gesellschaftskritik, Wien 1989.

Georg Trakl: Dichtungen und Briefe. Otto Müller Verlag, Salzburg 1969.

Endnoten

1 Michaela Spiegel: Lotte Tobisch-Labotýn. In: Michaela Spiegel: Wiener Damen-Haft. Über weibliche Wege im Wien des 20. Jahrhunderts. Verlag Turia & Kant, Wien 2005, S. 193–206, hier S. 194.
2 Erhard Buschbeck: Mimus Austriacus. Aus dem nachgelassenen Werk. Herausgegeben von Lotte Tobisch. Verlag »Das Bergland-Buch«, Salzburg/Stuttgart 1962, S. 87.
3 Brief von Georg Trakl an Ludwig von Ficker, 26.6.1913. In: Georg Trakl: Dichtungen und Briefe. Hrsg. von Walther Killy und Hans Szklenar. Otto Müller Verlag, Salzburg 1969, S. 309.
4 Brief von Georg Trakl an Ludwig von Ficker, 17.11.1913. Ebda., S. 301.
5 Brief von Erhard Buschbeck an Anton Moritz, 23.8.1909. In: Teilnachlass Buschbeck, ZPH 1828: Werke, Adressbuch, Lebenslauf, Protokollbücher. In: Wienbibliothek im Rathaus.
6 Georg Trakl: Dichtungen und Briefe. Ebda., S. 265.
7 Moderne Poesie. In: Neues Wiener Journal, 17.10.1909.
8 Gunnar Decker: Georg Trakl. Deutscher Kunstverlag, Berlin/München 2014, S. 57.
9 Brief von Erhard Buschbeck an Anton Moritz, 19.1.1910. In: Teilnachlass Buschbeck. Ebda.
10 Brief von Erhard Buschbeck an Anton Moritz, 19.1.1910. In: Teilnachlass Buschbeck. Ebda.
11 Teilnachlass Erhard Buschbeck, ZPH 1828: Werke, Adressbuch, Lebenslauf, Protokollbücher. In: Wienbibliothek im Rathaus.
12 Protokollbuch des Akademischen Verbands. In: Teilnachlass Buschbeck, ebda.
13 Martin Eybl: Das Skandalkonzert vom März 1913. In: Bernhard Fetz (Hrsg.): Berg. Wittgenstein. Zuckerkandl. Zentralfiguren der Wiener Moderne. Zsolnay Verlag, Wien 2018, S. 53–67, S. 57.
14 Arthur Schnitzler: Tagebuch 1913–1916. Verlag der Österreichischen Akademie der Wissenschaften, Wien 1983, S. 27.
15 Trakl: Dichtungen und Briefe, S. 294.
16 Hans Weigel: Frys Winternachtstraum. In: Bild-Telegraf, 13.4.1956.
17 Wolff A. Greinert: Hans Weigel. »Ich war einmal ...« Eine Biografie. Styria Verlag, Wien/Graz/Klagenfurt 2015, S. 271.
18 Heike Kossdorff im Gespräch mit Lotte Tobisch. In: Format, 11.3.2002.
19 Aus der Seele geschlagen. In: Der Spiegel, 12.6.1956.
20 Greinert: Weigel, S. 273.
21 Decker: Trakl, S. 45.
22 Ebda., S. 46 f.
23 Otto Basil: Georg Trakl. In Selbstzeugnissen und Bilddokumenten. Rowohlt Verlag, Reinbek 1965.
24 Lotte Tobisch: Gesang des Abgeschiedenen. Zum 50. Todestag Georg Trakls. In: Die Furche 44/1964.
25 Lotte Tobisch: Langweilig war mir nie. Warum es sich lohnt, neugierig zu bleiben. Brandstätter Verlag, Wien 2013, S. 50.
26 Lotte Tobisch: Langweilig, S. 39.
27 Wiener Salonblatt, 22.11.1902.
28 Wiener Zeitung, 14.1.1905.
29 Wiener Zeitung, 23.4.1911.
30 Amtsblatt zur Wiener Zeitung, 30.4.1913.
31 Neuigkeits-Welt-Blatt, 30.5.1900.
32 Neues Wiener Tagblatt, 18.8.1910.

33 Text von Harald Langer-Hansel. In: Nachlass Lotte Tobisch in der Wien-Bibliothek (NLT/WB).
34 Allgemeine Automobil-Zeitung, 1.5.1932.
35 Die Arbeit, 25.4.1915.
36 Wiener Zeitung, 1.3.1913.
37 Neue Freie Presse, 28.6.1918.
38 Aus der Zeit von 1917 bis 1924 sind einige Briefe von Nora Krassl an ihre Mutter Lily erhalten. In: Privatarchiv Barbara Urbanek (PaU).
39 Arbeiter-Zeitung, 26. 11. und 28.11.1922.
40 Auskunft von Dana Belivakic, der Haushaltsgehilfin Nora Tobischs, am 29.12.2021.
41 Brief von Nora Krassl an ihre Mutter, 19.2.1923. In: PaU.
42 Die Hinweise zum »Adelsschwindel in Böhmen« verdanke ich Mag. Georg Reichlin-Meldegg.
43 Auskunft von Prof. Helge Reindl, der ein privates Adelsarchiv besitzt, vom 25.11.2021.
44 Prager Tagblatt, 6.3.1912.
45 »Ein minderer Adel, aber immerhin so alt wie die Habsburger«. Lotte Tobisch im Gespräch mit Hermi Löbl. In: Kronen Zeitung, 27.1.1981.
46 Familienchronik. In: PaU.
47 Lotte Tobisch: Langweilig, S. 35.
48 Wiener Sonn- und Montags-Zeitung, 22.11.1920.
49 Neues Wiener Journal, 2.10.1936.
50 Lotte Tobisch: Langweilig, S. 36.
51 Die Stunde, 22.2.1925.
52 Die Umrechnung basiert auf dem historischen Währungsrechner der Oesterreichischen Nationalbank.
53 Die Stunde, 16.10.1925.
54 Lucian O. Meysels: Die Welt der Lotte Tobisch. Edition Va Bene, Klosterneuburg 2002, S. 14.
55 Siehe Anm. 40.
56 Ansuchen um Wiederverleihung der Befugnis eines Architekten des Dipl.-Ing. Karl Tobisch-Labotýn vom 10.8.1946, G.Z. 152/46. In: Österreichisches Staatsarchiv (ÖSta).
57 Leopold Bauer: Seine Anschauung in Wort und Werk. Elbemühl Verlag, Wien 1931. Vorwort, S. 7.
58 Michaela Spiegel: DamenHaft, S. 193.
59 Ebda.
60 Brief von Nora Tobisch an Karl Tobisch, 24.7.1927. In: PaU.
61 Lotte Tobisch: Langweilig, S. 10.
62 Wiener Zeitung, 19./20. März 2016.
63 Lotte Tobisch: Langweilig, S. 9.
64 Die Presse am Sonntag, 8.12.2013.
65 In: PaU.
66 Brief von Karl Tobisch an Nora, 3.7.1928. In: PaU.
67 Lotte Tobisch – Ansichten einer Grande Dame. In: Porträt in ORF 2, Erstausstrahlung 21.4.2016. Nachzusehen auf YouTube: www.youtube.com/watch?v=qXsheuUxSZ8.
68 Das Jüdische Echo, Nr. 1. – Vol. XXVI. In: NLT/WB.
69 Lotte Tobisch: Alter ist nichts für Phantasielose. Aufgezeichnet von Michael Fritthum. Amalthea Verlag, Wien 2016, S. 122.
70 Lotte Tobisch – Ansichten einer Grande Dame. Siehe Anm. 67.
71 Michaela Spiegel, DamenHaft, S. 204.
72 Krone bunt, 16.2.1990.
73 Falter, 11/2016.
74 Ebda.

75 Lotte Tobisch – Ansichten einer Grande Dame. Siehe Anm. 67.
76 Die Presse am Sonntag, 8.12.2013.
77 Michaela Spiegel: Lotte Tobisch-Labotýn. In: Michaela Spiegel: Wiener DamenHaft. Über weibliche Wege im Wien des 20. Jahrhunderts. Verlag Turia & Kant, Wien 2005, S. 193–206, S. 193.
78 Lotte Tobisch – Ansichten einer Grande Dame. Siehe Anm. 67.
79 Siehe Falter, 11/2016.
80 Schreiben der Ingenieurkammer für Oberösterreich und Salzburg an das Bundesministerium für Handel und Wiederaufbau, 10.8.1946. In: ÖSta.
81 Hunderte Österreicher fielen Stalin zum Opfer. In: Der Standard, 27.2.2003.
82 Prager Tagblatt, 27.3.1932.
83 NU – Jüdisches Magazin für Politik und Kultur, 30.6.2016.
84 Gespräch mit Anneliese Fritthum, 14.10.2021.
85 Lucian O. Meysels, S. 15.
86 Auskunft Belivakic.
87 Lotte Tobisch: Langweilig, S. 12.
88 Wiener Zeitung, 19./20.3.2016.
89 Brief von Karl Tobisch an Nora, 30.5.1932. In: PaU.
90 Ebda.
91 Brief von Karl Tobisch an Nora, 8.7.1932, In: PaU.
92 Ebda.
93 Brief von Karl Tobisch an Nora, 28.1.1933. In: PaU.
94 Eytan Lederer (Hrsg.): Lederer Family Reunion. Privatdruck, Vienna 2015.
95 Die biografischen Daten zu Gustav Lederer stammen von seinem Enkelsohn Eytan. In: PaU.
96 Gespräch mit Barbara Urbanek, 28.9.2021.
97 Ebda.
98 Wina – Das jüdische Stadtmagazin, 3/2018.
99 News, 23/2019.
100 Interview von Georg Traska mit Lotte Tobisch, 23.5.2019. In: Österreichische Mediathek.
101 Die Presse am Sonntag, 8.12.2013.
102 Gespräch mit Anneliese Fritthum, 20.12.2021.
103 NU – Jüdisches Magazin für Politik und Kultur, 30.6.2016.
104 Ebda.
105 Ebda.
106 Wiener Zeitung, 19./20.3.2016.
107 Interview mit Senta Radax-Ziegler zum 80. Geburtstag im März 2006. In: Mediathek.
108 Lotte Tobisch: Langweilig, S. 14.
109 Schulheft von Lotte Tobisch aus dem Frühjahr 1938. In: PaU.
110 NU, 30.6.2016.
111 Ebda.
112 Ebda.
113 Schreiben von Dr. Alfons Bodart an die Vermögensstelle im Ministerium für Wirtschaft und Arbeit vom 19.8.1938. In: ÖSta.
114 Wina-Magazin, 3/2018.
115 Schreiben von Karl Tobisch an die Landeshauptmannschaft in Wien, 5.11.1945. In: ÖSta.
116 Schreiben der oö. Landeshauptmannschaft an das Ministerium für Handel und Wiederaufbau, 10.8.1946. In: ÖSta.
117 Lucian O. Meysels: Tobisch, S. 23.
118 Ebda.

119 Der Standard, 27. 2. 2003.
120 Ebda.
121 Auskunft von Dana Belivakic, 17. 1. 2022.
122 Ebda.
123 Lucian O. Meysels: Tobisch, S. 23.
124 Alexander Wrabetz im Gespräch mit Lotte Tobisch für die Dokumentation Österreich II, 2. 5. 2015. In: TVthek, https://tvthek.orf.at/profile/Archiv/7648449/zeit-geschichte-im-Gespraech-Lotte-Tobisch/9693099/zeit-geschichte-im-Gespraech-Lotte-Tobisch-3-4/9693100?meta=suggestion&query=tobisch%20portisch&pos=5.
125 Ebda.
126 Schreiben des »Vollmachtsträgers« von Gustav Lederer an den Polizeipräsidenten in Berlin, 8. 12. 1938. In: Österreichisches Staatsarchiv.
127 Lucian O. Meysels: Tobisch, S. 21. Lotte Tobischs Biograf gibt hier Anekdotisches wieder, unter anderem Dialoge, die so kaum stattgefunden haben werden.
128 Ebda.
129 Interview Wrabetz. Siehe Anm. 124.
130 Sämtliche der hier zitierten Aktenstücke liegen im Österreichischen Staatsarchiv.
131 Brief von Gustav Lederer an Lt. E. G. Rothblum, 15. 9. 1945. In: PaU.
132 Wina-Magazin, 3/2018.
133 Lotte Tobisch – Ansichten einer Grande Dame. Siehe Anm. 67.
134 Schulheft von Lotte Tobisch aus dem Frühjahr 1938. In: PaU.
135 Brief von Nora Tobisch an Lotte, 26. 3. 1941. In: PaU.
136 Hinweise zum Institut in Marquartstein verdanke ich Sylvia Niedermeier von dessen Vorstand.
137 Karteikarte im Archiv des Gymnasiums Schloss Marquartstein.
138 In: NLT/WB.
139 Lucian O. Meysels: Tobisch, S. 24.
140 Brief von Hermann Harless an Lotte Tobisch, 14. 9. 1940. In: NLT/WB.
141 Brief von Lotte an Nora Tobisch, 25. 9. 1940. In: NLT/WB.
142 Brief von Karl Tobisch an Lotte Tobisch, 5. 10. 1940. In: PaU.
143 Brief von Hermann Harless an Karl Tobisch, 17. 10. 1940. In: NLT/WB.
144 Brief von Hermann Harless an Lotte Tobisch, 17. 10. 1940. In: NLT/WB.
145 Ebda.
146 Brief von Karl Tobisch an Hermann Harless, 10. 12. 1940. In: PaU.
147 Ebda.
148 Brief von Lotte Tobisch an Nora Tobisch, 17. 4. 1941. In: NLT/WB.
149 Ebda.
150 Brief von Hermann Harless an Karl Tobisch, 16. 5. 1941. In: NLT/WB.
151 Ebda.
152 Linzer Volksstimme, 27. 9. 1942, sowie Tages-Post, 12. 10. 1943.
153 Lotte Tobisch: Langweilig, S. 26.
154 Kurier, 24. 7. 2016.
155 Frankfurter Zeitung, 9. 5. 1891.
156 Erster undatierter Brief von Nora Tobisch an Lotte Tobisch. In: PaU.
157 Zweiter undatierter Brief von Nora Tobisch an Lotte Tobisch. In: PaU.
158 Falter, 11/2016
159 Lotte Tobisch an Fritz Obenaus, 18. 6. 1943. In: PaU.
160 Ebda.
161 Fritz Obenaus an Lotte Tobisch, 19. 8. 1943. In: PaU.
162 Lotte Tobisch an Fritz Obenaus, 8. 8. 1943. In: PaU.
163 Ebda.

164 Mappe ZPH 1827: Journalistische Texte. In: NLT/WB.
165 Brief von Lotte Tobisch an Fritz Obenaus, 28.7.1943. In: PaU.
166 Brief von Lotte Tobisch an Fritz Obenaus, 21.8.1943. In: PaU.
167 Brief von Karl Tobisch an Lotte Tobisch, 12.6.1943. In: NLT/WB.
168 Brief von Nora Tobisch an Lotte Tobisch, 25.5.1943. In: PaU.
169 Hermann Harless an Lotte Tobisch, 17.9.1943. In: PaU.
170 Fritz Obenaus an Lotte Tobisch, 31.10.1943. In: PaU.
171 Nora Tobisch an Lotte Tobisch, 29.9.1943. In: PaU.
172 Lotte Tobisch: Langweilig, S. 23.
173 Brief von Karl Tobisch an Lotte Tobisch, 1.3.1944. In: PaU.
174 Lotte Tobisch: Langweilig, S. 24.
175 Lucian O. Meysels: Tobisch, S. 27.
176 Lotte Tobisch: Langweilig, S. 24.
177 Lucian O. Meysels: Tobisch, S. 28.
178 Brief von Lotte Tobisch an Alice Lauterbach, 22.5.1943. In: Nachlass Lotte Tobisch, Mappe ZPH 1827. Korrespondenzen. In: Wienbibliothek.
179 Brief von Lotte Tobisch an Alice Lauterbach, 11.6.1943. In: NLT/WB.
180 Brief von Lotte Tobisch an Alice Lauterbach, 3.7.1943. In: NLT/WB.
181 Liste mit Lesungen. In: NLT/WB.
182 Undatierte Karte von Nora Tobisch an Lotte Tobisch. In: PaU.
183 Brief von Lotte Tobisch an Fritz Obenaus, o. D. In: PaU.
184 Michaela Spiegel: DamenHaft, S. 197.
185 Lotte Tobisch: Langweilig, S. 90.
186 Die ganze Geschichte über Erni Hrubeschs »Begräbnis« ist nachzulesen bei Meysels: Tobisch, S. 31ff.
187 Brief von Karl Tobisch an Lotte Tobisch, 24.1.1944. In: PaU.
188 Brief von Lotte Tobisch an Karl Tobisch, o. D. In: PaU.
189 Lucian O. Meysels: Tobisch, S. 38.
190 Rede von Michael Fritthum an Lotte Tobisch. In: Archiv Khk.
191 Die Presse/Spectrum, 21.2.2015.
192 Interview Wrabetz. Siehe Anm. 124.
193 Ebda.
194 Ebda.
195 Burgtheater 1776–1976. Aufführungen und Besetzungen von zweihundert Jahren. Hrsg. vom Bundestheaterverband. Ueberreuter Verlag, Wien o. J., S. 629.
196 Nachlass Lotte Tobisch. Mappe ZPH 1827. Korrespondenzen. In: Wienbibliothek.
197 Kurier, 13.3.2016.
198 Interview von Georg Traska mit Lotte Tobisch. Siehe Anm. 100.
199 Wiener Zeitung, 29.4.2015.
200 Burgtheater 1776–1976. Siehe Anm. 195, S. 630.
201 Interview Wrabetz. Siehe Anm. 124.
202 Rathauskorrespondenz, www.wien.gv.at/presse/historische-rk/1945/-/asset_publisher/BoVbj8qARs8t/content/april-1945.
203 Erhard Buschbeck: Raoul Aslan und das Burgtheater. Erwin Müller Verlag, Wien 1946, S. 91.
204 Gerhard Klingenberg: Das gefesselte Burgtheater. 1776 bis in unsere Tage. Molden Verlag, Wien 2003, S. 165.
205 Ebda., S. 163.
206 Ebda., S. 163.
207 Kronen Zeitung, 12.3.2006.
208 Lucian O. Meysels: Tobisch, S. 48.
209 Wiener Zeitung, 29.4.2015.

210 Klingenberg: Burgtheater, S. 171.
211 Buschbeck: Aslan, S. 155.
212 Klingenberg: Burgtheater, S. 170.
213 Neues Österreich, 4.11.1945.
214 Heinrich Kraus: Es hat viel Platz in 90 Jahren. Lebenserinnerungen eines Theatermannes. Lehner Verlag, Wien 2016, S. 89.
215 Oberösterreichische Nachrichten, 4.7.1947.
216 Brief von Karl Tobisch an Lotte Tobisch, 19.6.1945. In: PaU.
217 News, 28.3.2016.
218 Brief von Nora Lederer an Lotte Tobisch, 19.7.1948. In: NLT/WB.
219 Brief von Nora Lederer an Lotte Tobisch, 17.4.1948. In: NLT/WB.
220 Brief von Nora Lederer an Lotte Tobisch, 1.2.1949. In: NLT/WB.
221 Lucian O. Meysels: Die Welt der Lotte Tobisch. Mit einem Vorwort von Peter Marboe. Edition Va Bene, Klosterneuburg/Wien 2002, S. 66.
222 Der Salon am Dienstag, 25.9.2012. In: ServusTV.
223 Kronen Zeitung, 12.3.2006.
224 Das Jüdische Echo, Vol. 61, 2012/2013.
225 Klingenberg: Burgtheater, S. 174.
226 Siehe Burgtheater 1776–1976., S. 646.
227 Brief von Raoul Aslan an Erhard Buschbeck, 8.7.1947. In: NLT/WB.
228 Zit. nach Klingenberg: Burgtheater, S. 177.
229 Lotte Tobisch: Erhard Buschbeck. Der heimliche Burgherr. In: Ausstellungskatalog zum 90. Geburtstag. Hrsg. vom Österreichischen Theatermuseum, Wien 1979, S. 7–17.
230 Ebda., S. 7.
231 Brief von Karl Tobisch an Erhard Buschbeck, 23.10.1950. In: NLT/WB.
232 News, 28.3.2016.
233 Brief von Nora Lederer an Lotte Tobisch, 29.4.1949. In: PaU.
234 Lucian O. Meysels: Tobisch, S. 67.
235 Brief von Nora Lederer an Lotte Tobisch, 29.4.1949. Ebda.
236 Siehe Anm. 231.
237 Wiener Kurier, 23.3.1948.
238 Weltpresse, 27.12.1948.
239 Österreichische Volksstimme, 16.9.1949.
240 Österreichische Zeitung, 26.5.1949.
241 Wiener Zeitung, 9.11.1949.
242 Brief von Karl Tobisch an Lotte Tobisch, 11.1.1951. In: PaU.
243 Brief von Karl Tobisch an Lotte Tobisch, 23.12.1951. In: PaU.
244 Schreiben des Ministeriums für Handel und Wiederaufbau an die Ingenieurkammer für Oberösterreich und Salzburg an Karl Tobisch, 26.6.1946. In: ÖSta.
245 Brief von Karl Tobisch an Lotte Tobisch, 24.12.1952. In: PaU.
246 Ebda.
247 Briefwechsel Erhard Buschbeck mit Ludwig von Ficker. Brief vom 31.1.1959. In: Brenner-Archiv, Innsbruck.
248 Lotte Tobisch im Gespräch mit Alexander Wrabetz, 2.5.2005. In: ORF TVthek.
249 Lotte Tobisch im Gespräch mit Georg Traska. Siehe Anm. 100.
250 Ebda.
251 Ebda.
252 Brief von Lotte Tobisch an Nora Lederer, 30.3.1953. In: NLT/WB.
253 Lotte Tobisch: Über die Schauspielkunst. In: NLT/WB.
254 Brief von Lotte Tobisch an Nora Lederer, 30.3.1953. In: PaU.
255 Zit. nach Klingenberg: Burgtheater, S. 185.

256 Klaus Aman: Der Anschluss österreichischer Schriftsteller an das Dritte Reich. Institutionelle und bewusstseinsgeschichtliche Aspekte. Athenäum Verlag, Frankfurt / Main, S. 154.
257 Wiener Zeitung, 29. 4. 2015.
258 Lucian O. Meysels: Tobisch, S. 71–73.
259 Brief von Karl Tobisch an Lotte Tobisch, 16. 2. 1954. In: NLT / WB.
260 Brief von Lotte Tobisch an Nora Lederer, 30. 3. 1953. In: PaU.
261 Lucian O. Meysels: Tobisch, S. 88.
262 Brief von Hermann Harless an Lotte Tobisch, 22. 12. 1954. In: PaU.
263 Kronen Zeitung, 14. 9. 2004.
264 Ebda.
265 Unbekannte Schweizer Zeitung, o. D. In: NLT / WB.
266 Ebda.
267 Basler Nachrichten, o. D. In: NLT / WB.
268 Das Burgtheater: Architektur, Geschichte, Geschichten. Hrsg. von Claudia Kaufmann-Freßner. Folio Verlag, Wien / Bozen 2005, S. 36.
269 Hilde Haider-Pregler: Das Burgtheater ist eine Idee! In: Wiener Zeitung, 29. 4. 2015.
270 Hilde Haider-Pregler: Glanzvoller Beginn mit Ottokars Ende. In: Wiener Zeitung, 14. 10. 2005.
271 www.buehnenschaetze.com/single-post/2015/10/12/die-wiedereröffnung-des-burgtheaters-1955-die-geburtsstunde-des-protagonisten.
272 Zit. nach Wiener Zeitung, 14. 10. 2005.
273 Alfred Polgar: Kleine Schriften, Band 6: Theater II. Hrsg. von Marcel Reich-Ranicki in Zusammenarbeit mit Ulrich Weinzierl. Rowohlt Verlag, Reinbek 1986, S. 146.
274 Die Presse am Sonntag, 31. 1. 2010.
275 Ebda.
276 Lucian O. Meysels: Tobisch, S. 73 f.
277 Mappe Lebensdokumente. In: NLT / WB.
278 Interview von Georg Traska mit Lotte Tobisch. Siehe Anm. 100.
279 Neues Österreich, 23. 12. 1956.
280 Die Presse, 23. 12. 1956.
281 Denkmalinterview von Karl Farkas mit Maria Theresia (alias Lotte Tobisch). In: Österreichische Mediathek.
282 Unbekannte Zeitung in der Mappe »Theaterkritiken«. In: NLT / WB.
283 Tiroler Tageszeitung, 3. 3. 2019.
284 Mappe Theater- und TV-Kritiken. In: NLT / WB.
285 Das Burgtheater, S. 38.
286 Lucian O. Meysels: Tobisch, S. 82.
287 News, 13/2016.
288 Buschbeck: Mimus Austriacus, S. 9 u. S. 5.
289 Lotte Tobisch: Alter, S. 97–100.
290 Interview von Barbara Tóth mit Lotte Tobisch. In: Falter, 11/2016.
291 Lotte Tobisch: Alter, S. 149.
292 Ebda.
293 Die Presse, 27. 5. 1959.
294 Buschbeck: Mimus Austriacus, S. 291.
295 News, 11/2016.
296 Lotte Tobisch: Alter, S. 131.
297 Stefan Müller-Doohm: Adorno. Eine Biographie. Suhrkamp Verlag, Frankfurt / Main 2003, S. 130 ff.
298 Heinz Steinert: Theorie-Verständnis und Zeitgeschichte. Nachwort des von ihm herausgegebenen Briefwechsels zwischen Theodor W. Adorno und Lotte Tobisch unter dem Titel: Der private Briefwechsel. Droschl Verlag, Graz 2003, S. 336.

299 Theodor W. Adorno: Wien, 1960. In: Gesammelte Schriften. Band 16: Musikalische Schriften I–III. Suhrkamp Verlag, Frankfurt / Main 2003, S. 433.
300 Interview von Georg Traska mit Lotte Tobisch. Siehe Anm. 100.
301 Lotte Tobisch: Alter, S. 167.
302 Lucian O. Meysels: Tobisch, S. 100.
303 Briefwechsel Adorno – Tobisch, S. 18.
304 Ebda., S. 7.
305 Theodor W. Adorno, Lotte Tobisch: Der private Briefwechsel. Droschl Verlag, Graz 2003.
306 Interview mit Georg Traksa, Siehe Anm. 100
307 Heinz Steinert: Adorno in Wien. Über die (Un-)Möglichkeit von Kunst, Kultur und Befreiung. Verlag für Gesellschaftskritik, Wien 1989, S. 5.
308 Lotte Tobisch: Alter, S. 167.
309 Steinert: Adorno, S. 6.
310 Tlw. nachgedruckt in Tobisch: Langweilig, S. 49 ff.
311 Korrespondenz von Lotte Tobisch mit Hans Weigel. In: NLT / WB.
312 Brief von Hans Weigel an Lotte Tobisch, 21. 6. 1961. In: NLT / WB.
313 Brief von Lotte Tobisch an Hans Weigel, 20. 9. 1961. In: NLT / WB.
314 Brief von Nora Lederer an Lotte Tobisch, 25. 7. 1962. In: PaU.
315 Interview von Barbara Tóth mit Lotte Tobisch. In: Falter, 11/2016.
316 Interview von Karl Duffek und Klaus Nüchtern mit Lotte Tobisch, 16. 12. 2003. In: Falter, 50/2003.
317 Lotte Tobischs briefliche Anrede lautete anfangs »Lieber Teddy«, er unterschrieb seine Briefe konsequent mit Teddie.
318 Falter, 50/2003.
319 Briefwechsel Adorno – Tobisch, S. 20.
320 Falter, 50/2003.
321 Gutachten von Wolfgang Kraus für Heinz Kindermann vom Theaterwissenschaftlichen Institut in Wien, 27. 8. 1963. In: Archiv der Österreichischen Gesellschaft für Literatur.
322 Briefwechsel Adorno – Tobisch, S. 31.
323 Leo Mazakarini: Die Wiener Staatsoper. 50 Jahre – unser Leben. Verlag Kremayr & Scheriau, Wien 2005, S. 126.
324 Ebd., S. 134.
325 Franz Endler: Karajan. Eine Biographie. Hoffmann und Campe Verlag, Hamburg 1992, S. 187.
326 Ebda., S. 188.
327 Ebda., S. 189.
328 Mazakarini: Staatsoper, S. 97.
329 Adorno: Gesammelte Schriften. Band 19, S. 430.
330 Briefwechsel Adorno – Tobisch, S. 31.
331 Ebda., S. 52.
332 Der Spiegel, 27/1964.
333 Endler: Karajan, S. 193.
334 Briefwechsel Adorno – Tobisch, S. 57.
335 Ebda., S. 64.
336 Der Spiegel, 29/1964.
337 Briefwechsel Adorno – Tobisch, S. 218.
338 Adorno: Gesammelte Schriften. Bd. 19, S. 498.
339 Steinert: Adorno, S. 144.
340 Briefwechsel Adorno – Tobisch, S. 143.
341 Adorno: Gesammelte Schriften. Band 19, S. 497.

342 Steinert: Adorno, S. 148.
343 Der Salon am Dienstag. Sendung auf ServusTV vom 25.9.2012. Mit Stefano Bernardin, Andrea Eckert, Stefan Ruzowitzky und Lotte Tobisch.
344 Briefwechsel Adorno – Tobisch, S. 57.
345 Falter, 50/2003.
346 Mappe Korrespondenzen. In: NLT/WB.
347 Lotte Tobisch: Alter, S. 181.
348 Lorenz Jäger: Heidegger. Ein deutsches Leben. Rowohlt Berlin Verlag, Berlin 2021., S. 184.
349 Lotte Tobisch im Gespräch mit Peter Fässlacher am 17.6.2016. Nachzusehen auf YouTube: www.youtube.com/watch?v=F-e-wopb3Fg.
350 Siehe Falter, 50/2003.
351 Ebda.
352 »Kommissar Maigret«-Filme mit Heinz Rühmann in der Hauptrolle wurden ab 1965 in 52 Folgen ausgestrahlt.
353 Unter anderem bei Adorno, der 1962 mit Canetti darüber diskutiert und den »subjektiven Ansatz« kritisiert hatte.
354 Die Gemeinde, Nr. 605, Sept. 2007.
355 Format, 10/2002.
356 Zum Beispiel Stadtrat Andreas Mailath-Pokorny bei der Verleihung der Goldenen Ehrenmedaille Wiens an Lotte Tobisch 2007.
357 Elias Canetti: Ich erwarte von Ihnen viel. Briefe 1932–1994. Hrsg. von Sven Hanuschek und Kristian Wachinger. Hanser Verlag, München 2018, S. 519.
358 Das Exemplar befindet sich im Privatarchiv Barbara Urbaneks, die es mir freundlicherweise zur Ansicht überlassen hat.
359 Gespräch mit Reinhard Urbach, 4.11.2021.
360 Gespräch mit Achim Benning, am 13.11.2021.
361 Brief von Lotte Tobisch an Felix Braun, 14.12.1964. In: NLT/WB.
362 Siehe Anm. 360.
363 Kurier, 13.3.2016.
364 Ebda.
365 Die Gemeinde, Nr. 605, Sept. 2007.
366 Briefwechsel Adorno – Tobisch, S. 58.
367 Inge Santner-Cyrus: Lotte Tobisch zum Abschied. Der Artikel entstand nach Lotte Tobischs Ausscheiden als Organisatorin des Opernballs 1996. In: PaU.
368 Brief von Lotte Tobisch an Ludwig von Ficker, 27.10.1964. In: Brenner-Archiv, Innsbruck.
369 Brief von Ludwig von Ficker an Lotte Tobisch, 31.10.1964. In: Brenner-Archiv, Innsbruck.
370 Brief von Lotte Tobisch an Ludwig von Ficker, 21.11.1964. In: Benner-Archiv, Innsbruck.
371 Brief von Christine Lavant an Lotte Tobisch, 24.1.1965. In: NLT/WB.
372 Brief von Ludwig von Ficker an Lotte Tobisch, 22.5.1964. In: Brenner-Archiv, Innsbruck.
373 Lotte Tobisch: Alter, S. 149.
374 Theodor W. Adorno: Wien, nach Ostern 1967. In: Gesammelte Schriften. Band 10, S. 423–431.
375 Brief von Lotte Tobisch an Ludwig von Ficker, 30.5.1966. In: Brenner-Archiv, Innsbruck.
376 Lucian O. Meysels: Tobisch, S. 88.
377 Siehe Mappe Korrespondenzen. In: NLT/WB.
378 Unsere Generation, 10/2016.
379 Kronen Zeitung, 16.2.1990.

380 Brief von Gershom Scholem an Lotte Tobisch, 24. 6. 1967. Mappe Korrespondenzen. In: NLT/WB.
381 Briefwechsel Adorno – Tobisch, S. 199.
382 Brief von Michael Simon an Lotte Tobisch, 3. 7. 1967. In: NLT/WB.
383 Lucian O. Meysels: Tobisch, S. 70.
384 Brief von Nora Benedikt an Lotte Tobisch, 9. 8. 1967. In: PaU.
385 Briefwechsel Adorno – Tobisch, S. 214.
386 Karl Tobisch: Über Allem unsere Oper. In: PaU.
387 Briefwechsel Adorno – Tobisch, S. 220.
388 Jedioth Chadashoth, 8. 12. 1967. In: PaU.
389 Ebda.
390 Briefwechsel Adorno – Tobisch, S. 220.
391 Lotte Tobisch: Alter, S. 224.
392 Brief von Nora Benedikt an Lotte Tobisch, 12. 8. 1969. In: PaU.
393 Adorno: Gesammelte Schriften. Band 20, S. 402.
394 Interview von David Baum mit Lotte Tobisch. In: Flair, 5/2013.
395 Briefwechsel Adorno – Tobisch, S. 268.
396 Ina Hartwig: Arlette und ihr Adorno. In: Die Zeit, 41/2012.
397 Lucian O. Meysels: Tobisch, S. 101.
398 Kronen Zeitung, 21. 3. 2016.
399 Lotte Tobisch: Alter, S. 224.
400 Ansuchen von Lotte Tobisch am 21. 9. 1946. In: Akte Tobisch, Fach 217R im Österreichischen Staatsarchiv.
401 Gespräch mit Anneliese Fritthum, 14. 10. 2021.
402 Klingenberg: Burgtheater, S. 199.
403 Ebda, S. 203.
404 Heinrich Kraus: Es hat viel Platz, S. 187.
405 Gespräch mit Achim Benning, 13. 11. 2021.
406 Brief von Ernst Lothar an Lotte Tobisch, 26. 10. 1970. In: NLT/WB.
407 Michael Simon: Nicht sicher zwar, doch tätig frei ... In: Die Furche, 17/1968.
408 Schraga Har-Gil: Unser Mann in Wien. In: Jedioth Chadashoth, 8. 12. 1967.
409 Michael Simon: Ich hasse uns ... In: Die Furche, 18/1969.
410 In: NLT/WB.
411 Gespräch mit Anneliese Fritthum, 20. 12. 2021.
412 Aktennotiz des Bundestheaterverbands. In: Akte Tobisch, Fach 217R im Österreichischen Staatsarchiv.
413 Aktenzeichen ZI. 6. 1831/1-2/77. In: PaU.
414 Lucian O. Meysels: Tobisch, S. 132.
415 Brief von Karl Tobisch an Lotte Tobisch, 27. 8. 1976. In: PaU.
416 Kleine Zeitung, 6. 2. 1983.
417 Dabei, 4/2008.
418 Brief von Lotte Tobisch an Leopold Gratz, 4. Oktober 1975. In: Mappe Korrespondenzen NLT/WB.
419 Kronen Zeitung, 14. 12. 1974.
420 Brief von Paula Grogger an Lotte Tobisch, 23. 1. 1977. In Mappe Korrespondenzen. In: NLT/WB.
421 Mappe Journalistische Texte. In: NLT/WB.
422 Wiener Zeitung, 19./20. 3. 2016.
423 Zit. nach Klaus Bachler und Klaus Dermutz: Das Burgtheater 1955–2005. Die Welt-Bühne im Wandel der Zeiten. Deuticke Verlag, Wien 2005, S. 225.
424 Klaus Dermutz: Das Burgtheater und die Wiener Identität. Kontinuitäten und Krisen, 1888–2009. Verlag Bibliothek der Provinz, Weitra 2010, S. 78.
425 Gespräch mit Reinhard Urbach, 4. 11. 2021.

426 Ebda.
427 Gespräch mit Achim Benning, 13. 11. 2021.
428 Dabei, 4/2008.
429 Gespräch mit Achim Benning, 13. 11. 2021.
430 Neue Illustrierte Welt, o. D. Mappe Theater- und TV-Kritiken. In: NLT/WB.
431 Gespräch mit Barbara Urbanek, 28. 9. 2021.
432 Gespräch mit Dana Belivakic, 29. 12. 2021.
433 Interview von Georg Traska mit Lotte Tobisch. Siehe Anm. 100.
434 Interview von Edda Kutschera mit Lotte Tobisch, 1. 2. 1990. In: Bühne, Frühjahr 1990.
435 Siehe Anm. 433.
436 Vertrag mit Dr. Christine Schönfeldt für die Zeit von 1. September 1978 bis 31. August 1981. In: Akte Tobisch im ÖSta.
437 Bühnendienstvertrag zwischen dem Bundestheaterverband und Frau Lotte Tobisch, 6/1978. In: Akte Tobisch im ÖSta.
438 Interview von Georg Traska mit Lotte Tobisch. Siehe Anm. 100.
439 Gespräch mit Anneliese Fritthum, 14. 10. 2021.
440 Gespräch mit Eva Dintsis, 11. 10. 2021.
441 Brief von Lotte Tobisch an Robert Jungbluth, 4. 12. 1979. In: Akte Tobisch im Österreichischen Staatsarchiv.
442 Brief von Robert Jungbluth an Lotte Tobisch, 25. 12. 1979. In: Akte Tobisch im Österreichischen Staatsarchiv.
443 Brief von Nora Lederer an Lotte Tobisch, 20. 7. 1964. In: NLT/WB.
444 Interview von Georg Traska mit Lotte Tobisch. Siehe Anm. 100.
445 Michael Jeannée: Kabale und Hiebe um den Wiener Opernball. Bild am Sonntag, o. D. In: NLT/WB.
446 Kronen Zeitung, 12. 3. 2006.
447 Kronen Zeitung, 2. 3. 1980.
448 Österreichisches Reiseland, o. D. In: NLT/WB.
449 Bühne, 1. 2. 1990.
450 Michael Fritthum: Lotte Tobisch. Eine Frau mit Eigenschaften. In: Archiv Khk.
451 Arbeiter-Zeitung, 25. 2. 1981.
452 Ebda.
453 Schreiben von Dr. Ulrich Weber, Burgtheaterdirektion, an den Bundestheaterverband, 24. 3. 1984. In: Österreichisches Staatsarchiv.
454 Ebda.
455 Fernseh- und Radiowoche, 21. 2. 1992.
456 Gespräch mit Eva Dintsis, 11. 10. 2021.
457 Nachzuhören in der Österreichischen Mediathek.
458 Kurier, 20. 1. 2019.
459 Brief von Lotte Tobisch an Herrn Mundstein, 30. 11. 1982. In: PaU.
460 Lotte Tobisch in der Sendung »Von Tag zu Tag« vom 28. 1. 1985. In: Österreichische Mediathek.
461 Kurier, 13. 3. 2016.
462 Interview von Georg Traska mit Lotte Tobisch. Siehe Anm. 100.
463 Ebda.
464 Robert Foltin: Und wir bewegen uns doch. Soziale Bewegungen in Österreich. Edition Grundrisse, Wien 2004, S. 170 ff.
465 Ebda., S. 175.
466 Der Standard, 7. 2. 1998.
467 Foltin: Wir bewegen uns, S. 176.
468 Kurier, 13. 3. 2016.
469 Brief von Eva Mosser an Lotte Tobisch, 14. 1. 1991. Mappe Korrespondenzen. In: NLT/WB.

470 Brief von Ursula Pasterk an Lotte Tobisch, 26.3.1991. In: NLT/WB.
471 Die Presse, 9.2.1996.
472 Lotte Tobisch in der Sendung »Von Tag zu Tag« vom 28.1.1985. In: Österreichische Mediathek.
473 Die Presse, 9.2.1996.
474 Ö1-Mittagsjournal, 13.1.1993.
475 Brief von Ioan Holender an Lotte Tobisch, 10.2.1995. Mappe Korrespondenzen. In: NLT/WB.
476 Brief von Ioan Holender an Lotte Tobisch, 28.2.2003. In: PaU.
477 Kronen Zeitung, 28.1.2005.
478 Ebda.
479 Brief von Lotte Tobisch an Ioan Holender, 14.12.2005. In: Mappe Korrespondenzen. In: NLT/WB.
480 Wiener Zeitung,
481 News, 5.2.2009.
482 Ebda.
483 Handschriftliche Karte von Ioan Holender an Lotte Tobisch, 19.4.2015. Mappe Korrespondenzen. In: NLT/WB.
484 Ioan Holender: »Ich bin noch nicht fertig«. Erinnerungen. Paul Zsolnay Verlag, Wien 2010.
485 Ebda., S. 210.
486 Kronen Zeitung, 28.1.2005.
487 Kurier, 13.3.2016.
488 Schreiben von Dr. Georg Hennig an Lotte Tobisch, 27.1.1986. In: ÖSta.
489 Begründung für die Verleihung des Großen Ehrenzeichens für Verdienste um die Republik. In: ÖSta.
490 Thomas Mießgang im Gespräch mit Lotte Tobisch. In: Die Zeit, 9.8.2019.
491 The Man, 20.5.2020.
492 Lucian O. Meysels: Tobisch, S. 157.
493 Gespräch mit Achim Benning, 13.11.2021.
494 Zit. nach Claudia Kaufmann-Freßer: Das Burgtheater, S. 42.
495 Brief von Lotte Tobisch an Annemarie Düringer, 13.9.1983. In: NLT/WB.
496 Brief von Lotte Tobisch an Dr. Rudolf Wran, 2.4.1987. In: NLT/WB.
497 Schreiben von Lotte Tobisch an die Gewerkschaft Kunst, Medien, freie Berufe, 20.5.1987. In: NLT/WB.
498 Ebda.
499 Schreiben der Gewerkschaft Kunst, Medien, freie Berufe an Lotte Tobisch, 23.6.1987. In: NLT/WB.
500 Gespräch mit Barbara Urbanek, 11.10.2021.
501 Gespräch mit Achim Benning, 13.11.2021.
502 Ebda.
503 Erhard Busek: Lebensbilder. Kremayr & Scheriau Verlag, Wien 2014, S. 155.
504 Brief von Claus Peymann an Lotte Tobisch, 13.2.1990. In: NLT/WB.
505 Brief von Fritz Muliar an Lotte Tobisch, o. D. (1994). In: NLT/WB.
506 Offener Brief vom 25.11.1995.
507 Brief von Claus Peymann an Lotte Tobisch, 23.11.1995. In: NLT/WB.
508 Brief von Lotte Tobisch an Claus Peymann, 10.2.2016. In: NLT/WB.
509 Gespräch mit Eva Dintsis, 11.10.2021.
510 Briefe von Lotte Tobisch an Georg Springer. In: NLT/WB.
511 Schreiben von Lotte Tobisch an Georg Springer, 22.6.1993. In: NLT/WB.
512 Einspruch der Kanzlei Bachmann vom 13.12.1994. In: NLT/WB.
513 Paragraf 45 VStG von 1991.
514 Andreas Zenker: Die Leiden der listigen Lotte von Labotýn. In: Die Presse, 19.4.1995.

515 Akte des Bundestheaterverbands. In: Österreichisches Staatsarchiv.
516 Schreiben von Lotte Tobisch an Georg Springer, 25.5.1994. In: NLT/WB.
517 Hans Werner Scheidl über den letzten Opernball Lotte Tobischs. In: Die Presse, 17.2.1996.
518 Ebda.
519 Laudatio von Annemarie Düringer. In: NLT/WB.
520 Sämtliche Daten zum Heim des Vereins »Künstler helfen Künstlern« (KhK) sind folgendem Band entnommen: Michael Fritthum: Von k. u. k. zu KhK. Die Geschichte von Künstler helfen Künstlern und dem Künstlerheim in Baden. Hrsg. von Lotte Tobisch-Labotýn. Kral Verlag, Berndorf 2006.
521 Badener Zeitung, 1.10.2020.
522 Michael Fritthum: KhK, S. 130.
523 Ebda., S. 141.
524 Die Informationen rund um die Ereignisse der Generalversammlung vom März 1995 verdanke ich Anneliese Fritthum.
525 Gespräch mit Anneliese Fritthum, 14.10.2021.
526 Michael Fritthum: Lotte Tobisch. Eine Frau mit Eigenschaften. In: Archiv KhK.
527 Die Presse am Sonntag, 4.11.2018.
528 Fritthum: KhK, S. 148.
529 The Man, 20.5.2020.
530 Der Salon am Dienstag auf ServusTV, 25.9.2012.
531 Gespräch mit Anneliese Fritthum, 14.10.2021.
532 News, 28.3.2016.
533 Michael Fritthum: KhK, S. 161.
534 APA-Basisdienst, 26.3.2001.
535 Ebda.
536 Gespräch mit Anneliese Fritthum, 14.10.2021.
537 Ebda.
538 Kalender des Jahres 2000. In: NLT/WB.
539 Nach dem Tod von Nora Benedikt betreute und begleitete Dana Belivakic auch Lotte Tobisch als Haushaltsgehilfin bis zu ihrem Tode.
540 APA-Basisdienst, 27.1.2000.
541 Auskunft von Anneliese Fritthum.
542 Julia Danielczyk im Gespräch mit Lotte Tobisch. In: Die Furche, 3.6.2015.
543 Brief von Lotte Tobisch an Botschafterin Wiltrud Holik, 4.10.2000. In: NLT/WB.
544 Brief von Julian Schutting an Lotte Tobisch, 8.9.2003. In: NLT/WB.
545 APA-Basisdienst, 2.8.2004.
546 magazin, 21.2.1981.
547 Flair, 3/2010.
548 Kurier, 13.3.2016.
549 Die Presse, 29.9.2005.
550 APA-Basisdienst, 29.1.2005.
551 Die Presse, 13.6.2006.
552 Ebda.
553 Ebda.
554 APA-Basisdienst, 1.10.2007.
555 Die Presse am Sonntag, 8.12.2013.
556 Krone bunt, 21.3.2016.
557 Der Standard, 18./19.2.2017.
558 Ebda.
559 Gespräch mit Anneliese Fritthum, 14.10.2021.
560 Alfred Dorfer im Gespräch mit Lotte Tobisch, 16.2.2009. In: ORF-Sendung Kulturgenossen, Serie »Artgenossen«. In: Österreichische Mediathek.

561 Interview von Georg Traska mit Lotte Tobisch. Siehe Anm. 100.
562 Siehe Anm. 38.
563 Die Presse, 29. 10. 1994.
564 Die Presse, 19. 4. 2004.
565 »Blattkritik« von Engelbert Washietl. In: Die Presse, 5. 10. 2013.
566 Der Standard, 12. 9. 2016.
567 Die Presse am Sonntag, 25. 3. 2018.
568 Wiener Zeitung, 14. 2. 2007.
569 Kurier, 12. 2. 2007.
570 Kurier, 14. 2. 2007.
571 Diskussion mit Kristina Edlinger-Ploder, Willem Foorthuis und Alf Poier an der Universität Graz, 22. 4. 2010.
572 Diskussion mit Carl Djerassi, Chris Lohner, Eva Rossmann, Gerhard Schwarz, Karl Stifter und Elfriede Vavrik in ORF 2 am 26. 5. 2010.
573 Gerald Matt im Gespräch mit Lotte Tobisch, 8. 12. 2015. Nachzusehen auf YouTube: www.youtube.com/watch?v=UFrP8lANvmY.
574 Wir sind Kaiser, 2. 1. 2013. Nachzusehen auf YouTube: www.youtube.com/watch?v=ZSaqt7ZiJMs.
575 Willkommen Österreich, 28. 12. 2013. In: Österreichische Mediathek.
576 Im Gespräch mit Karl Hohenlohe sagte Lotte Tobisch: »Man soll mich nicht immer mit dem beschissenen Opernball in Verbindung bringen«. In: Kurier, 30. 10. 2009.
577 Kurier, 13. 3. 2016.
578 Der Salon am Dienstag, 25. 9. 2012. In: Österreichische Mediathek.
579 Europa-Dialog, 13. 11. 2015. Benedikt Weingartner im Gespräch mit Lotte Tobisch. Nachzusehen auf YouTube: www.youtube.com/watch?v=zoMj5VQQtrE.
580 Siehe Anm. 51.
581 Kurier, 24. 7. 2016.
582 Siehe Anm. 44.
583 Brief von Lotte Tobisch an Alexander Van der Bellen, 13. 5. 2016. In: NLT / WB.
584 ORF-Sendung »erLesen«. Zu Gast bei Heinz Sichrovsky: Helmut Gansterer, Georg Markus und Lotte Tobisch, 8. 5. 2015. Nachzusehen auf YouTube: www.youtube.com/watch?v=32_5iobvS1o.
585 News, 11/2016.
586 Ebda.
587 Krone bunt, 21. 3. 2016.
588 Mit Inge Santner-Cyrus' Würdigung der Opernball-Lady als Vorwort und einem Epilog von Michael Fritthum.
589 Schaufenster, Kultur.Region, März / April 2017.
590 News, 11/2016.
591 Teresa Schaur-Wünsch im Gespräch mit Lotte Tobisch. In: Die Presse, 7. 12. 2013.
592 ORF-Wien, 27. 1. 2016. In: PaU.
593 Süddeutsche Zeitung, 6. 2. 2018.
594 Schaufenster, Kultur.Region, März / April 2017.
595 News, 9/2019.
596 Ebda.
597 Gespräch mit Anneliese Fritthum, 14. 10. 2021.
598 News, 43/2019.
599 Ebda.
600 Gespräch mit Inge Santner-Cyrus, 3. 2. 2022.

Register